고급 이클립스 플러그인 개발

고급 이클립스 플러그인 개발

플러그인 확장에서 동적 서비스 연결까지

알렉스 블루윗 지음 | 신은정 옮김

지은이 소개

알렉스 블루윗^{Dr Alex Blewitt}

1996년, 자바 1.0이 릴리스된 때부터 지금까지 자바 애플리케이션 개발자로 활동 중이다. IBM 웹스피어 스튜디오^{WebSphere Studio} 제품군의 일부로 이클립스 플랫폼이 처음 릴리스된 이후부터 이클립스 플랫폼을 사용해왔으며, 디자인 패턴의 자동 검증에 대한 자신의 박사 논문에서 비주얼에이지 포 자바^{VisualAge for Java}의 몇 가지 플러그인을 웹스피어 스튜디오/이클립스로 마이그레이션하기도 했다. 맥 OS X용 이클립스 2.1을 릴리스할 때는 테스터로서 오픈소스 커뮤니티에 참여했으며, 이후 「이클립스존^{EclipseZone}」 편집자로 활동했다. 2007년 이클립스 앰배서더^{Eclipse Ambassador}의 결승 진출자이기도 하다.

최근에는 제너릭 자바^{generic Java}를 다루는 InfoQ에 이클립스와 OSGi를 주제로 한 기고문을 실었다. 2011년 OSGi 커뮤니티 행사에서 OSGi의 과거와 현재, 미래를 주제로 기조 연설을 했다. InfoQ 홈페이지에는 이클립스 플랫폼의 릴리스 소식과 이클립스 프로젝트에 대한 보도뿐만 아니라 이클립스 프로젝트 리더의 비디오 인터뷰도 있다. 이런 공로를 인정받아 알렉스는 2012년 이클립스 최고 기여자 시상식^{Eclipse Top Contributor 2012 award}에서 상을 받았다.

현재 런던의 투자 은행에서 근무 중이며, 밴들렘 리미티드^{Bandlem Limited}를 통해 앱스토어에 많은 앱을 등록하기도 했다.

블로그(http://alblue.bandlem.com)와 트위터 계정(@alblue)에 정기적으로 글을 기고하고 있으며, 팩트 출판사가 펴낸 『이클립스 4 플러그인 개발』(에이콘출판, 2013년)의 저자다.

감사의 글

15년 넘게 나와 함께 있으면서 책을 쓰는 동안 지지해준 나의 아내 에이미^{Amy}에게 감사의 말을 전하고 싶다. 모든 남자 뒤에는 훌륭한 여자가 있듯이, 내 곁에 에이미가 없었다면 지금의 나는 없을 것이다.

ZX81의 초창기 시절에 기술을 알게 해주고, 좀 더 나은 첫 직장을 선택할 수 있도록 내 진로와 경력을 글로벌하게 이끌어준 나의 부모님, 데릭^{Derek}과 앤^{Ann}에게도 감사한다.

책의 모든 장과 예제에 대해 자세한 감수 의견을 준 앤 포드^{Ann Ford}와 칼라 기엔^{Carla Guillen}, 제프 모리^{Jeff MAURY}, 피터 라이스^{Peter Rice}에게도 특별히 감사한다. 그들의 성실함과 주의 깊은 감수 덕분에 많은 오류를 발견하고 수정했다. 팩트 출판사의 편집팀에게도 감사한다. 특히 재작업 과정을 인내심을 갖고 지켜봐준 데니스 존^{Dennis John}에게 감사한다. 책이 정확하고 바른 정보를 제공할 수 있도록 도와준 샘 우드^{Sam Wood}와 제작 과정에 참여한 수시미타 팬다^{Susmita Panda}와 비니 바부^{Binny Babu}에게도 감사한다.

책을 마무리하는 단계에서 이클립스 플랫폼에 상당히 비중 있게 참여한 라스 보글^{Lars Vogel}과 이안 불^{Ian Bull}의 소중한 검토 의견과 충고를 받는 기회가 주어지는 행운도 있었다. 특별히 지난 몇 년 동안 매우 귀한 자료를 제공해준 라스 보글의 웹사이트(www.vogella.com)로부터 많은 도움을 받았다.

샘^{Sam}과 홀리^{Holly}, 아켈리 우드 코드^{Akeley Wood Code} 클럽 회원에게 이것은 삶이라는 여정의 시작일 뿐이라고 말하고 싶다. 목표를 높이 설정하고, 열심히 일하며, 자신이 좋아하는 일을 하라.

마지막으로 이 책을 만들어준 OD와 DJ, JC에게도 감사한다.

기술 감수자 소개

칼라 기옌 Carla Guillen

전산 과학 및 공학 석사 학위를 가지고 있으며, 과학과 인문 바이에른 아카데미Bavarian Academy of Sciences and Humanities의 라이프니츠 슈퍼 컴퓨팅 센터Leibniz Supercomputing Centre에 서 근무하고 있다. 현재는 컴퓨터 아키텍처 구성Computer Architecture Organization 분야에서 슈퍼 컴퓨터의 성능 모니터링을 연구하며 박사 과정을 밟고 있다. 라이프니츠 슈퍼 컴퓨팅 센터에서 제공하는 연간 교육 과정의 일환으로, 지난 4년간 이클립스 IDE의 CDT와 포트란Photran 플러그인의 사용에 대해 가르치고 있다.

제프 모리 Jeff MAURY

현재 메인프레임 통합 도구를 제공하는 프랑스 ISV 회사인 SYSPERTEC에서 자바 팀 기술 리더로 근무 중이며, 아파치 MINA 프로젝트의 PMC 회원이기도 하다.

SYSPERTEC 이전에는 애플리케이션 서버 개념의 선구자이며 J2EE 기반 통합 도구 를 제공하는 SCORT라는 프랑스 ISV를 공동 설립했다.

1988년 통신 프로토콜에 특화된 프랑스 통합 회사인 MARBEN에서 경력의 첫 발을 내디뎠다. MARBEN에서 소프트웨어 개발자로 시작해서 X.400 팀의 기술 리더와 인 터넷 분야 전략가로도 일했다.

이 책을 나의 멘토 장피에르 안서트(Jean-Pierre Ansart)에게 바치며, 많은 것을 참아준 아내 줄리아(Julia)와 세 아들 로빈슨(Robinson), 폴(Paul), 우고(Ugo)에 게도 감사한다.

피터 라이스 Peter Rice

은퇴한 수학 교수로, 지난 20년간 IT 컨설팅 분야에서 활발하게 활동했다. IBM과 마이크로소프트의 공인 강사이며, 프로그래밍 언어(자바, C, C++, 펄 등)와 고급 시스템(이클립스와 이클립스 플러그인 개발, 리치 클라이언트 플랫폼, 자바 EE), 다양한 기술 관련 교육을 제공하는 독립된 교육 기관에서도 근무했다. 많은 프로젝트를 컨설팅했으며 현재는 새로운 비즈니스 관리 소프트웨어 개발을 위해 트레일 매니지먼트 시스템Trail Management Systems과 일하고 있다.

옮긴이 소개

신은정 sullynboo@gmail.com

아주대학교 정보 및 컴퓨터 공학부를 졸업하고, 2001년 IT 서비스 회사에 입사해 다양한 산업의 SI 프로젝트를 수행했으며 웹 서비스와 BPM, SOA 등에 대한 연구 개발 프로젝트를 수행했다. 개발 생산성 향상을 위한 이클립스 기반 개발 도구와 스프링 기반 엔터프라이즈 프레임워크를 개발했으며, 클라우드에도 관심이 많아 한국정보화진흥원의 클라우드 관련 연구 과제와 OAuth 지침서 작성에도 참여했다. 이런 경험이 기반이 되어 93회 정보관리기술사에 합격했고, 현재는 통신업체에서 오픈소스 소프트웨어 컴플라이언스 업무를 수행하고 있다. 에이콘출판사가 펴낸 『(개정판)이클립스 RCP』(2012년), 『이클립스 4 플러그인 개발』(2013년), 『이클립스 Juno 따라잡기』(2014년)를 번역했다.

옮긴이의 말

이클립스는 다양한 플랫폼에서 자바, C 등의 여러 가지 언어로 애플리케이션을 개발, 빌드, 배치할 수 있게 지원하는 통합 개발 도구다. 웹스피어 스튜디오^{WebSphere Studio}에서 '애플리케이션 개발자^{Application Developer}'라는 멀티 플랫폼을 지원하는 IBM의 통합 개발 환경을 오픈소스 소프트웨어로 공개하면서 이클립스는 시작됐다.

2003년 이클립스의 첫 번째 버전이 릴리스된 후, 지금은 루나^{Luna}(4.4)까지 릴리스됐다. 그동안 이클립스는 기반 구조를 OSGi로 변경하고 UI를 EMF 모델 기반으로 변경하는 등 여러 가지 변화를 시도하면서 사실상의 자바 개발 표준 도구가 됐다. 특히 이클립스의 OSGi 기반 구조는 플러그인뿐만 아니라 OSGi 번들도 쉽게 사용할 수 있게 함으로써 애플리케이션의 기능을 더욱 강력하게 만들었다. 더 나아가 개발 도구에만 그치지 않고 다양한 플랫폼 환경의 사물 간 통신 서비스를 개발하는 데도 플러그인 기술을 활용할 수 있게 했다.

이 책은 플러그인 개발을 시작하는 개발자가 아니라 플러그인 개발에 경험이 있는 개발자를 대상으로 하며, 플랫폼 확장뿐만 아니라 확장점을 통해 자신의 플러그인을 확장 가능하게 만들고 서비스나 외부의 라이브러리, 프래그먼트를 정적/동적으로 연결해 기능을 확장하는 메커니즘을 소개한다. 또한 비동기 연산이 가능한 이벤트 메커니즘을 설명하고, 업데이트 사이트와 도움말과 같이 사용자가 애플리케이션을 사용하기 편리하도록 지원하는 기능을 제공하는 방법도 다룬다. 동적 연결과 확장이 용이한 애플리케이션 개발에 참고할 만한 설계 패턴도 함께 소개하므로, 책을 읽고 따라 하다 보면 자신이 개발한 애플리케이션이 멋지게 변화하는 모습을 보게 될 것이다.

플러그인 개발에 익숙하지 않은 개발자라면 내용이 다소 어려울 수 있다. 이클립스의 기본적인 메커니즘에 대한 이해가 필요하다면 에이콘출판사에서 출간한 『이클립스 SWT』, 『이클립스 RCP』, 『이클립스 4 플러그인 개발』 등 이클립스 플러그인 개발 기본서를 참고하길 바란다.

목차

1장   JFace와 공통 탐색기 프레임워크에 연결   25

들어가며

이클립스 플랫폼은 모듈 형태의 플러그인과 애플리케이션 개발을 지원하는 확장 가능한 시스템을 제공한다. 플러그인을 만드는 일반적인 메커니즘을 설명하는 다른 책과 달리, 이 책은 자신만의 확장점을 가지는 플러그인을 생성하는 방법과 이클립스 애플리케이션 내에서 OSGi 서비스를 사용하는 방법 같은 좀 더 깊이 있는 메커니즘을 다룬다. 이 책은 독자가 이클립스 플러그인 개발에 친숙하고 팩트 출판사에서 출간된 『이클립스 4 플러그인 개발』(에이콘출판, 2013년)에서 다룬 내용을 모두 이해한다고 예상하고 작성했다. 이 책을 읽고 나면 이클립스 확장과 독립형 OSGi 프레임워크 모두에 대해 확장 가능한 플러그인을 작성하는 방법을 알게 되고 도움말과 업데이트 사이트를 가진 이클립스 애플리케이션의 종단간 전송을 제공할 수 있다.

이 책의 구성

1장, 'JFace와 공통 탐색기 프레임워크에 연결'에서는 JFace 마법사를 생성하는 방법과 공통 탐색기 프레임워크에 콘텐츠를 통합하는 방법을 설명한 다음, 패키지 탐색기^{Package Explorer}에 프로젝트 콘텐츠를 트리 뷰로 표시해본다.

2장, '사용자 정의 확장점 생성'은 다른 플러그인이 기능을 제공(기여)할 수 있는 확장 가능한 플러그인을 생성하기 위해 이클립스 확장 저장소를 사용하는 방법과 OSGi나 이클립스 런타임 밖에서 플러그인을 사용하는 방법을 설명한다.

3장, 'OSGi 서비스를 이용한 애플리케이션 동적 연결'에서는 애플리케이션의 기능을 확장하는 수단으로서 OSGi 서비스를 소개한다. 이 장은 선언적 서비스^{Declarative Services}나 블루프린트^{Blueprint}를 이용해 선언적으로 OSGi 서비스를 설정하는 방법을 설명하고, OSGi R6에서 새롭게 추가된 구성 관리자^{Config Admin}을 이용해서 서비스를 설정하는 방법을 설명한다.

4장, 'Gogo 셸과 커맨드 사용'은 이클립스 4에 포함된 Gogo 셸을 사용하는 방법과 Gogo 스크립트와 자바로 사용자 정의 커맨드를 생성해 셸을 확장하는 방법을 설명한다.

5장, '네이티브 코드와 프래그먼트 번들'에서는 OSGi나 이클립스 애플리케이션으로 네이티브 코드를 로드하는 방법과 프래그먼트를 사용해 프레임워크나 기존의 OSGi 번들의 기능을 확장하는 방법을 설명한다.

6장, '클래스로더 이해'에서는 자바 클래스로더^{ClassLoader}의 기본적인 동작 원리를 자세히 살펴보고, OSGi 런타임에서 클래스로더를 어떻게 사용했는지 알아본다. OSGi 가 아닌 JAR 파일에 대한 업그레이드 전략과 함께 스레드 컨텍스트 클래스로더^{Thread Context ClassLoader}와 서비스로더^{ServiceLoader} 같은 OSGi가 아닌 다른 런타임에서 OSGi 프레임워크를 사용하는 방법도 설명한다.

7장, '모듈형 애플리케이션 설계'는 18가지 모범 사례와 함께 화이트보드 패턴^{whiteboard pattern}과 익스텐더 패턴^{extender pattern} 같은 모듈형 설계 패턴을 설명하고, 버전 번호 관리를 자동화하는 시맨틱 버전 관리와 도구의 사용 방법도 다룬다.

8장, 'EventAdmin을 이용한 이벤트 기반 애플리케이션'에서는 OSGi EventAdmin 서비스를 소개하고 이벤트 기반 애플리케이션을 설계하는 7단계와 함께 대화형 작업 공간을 제공하기 위해 E4에서 이벤트를 어떻게 사용하는지 설명한다.

9장, 'P2를 이용한 배포와 업데이트'에서는 사용자 정의 접점^{touchpoint}과 카테고리를 생성하고, P2 저장소(업데이트 사이트)를 생성하고 관리하는 방법을 설명한다.

10장, '이클립스의 사용자 지원 기능'은 참조 문서와 함께 이클립스 또는 RCP 기반 제품에 대한 도움말 문서를 작성하는 방법과 공용 도움말 서버를 실행하는 방법을 설명한다.

준비물

이 책의 실습을 실행하려면 최신 운영체제(윈도우나 리눅스, 맥 OS X)가 설치된 컴퓨터가 필요하고, 물론 자바도 필요하다. 이 책의 예제는 JDK 1.7에서 테스트했지만, 이후 릴리스될 버전에서도 실행될 것이다. 예제는 이클립스 표준^{Eclipse Standard} 4.4(루나^{Luna})

와 4.3(케플러Kelpler)을 기반으로 작성하고 테스트했다. 기본적으로 이후 릴리스될 이클립스의 새로운 버전에서도 실행되겠지만, 이클립스의 각 릴리스마다 호환성을 제공하지 않는 기능을 정리해둔 플랫폼 플러그인 개발 가이드의 마이그레이션 가이드를 참조하길 바란다. http://help.eclipse.org/를 통해 현재 버전의 온라인 도움말도 제공한다.

예제는 팩트 출판사의 웹사이트와 깃허브GitHub(https://github.com/alblue/com.packtpub.e4.advanced/) 또는 에이콘출판사 도서정보 페이지에서 다운로드하면 된다. 깃허브 코드를 사용하려면 이클립스를 위한 EGit EGit for Eclipse(이클립스 마켓플레이스에서 다운로드 가능)과 같은 깃Git 설치 파일이나 http://git-scm.com/의 독립형 깃 클라이언트가 필요하다.

이 책의 대상 독자

이 책의 주요 독자는 플러그인 개발에 대한 기본 지식을 익혔지만, 좀 더 깊이 있는 기술에 관심이 있는 이클립스 플러그인 개발자다.

확장 가능한 플러그인을 개발하고자 하는 개발자는 1장과 2장에서 이전에 사용해본 적 없는 이클립스 프레임워크의 일부분과 통합하는 데 유용한 정보를 얻을 수 있다.

OSGi 서비스에 익숙하지 않거나 이클립스와 OSGi 서비스를 통합하는 방법을 모르는 개발자는 다른 이클립스 플러그인 개발서에서 다루지 않은 좋은 정보를 3장에서 얻게 될 것이다. 4장은 Gogo 셸을 확장하려는 개발자에게 유익하며, 5장은 네이티브 코드를 활용하고자 하는 개발자에게 도움이 된다. OSGi가 아닌 JAR을 포함시켜야 하는 개발자는 6장의 내용을 활용하면 된다.

모듈형 애플리케이션을 구성하는 방법을 알고자 한다면 7장과 8장의 예제가 유용하게 쓰일 것이다.

마지막으로 9장과 10장은 플러그인을 제품 형태로 제공해야 하는 개발자에게 P2 저장소를 변형해 공개하는 방법과 애플리케이션에서 사용자 지원 기능을 제공하는 방법을 알려준다.

이 책의 편집 규약

이 책에서는 종류가 다른 정보를 서로 구분하기 위해 여러 가지 편집 규약을 사용했다. 이런 스타일의 예와 각 의미를 알아보자.

본문 내의 코드는 다음과 같이 나타낸다.

"객체가 보유하고 있는 자원을 해제하기 위해 close() 메소드를 호출해서 커서를 닫아야 한다."

코드 블록은 다음과 같이 표시한다.

```java
public void deleted(String pid) {
  System.out.println("Removing echo server with pid " + pid);
  EchoServer removed = echoServers.remove(pid);
  if (removed != null) {
    removed.stop();
  }
}
```

코드 블록의 특정 부분을 강조할 때는 해당 줄이나 항목을 굵은 글꼴로 표시한다.

```xml
      </goals>
    </execution>
    <execution>
      <id>baseline</id>
      <phase>package</phase>
      <goals>
        <goal>baseline</goal>
      </goals>
    </execution>
  </executions>
</plugin>
```

커맨드 라인 입력이나 출력은 다음과 같다.

```
$ mvn install
$ mvn versions:set -DnewVersion=1.0.1
... make changes to Java files ...
$ mvn package
```

예제의 메뉴나 대화상자에 보이는 화면상의 단어는 다음과 같이 표기했다. "Finish한 다음 Reset을 클릭하면(디렉터리를 스캔하기 위해) 기준선을 설정한다."

 주의사항이나 중요한 참고사항은 이런 형태의 상자로 표시한다.

 팁과 트릭은 이렇게 표기한다.

독자 피드백

독자의 의견은 언제나 환영이다. 이 책에 대한 여러분의 생각(좋은 점이든 나쁜 점이든)을 알려주길 바란다. 더 유익한 책을 만들기 위해 독자의 의견은 무엇보다 중요하다.

일반적인 의견은 메시지 제목에 책의 이름을 넣어서 feedback@packtpub.com으로 메일을 보내면 된다.

자신의 전문 지식을 바탕으로 책을 집필하거나 기여하는 데 관심이 있다면 www.packtpub.com/authors에 있는 저자 가이드를 참조하길 바란다.

고객 지원

팩트 출판사의 구매자가 된 독자에게 도움이 되는 몇 가지를 제공하고자 한다.

예제 코드 다운로드

http://www.packtpub.com에 등록된 계정으로 로그인한 후, 구입한 모든 팩트 출판사 책의 예제 코드 파일을 다운로드할 수 있다. 다른 곳에서 이 책을 구입한 경우, http://www.packtpub.com/support를 방문해 이메일 주소를 등록하면 예제 코드 다운로드를 위한 링크를 받을 수 있다. 이 책의 깃허브 저장소(https://github.com/alblue/com.packtpub.e4.advanced/)에서도 코드를 다운로드할 수 있다. 에이콘출판사의 도서정보 페이지 http://www.acornpub.co.kr/book/mastering-eclipse-plugin에서도 예제 코드를 다운로드할 수 있다.

오탈자

정확한 내용을 담으려 노력했지만, 실수가 있을 수 있다. 책의 텍스트나 예제 코드에서 잘못된 부분을 발견하면 출판사에 오류 내용을 보내주길 바란다. 그러한 참여를 통해 다른 독자에게 도움을 주고, 다음 버전에서 책을 더 완성도 있게 만들 수 있다. 오류 보고는 http://www.packtpub.com/submit-errata를 방문해서 책을 선택하고 errata submission form 링크를 클릭한 후 잘못된 내용을 상세하게 입력하면 된다. 보고된 내용이 오류가 맞다면 해당 내용을 웹사이트에 게시하거나 Errata 영역의 오류 데이터 목록에 추가해 게시할 것이다. http://www.packtpub.com/support에서 해당 타이틀을 선택하면 지금까지의 오류 보고 내용을 확인할 수 있다. 한국어판은 에이콘출판사 도서정보 페이지 http://www.acornpub.co.kr/book/mastering-eclipse-plugin에서 찾아볼 수 있다.

저작권 침해

인터넷에서의 저작권 침해는 모든 매체에서 벌어지고 있는 심각한 문제다. 팩트 출판사는 저작권과 라이선스 문제를 아주 심각하게 인식하고 있다. 어떤 형태로든 팩트 출판사 서적의 불법 복제물을 인터넷에서 발견한다면 적절한 조치를 취할 수 있도록 해당 주소나 사이트 명을 즉시 알려주길 부탁한다.

의심되는 불법 복제물의 링크는 copyright@packtpub.com으로 보내주길 바란다.

저자와 더 좋은 책을 위한 출판사의 노력을 배려하는 마음에 깊은 감사의 뜻을 전한다.

질문

책에 관련된 질문이 있다면 questions@packtpub.com으로 문의하길 바란다. 최선을 다해 질문에 답해 드리겠다. 한국어판에 대한 질문은 이 책의 옮긴이나 에이콘출판사 편집팀(editor@acornpub.co.kr)으로 문의해주길 바란다.

1

JFace와 공통 탐색기 프레임워크에 연결

JFace는 이클립스 사용자 인터페이스를 구성하는 위젯의 집합으로, 표준 위젯 툴킷 SWT, Standard Widget Toolkit 위에 개발됐다. JFace는 마법사와 표준 탐색기 플러그인과 같이 사용자와 상호작용하는 기능을 제공하는 상위 수준의 표준 툴을 많이 제공한다.

이번 장에서는 JFace 마법사를 사용해서 새로운 피드 리더를 생성하고, 패키지 탐색기 Package Explorer 뷰와 같이 뷰 안에 피드 리더 콘텐츠를 보여주기 위해 공통 탐색기에 피드 리더를 추가해본다.

JFace 마법사

이클립스에서 새로운 프로젝트나 파일을 생성할 때마다 표준 JFace 마법사를 사용한다. 예를 들어, 다음 그림은 새 플러그인 프로젝트Plug-in Project나 자바 클래스Class를 생성하기 위한 마법사 화면이다.

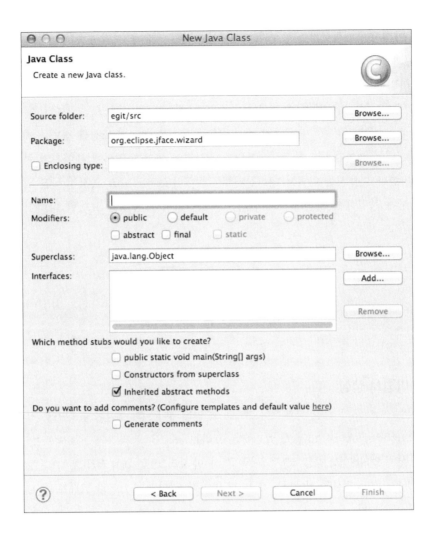

JFace 마법사는 대화상자 윗부분과 아랫부분에 공통 영역을 가지며, 이 영역을 제목/아이콘과 선택적으로 도움말 링크를 포함하는 전환 버튼을 표시하는 데 사용한다. 모든 마법사는 하나 이상의 페이지^{page}로 구성되며, 페이지는 가시적인 콘텐츠 영역 content area과 버튼 바^{button bar}를 정의한다. 윈도우 제목^{window title}은 모든 페이지가 공유하며, 페이지 제목^{page title}과 페이지 메시지^{page message}는 상단에 표시할 정보를 제공한다. 페이지는 페이지 컨트롤^{page control}을 노출시켜서 콘텐츠 영역에 페이지별 콘텐츠를 추가한다. 마법사는 마법사 대화상자^{wizard dialog}나 newWizards 확장점 같은 워크벤치 기능에 통합해서 화면에 표시한다. 다음은 이러한 관계를 표현한 다이어그램이다.

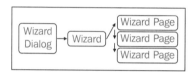

피드 마법사 생성

마법사는 Wizard의 하위 클래스나 IWizard 인터페이스를 구현한 클래스로 생성한다. com.packtpub.e4.advanced.feeds.ui라는 새로운 플러그인 프로젝트를 생성한다. 이때 **액티베이터 생성**^{Generate an activator}과 **이 플러그인이 UI에 제공**^{This plug-in will make contributions to the UI} 옵션을 선택하는 일을 잊지 마라. 나머지는 기본값 그대로 둔 채 **완료** ^{Finish}를 클릭한다.

클래스 생성

org.eclipse.jface.wizard.Wizard를 확장한 om.packtpub.e4.advanced.feeds. ui.NewFeedWizard라는 새 클래스를 생성한다. 그러면 performFinish 메소드를 가진 골격만 있는 파일이 생성된다.

마법사에 콘텐츠를 추가하기 위해 WizardPage의 하위 클래스이거나 IWizardPage 인터페이스를 구현한 하나 이상의 페이지를 생성해야 한다. 보통 페이지를 소유한 마법사의 생성자나 addPages 메소드에서 페이지를 추가한다.

org.eclipse.jface.wizard.WizardPage를 확장한 com.packtpub.e4.advanced. feeds.ui.NewFeedPage라는 클래스를 생성한다. 기본으로 제공된 구현에는 생성자가 생략돼 있으므로, 상위 클래스의 생성자에 문자열 "NewFeedPage"을 전달하는 기본 생성자를 생성한다.

여기까지 완료한 코드는 다음과 같다.

```
package com.packtpub.e4.advanced.feeds.ui;
import org.eclipse.jface.wizard.Wizard;
public class NewFeedWizard extends Wizard {
  public boolean performFinish() {
    return false;
  }
}
package com.packtpub.e4.advanced.feeds.ui;
import org.eclipse.jface.wizard.WizardPage;
import org.eclipse.swt.widgets.Composite;
public class NewFeedPage extends WizardPage {
  protected NewFeedPage() {
    super("NewFeedPage");
  }
  public void createControl(Composite parent) {
  }
}
```

마법사에 페이지 추가

마법사는 화면에 표시될 때 호출되는 addPages라는 메소드를 갖는다. addPages 메소드는 마법사가 작업을 수행하는 데 필요한 하나 이상의 페이지를 추가하는 역할을 한다. 간단한 마법사의 경우는 하나의 페이지면 충분하지만 복잡한 마법사는 두 개 이상의 페이지로 나눠서 표현하기도 한다. 일반적으로 다중 페이지 마법사는 페이지를 추가한 순서대로 페이지를 진행하지만, 필요하면 더 복잡한 페이지 전환도 가능하다.

다음 코드와 같이 NewFeedPage의 새로운 인스턴스를 생성해서 newFeedPage라는 인스턴스 변수에 저장한다. 그런 다음, newFeedPage를 매개변수로 하여 addPage를 호출하는 addPages 메소드를 생성한다.

```
private NewFeedPage newFeedPage = new NewFeedPage();
public void addPages() {
  addPage(newFeedPage);
}
```

페이지에 콘텐츠 추가

각 페이지는 콘텐츠 영역을 가지며, page 클래스 내의 createControl 메소드를 통해 콘텐츠 영역을 채운다. createControl 메소드는 콘텐츠 영역에 위젯을 추가하기 위해 Composite 객체를 받는다. 다른 컨테이너 메소드와 마찬가지로 보통의 마법사 페이지는 새 Composite 객체를 생성해서 페이지 위의 컨트롤Control로 설정하고, 페이지를 미완료 상태로 만드는 매우 유사한 구문으로 시작한다. 코드는 다음과 같다.

```
public void createControl(Composite parent) {
  Composite page = new Composite(parent,SWT.NONE);
  setControl(page);
  setPageComplete(false);
}
```

페이지는 일반적으로 데이터를 수집하는 장비로 설정되고, 마법사가 어떤 액션을 수행할지 결정하는 로직을 위임받는다. 예제의 경우, 피드는 간단한 URL과 제목을 가지므로, 페이지는 두 개의 인스턴스 변수에 URL과 제목을 저장하고 콘텐츠를 저장하기 위한 UI 위젯을 구성한다.

 예제 코드 다운로드

구입한 모든 팩트 출판사 책의 예제 코드는 http://www.packtpub.com에서 다운로드할 수 있다. http://www.packtpub.com/support에 방문해 사용자 등록 후 예제 코드를 요청하면 등록한 이메일로 직접 보내준다. 이 책의 깃허브 저장소인 https://github.com/alblue/com.packtpub.e4.advanced/에서도 다운로드 가능하다.

마법사 페이지 밖에서 페이지의 데이터를 알아내는 가장 쉬운 방법 중 하나는 콘텐츠 입력에 사용한 SWT Text 상자에 대한 참조를 저장하고 데이터에 접근하는 접근자

accessor를 제공하는 것이다. 오류 발생을 막기 위해 접근자 메소드는 null 여부를 점검하고 위젯이 폐기됐는지를 확인해야 한다. 코드는 다음과 같다.

```
private Text descriptionText;
private Text urlText;
public String getDescription() {
  return getTextFrom(descriptionText);
}
private String getTextFrom(Text text) {
  return text==null || text.isDisposed() ? null : text.getText();
}
public String getURL() {
  return getTextFrom(urlText);
}
```

페이지를 완료하면 부모 마법사는 사용자가 입력한 데이터에 접근 가능해진다. 사용자가 입력한 데이터를 얻어오는 절차는 일반적으로 performFinish 메소드에서 수행하며, performFinish 메소드에서는 수행 결과를 화면에 출력하기도 한다.

마법사 UI는 createControl에서 구성하며, 필수는 아니지만 일반적으로 GridLayout을 이용해 화면을 구성한다. 마법사 UI는 다음 코드와 같이 Label과 Text 위젯을 격자 모양으로 구성하는 경향이 있다.

```
page.setLayout(new GridLayout(2, false));
page.setLayoutData(new GridData(GridData.FILL_BOTH));
Label urlLabel = new Label(page, SWT.NONE);
urlLabel.setText("Feed URL:");
urlText = new Text(page, SWT.BORDER);
urlText.setLayoutData(new GridData(GridData.FILL_HORIZONTAL));
Label descriptionLabel = new Label(page, SWT.NONE);
descriptionLabel.setText("Feed description:");
descriptionText = new Text(page, SWT.BORDER);
descriptionText.setLayoutData(
  new GridData(GridData.FILL_HORIZONTAL));
```

마법사의 Finish 버튼은 페이지가 완료됐을 때 활성화된다. 모든 마법사는 페이지 완료 여부를 판단하는 데 필요한 정보를 알고 있으며, 페이지가 완료되면

setPageComplete(true)를 호출해야 한다. 예제에서는 피드 설명과 URL에 텍스트 입력이 변경되는지를 감지해서 두 항목 모두 빈 값이 아닐 때 페이지가 완료됐다고 설정한다. 이에 해당하는 다음 코드를 NewFeedPage 클래스에 추가한다.

```java
private class CompleteListener implements KeyListener {
  public void keyPressed(KeyEvent e) {
  }
  public void keyReleased(KeyEvent e) {
    boolean hasDescription =
      !"".equals(getTextFrom(descriptionText));
    boolean hasUrl = !"".equals(getTextFrom(urlText));
    setPageComplete(hasDescription && hasUrl);
  }
}
public void createControl(Composite parent) {
  …
  CompleteListener listener = new CompleteListener();
  urlText.addKeyListener(listener);
  descriptionText.addKeyListener(listener);
}
```

이제 키를 눌러 설명과 URL 필드 모두에 텍스트가 존재할 때마다 Finish 버튼이 활성화되고, 둘 중 하나의 필드라도 텍스트를 지우면 Finish 버튼은 비활성화된다.

마법사 테스트

이클립스 애플리케이션에 마법사를 통합하기 전에 마법사가 예상한 대로 동작하는지 테스트하려면, 작은 독립형 테스트 스크립트를 작성해야 한다. 좋은 방법은 아니지만 NewFeedWizard 클래스에 main 메소드를 추가하고 독립적으로 동작하는 마법사를 화면에 출력하게 할 수 있다.

JFace WizardDialog를 이용해서 마법사를 화면에 표시한다. WizardDialog는 Shell과 Wizard 인스턴스를 가지므로, 다음 코드를 이용해서 간단히 테스트할 수 있다.

```java
public static void main(String[] args) {
  Display display = new Display();
```

```
  Shell shell = new Shell(display);
  new WizardDialog(shell, new NewFeedWizard()).open();
  display.dispose();
}
```

이제 마법사를 실행하면, 독립된 셀을 화면에 표시하고 필드와 체크가 정상적으로 동작하는지 테스트할 수 있다. 좀 더 복잡한 테스트는 SWTBot과 같은 UI 테스트 프레임워크를 이용하면 된다.

 SWTBot에 대한 추가적인 설명은 팩트 출판사의 『이클립스 4 플러그인 개발』(에이콘 출판, 2013년)이나 SWTBot 홈페이지(http://eclipse.org/swtbot/)를 참조하라.

제목과 이미지 추가

마법사를 실행하면 제목 영역이 빈 채로 보인다. 일반적으로 사용자는 어떤 정보를 입력해야 하는지와 대화상자를 완료하기 위해 필요한 사항이 무엇인지 알고 싶어 한다. 마법사의 각 페이지는 단계에 대한 설명을 추가할 수 있다. 여러 단계를 갖는 다중 페이지 마법사의 경우, 각 페이지마다 그에 해당하는 정보를 추가하기도 한다.

새 피드 페이지의 제목과 메시지는 정보를 제공하는 요소다. 초기에 제목과 메시지를 설정하는 좋은 장소는 생성자이며, 다음 코드와 같이 초기화한다.

```
protected NewFeedPage() {
  super("NewFeedPage");
  setTitle("Add New Feed");
  setMessage("Please enter a URL and description for a news feed");
}
```

피드 정보를 입력하면, 메시지는 설명이나 URL이 필요하다는 내용으로 변경된다. 메시지를 지우려면, setMessage(null)을 호출하라. 오류 메시지를 추가하려면, 다음 코드와 같이 IMessageProvider의 상수 중 하나를 setMessage 호출 시 매개변수로 전달한다.

```
public void keyReleased(KeyEvent e) {
  boolean hasDescription
    = !"".equals(getTextFrom(descriptionText));
  boolean hasUrl = !"".equals(getTextFrom(urlText));
  if (!hasDescription) {
    setMessage("Please enter a description",
      IMessageProvider.ERROR);
  }
  if (!hasUrl) {
    setMessage("Please enter a URL", IMessageProvider.ERROR);
  }
  if (hasDescription && hasUrl) {
    setMessage(null);
  }
  setPageComplete(hasDescription && hasUrl);
}
```

마법사에 이미지를 표시하기 위해 페이지는 75×58 픽셀 크기의 이미지가 필요하다.
이 이미지는 생성자에서 이미지 기술자를 이용해 설정하면 된다.

```
setImageDescriptor(
  ImageDescriptor.createFromFile(
    NewFeedPage.class, "/icons/full/wizban/newfeed_wiz.png"));
```

이제 마법사를 실행하면 우측 상단에 아이콘이 표시된다(아이콘이 보이지 않는다면,
build.properties의 bin.includes 속성에 icons/ 디렉터리가 포함돼 있는지 확인한다.).

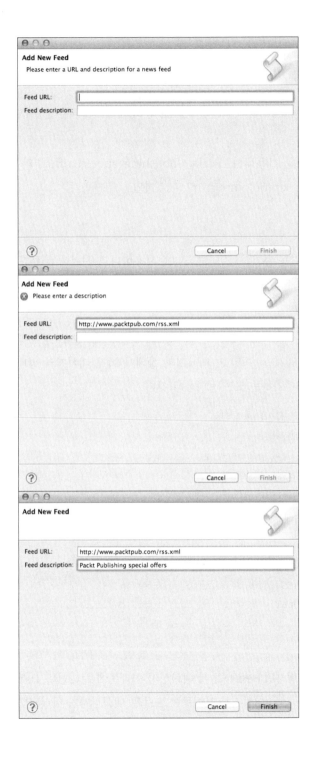

이클립스 버그 439695 때문에, 이클립스 4.4.0에서는 IMessageProvider.ERROR 이미지를 로드할 수 없다. 빨간 십자 모양의 작고 빨간 점으로 보이면, 이를 무시해도 된다. 이클립스 플러그인으로 실행하면 정상적으로 동작할 것이다. 버그 439695는 이클립스 4.4.1 이후 버전에서는 수정됐으며 이클립스 4.3에서는 발생하지 않는다.

실행한 마법사를 이용해서 'Packt Publishing special offers'라는 설명과 함께 http://www.packtpub.com/rss.xml 피드 파일을 추가한다.

도움말 추가

마법사에 도움말을 추가하려면, 도움말을 사용한다고 선언해야 한다. 마법사 생성자나 addPages 메소드에서 매개변수를 true로 하여 부모 클래스의 setHelpAvailable 메소드를 호출하면 된다.

도움말은 각 페이지의 performHelp 메소드에서 처리하므로 상황에 맞는 도움말을 특정 페이지에 표시할 수 있고, 페이지의 상태나 이전 페이지의 상태를 알아올 수도 있다. 도움말을 추가하는 코드는 다음과 같다.

```
// NewFeedWizard 클래스에 추가하기
public void addPages() {
  addPage(new NewFeedPage());
  setHelpAvailable(true);
}
// NewFeedPage 클래스에 추가하기
public void performHelp() {
  MessageDialog.openInformation(getShell(),
    "Help for Add New Feed",
    "You can add your feeds into this as an RSS or Atom feed, "
  + "and optionally specify an additional description "
  + "which will be used as the feed title.");
}
```

앞의 코드를 실행하면 **Help** 버튼이 대화상자 아래쪽에 나타난다. **Help** 버튼을 클릭하면, 다음 그림과 같은 메시지를 보여주는 도움말 대화상자가 나타난다.

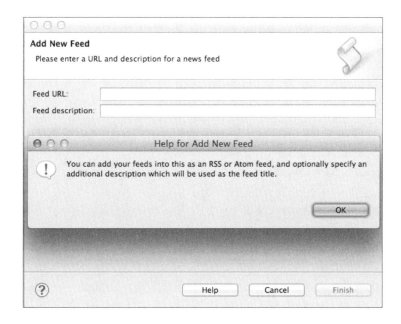

마법사 완료

사용자가 마법사의 **Finish** 버튼을 클릭하면, `performFinish` 메소드가 호출된다. `performFinish` 메소드는 마법사 페이지로부터 데이터를 얻어와서 필요한 액션을 수행한다.

예제에서는 작업공간^{workspace}의 bookmarks라는 프로젝트 밑에 news.feeds라는 Properties 파일을 생성한다. 이 같은 작업을 수행하려면 `org.eclipse.core.resources`를 플러그인 종속성에 추가해야 한다.

> 자원(resource)과 프로젝트를 생성하는 방법에 대한 자세한 설명은 팩트 출판사의 『이클립스 4 플러그인 개발』(에이콘출판, 2013년)이나 http://help.eclipse.org의 이클립스 도움말 문서를 참조하라.

먼저, bookmarks라는 프로젝트를 생성하거나 참조를 얻어온 다음 news.feeds라는 파일을 생성하거나 참조를 얻어온다. 기본적인 콘텐츠는 키=값 쌍의 목록 형태로 Properties 파일에 저장한다. 이때 키는 URL이고 값은 설명이다.

ResourcesPlugin에 쉽게 접근하기 위해 다음과 같이 프로젝트로부터 IFile을 얻어 오는 헬퍼 메소드를 NewFeedWizard에 생성한다.

```
private IFile getFile(String project, String name,
 IProgressMonitor monitor) throws CoreException {
  IWorkspace workspace = ResourcesPlugin.getWorkspace();
  IProject bookmarks = workspace.getRoot().getProject(project);
  if (!bookmarks.exists()) {
    bookmarks.create(monitor);
  }
  if (!bookmarks.isOpen()) {
    bookmarks.open(monitor);
  }
  return bookmarks.getFile(name);
}
```

작업공간의 피드에 접근하기 위해 프로젝트 이름과 북마크 파일의 이름을 정의하는 두 개의 public static final 변수를 생성한다.

```
public static final String FEEDS_FILE = "news.feeds";
public static final String FEEDS_PROJECT = "bookmarks";
```

파일 콘텐츠를 읽고(파일이 없으면 파일을 생성함) 피드를 추가한 후에, 파일의 새로운 콘텐츠를 저장해서 자원에 하나의 피드를 추가하는 헬퍼 메소드를 생성하는 데 두 변수를 사용한다.

```
private synchronized void addFeed(String url, String description)
 throws CoreException, IOException {
  Properties feeds = new Properties();
  IFile file = getFile(FEEDS_PROJECT, FEEDS_FILE, null);
  if (file.exists()) {
    feeds.load(file.getContents());
  }
  feeds.setProperty(url, description);
  ByteArrayOutputStream baos = new ByteArrayOutputStream();
  feeds.store(baos, null);
  ByteArrayInputStream bais =
```

```
  new ByteArrayInputStream(baos.toByteArray());
  if (file.exists()) {
    file.setContents(bais, true, false, null);
  } else {
    file.create(bais, true, null);
  }
}
```

마지막으로, `performFinish` 메소드가 호출될 때 `addFeed`를 수행하기 위해 `NewFeedPage`로부터 `description`과 `url` 필드를 가져와서 `addFeed` 메소드에 전달한다. 예외가 발생할 수 있으므로, 해당 코드를 `try/catch` 블록으로 감싸고 상황에 맞게 `true` 혹은 `false`를 반환한다.

```
public boolean performFinish() {
  String url = newFeedPage.getURL();
  String description = newFeedPage.getDescription();
  try {
    if (url != null && description != null) {
      addFeed(url, description);
    }
    return true;
  } catch (Exception e) {
    newFeedPage.setMessage(e.toString(), IMessageProvider.ERROR);
    return false;
  }
}
```

테스트 환경에서 작업공간^{workspace}을 열 수 없기 때문에 마법사를 실행해도 아무런 변화가 없다. 그렇기 때문에 피드 마법사를 새로운 마법사 메커니즘으로 이클립스에 추가해야 한다. 이 작업은 다음 절에서 설명한다.

FeedWizard를 newWizards 확장점에 추가

마법사를 이클립스 안으로 통합하려면, `org.eclipse.ui` 플러그인에서 제공하는 `newWizards` 확장점^{extension point}에 마법사를 추가해야 한다.

새 마법사 확장점에 맞게 마법사를 추가하려면 약간의 수정이 필요하다. 즉, INewWizard 인터페이스를 구현해야 한다. INewWizard 인터페이스를 구현하면 마법사를 호출할 때 선택된 항목을 제공하는 init라는 메소드가 추가된다. 현재 선택된 항목을 이용해서 마법사는 문자열 URL을 어디에서 선택했는지 감지하고 그 정보를 대화상자에 표시할 수 있다. 수정해야 할 코드는 다음과 같다.

```
public class NewFeedWizard extends Wizard implements INewWizard {
  public void init(IWorkbench workbench,
    IStructuredSelection selection) {
  }
  …
}
```

plugin.xml 파일에 16×16 아이콘을 가진 다음 확장extension을 추가한다.

```
<plugin>
  <extension point="org.eclipse.ui.newWizards">
    <category name="Feeds"
      id="com.packtpub.e4.advanced.feeds.ui.category"/>
    <wizard name="New Feed"
      class="com.packtpub.e4.advanced.feeds.ui.NewFeedWizard"
      category="com.packtpub.e4.advanced.feeds.ui.category"
      icon="icons/full/etool16/newfeed_wiz.gif"
      id="com.packtpub.e4.advanced.feeds.ui.newFeedWizard"/>
  </extension>
</plugin>
```

이제 이클립스 애플리케이션을 실행하면 File 메뉴 밑의 New 대화상자에 Feeds 카테고리가 추가되어 보인다.

아이콘의 크기와 명명 규칙에 대한 정보는 이클립스 위키(http://wiki.eclipse.org/User_Interface_Guidelines)에서 확인할 수 있다.

진행 모니터 추가

마법사 컨테이너는 긴 연산을 위해 진행 상태 바를 가지며, 필요한 경우 취소 선택 기능을 포함한 진행 상태 바를 표시할 수 있다.

진행 모니터를 사용하기 위해 마법사 컨테이너를 이용해 RunnableWithProgress를 호출한다. RunnableWithProgress는 IProgressMonitor를 매개변수로 갖는 run 메소드를 가진 인터페이스다. 마법사가 UI를 멈추지 않고 연산의 진행 상태를 표시하도록 addFeed 메소드를 익명의 내부 클래스로 옮긴다. 코드는 다음과 같다.

```
public boolean performFinish() {
  final String url = newFeedPage.getURL();
  final String description = newFeedPage.getDescription();
  try {
    boolean fork = false;
    boolean cancel = true;
    getContainer().run(fork, cancel, new IRunnableWithProgress() {
      public void run(IProgressMonitor monitor)
        throws InvocationTargetException, InterruptedException {
        try {
          if (url != null && description != null) {
            addFeed(url, description, monitor);
          }
        } catch (Exception e) {
          throw new InvocationTargetException(e);
        }
      }
    });
    return true;
  } catch (InvocationTargetException e) {
    newFeedPage.setMessage(e.getTargetException().toString(),
     IMessageProvider.ERROR);
    return false;
  } catch (InterruptedException e) {
    return true;
  }
}
```

run 메소드에 전달된 fork 매개변수는 작업[job]을 performFinish 메소드와 동일한 스레드에서 실행해야 할지, 아니면 새로운 스레드에서 실행해야 할지를 정의한다. 새로운 스레드를 선택하면, run 메소드는 addFeed 호출로 발생한 오류를 모른 채 반환하게 된다. cancel 매개변수는 동일한 스레드에서 실행한 작업을 취소하는 옵션을 제공할지 여부를 결정한다.

진행 모니터를 SubMonitor로 변환하고 하위 작업에 적절히 SubMonitor를 전달한 후 진행 모니터와 상호작용하기 위해 다음 코드와 같이 addFeed 메소드를 수정한다. 정기적으로 모니터를 취소했는지를 검사해서 사용자가 작업을 취소할 수 있도록 한다.

```
private synchronized void addFeed(String url, String description,
 IProgressMonitor monitor) throws CoreException, IOException {
  SubMonitor subMonitor = SubMonitor.convert(monitor, 2);
  if(subMonitor.isCanceled())
    return;
  Properties feeds = new Properties();
  IFile file = getFile(FEEDS_PROJECT, FEEDS_FILE, subMonitor);
  subMonitor.worked(1);
  if (file.exists()) {
    feeds.load(file.getContents());
  }
  if(subMonitor.isCanceled())
    return;
  feeds.setProperty(url, description);
  ByteArrayOutputStream baos = new ByteArrayOutputStream();

  feeds.save(baos, null);
  ByteArrayInputStream bais =
   new ByteArrayInputStream(baos.toByteArray());
  if(subMonitor.isCanceled())
    return;
  if (file.exists()) {
    file.setContents(bais, true, false, subMonitor);
  } else {
    file.create(bais, true, subMonitor);
  }
```

```
  subMonitor.worked(1);
  if (monitor != null) {
    monitor.done();
  }
}
```

마법사가 나타나도 취소 버튼과 진행 상태 바가 보이지 않는다. 마법사에 이것들이 보이게 하려면, 다음 코드와 같이 addPages 메소드에 진행 모니터가 필요하다고 선언해야 한다.

```
public void addPages() {
  addPage(newFeedPage);
  setHelpAvailable(true);
  setNeedsProgressMonitor(true);
}
```

미리 보기 표시

피드 정보를 추가하면, Finish 버튼이 자동으로 활성화된다. 하지만 사용자는 올바른 URL을 입력했는지 검사하고 싶어할 수 있으므로, 미리 보기Preview 페이지를 추가해서 사용자가 옳은 정보를 입력했는지 확인하게 해보자.

미리 보기 페이지를 추가하려면 WizardPage를 확장한 NewFeedPreviewPage라는 새로운 클래스를 생성한다. NewFeedPage와 마찬가지로 생성자를 사용하고 createControl 메소드에서는 Browser 위젯을 초기화하도록 구현한다. URL 로딩은 비동기 연산이므로, 페이지를 로드하기 전에 시각적 효과를 위해 브라우저에 Loading...이라는 텍스트 메시지를 미리 설정해둔다. 코드는 다음과 같다.

```
public class NewFeedPreviewPage extends WizardPage {
  private Browser browser;
  protected NewFeedPreviewPage() {
    super("NewFeedPreviewPage");
    setTitle("Preview of Feed");
    setMessage("A preview of the provided URL is shown below");
    setImageDescriptor(
```

```
      ImageDescriptor.createFromFile(NewFeedPreviewPage.class,
        "/icons/full/wizban/newfeed_wiz.png"));
  }
  public void createControl(Composite parent) {
    Composite page = new Composite(parent, SWT.NONE);
    setControl(page);
    page.setLayout(new FillLayout());
    browser = new Browser(page, SWT.NONE);
    browser.setText("Loading...");
  }
}
```

브라우저가 보여질 때 올바른 URL을 표시하도록 하기 위해, setVisible 메소드를 오버라이드한다. 페이지를 볼 수 있고 브라우저 위젯이 null이 아니며 폐기되지 않았을 때만 URL을 화면에 표시해야 한다.

앞의 마법사 페이지를 얻어와서 URL 값이 무엇인지 알아내야 한다. static 변수에 이전 마법사 페이지를 저장하고 전달해 사용해도 되지만, 부모 Wizard는 마법사 페이지 목록을 가지고 있으며 이름으로 페이지를 찾을 수 있다. 페이지 목록에서 NewFeedPage를 얻어와서 URL을 알아내는 데 사용해보자. 오버라이드한 setVisible 메소드는 다음 코드와 같다.

```
public void setVisible(boolean visible) {
  if (visible && browser != null && !browser.isDisposed()) {
    NewFeedPage newFeedPage = (NewFeedPage)
      (getWizard().getPage("NewFeedPage"));
    String url = newFeedPage.getURL();
    browser.setUrl(url);
  }
  super.setVisible(visible);
}
```

마지막으로 마법사 페이지를 마법사에 통합한다. 여기에서 수정이 필요한 사항은 다음 코드와 같이 미리 보기 페이지에 대한 참조를 저장하는 필드를 추가하고 addPages 메소드에 전달하는 것이다.

```
private NewFeedPreviewPage newFeedPreviewPage
 = new NewFeedPreviewPage();
public void addPages() {
  addPage(newFeedPage);
  addPage(newFeedPreviewPage);

  ...
}
```

이제, 마법사를 실행하고 필드 값을 모두 채우고 나면 Next와 Finish 버튼이 모두 활성
화된다. 이전처럼 Finish 버튼을 클릭하면 피드feed를 추가하지만 Next 버튼을 클릭하
면 미리 보기 페이지가 나타난다.

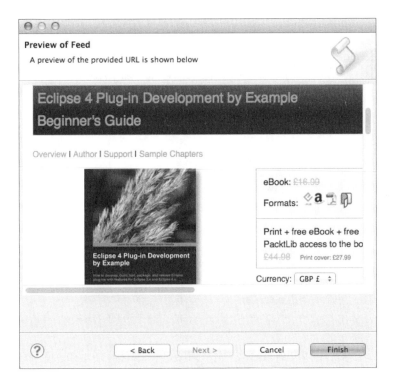

공통 탐색기

공통 탐색기^{common navigator}는 임의의 객체 유형을 표현하기 위한 확장점을 가진 JFace TreeView 컴포넌트다. 모든 종류의 객체에 대해 콘텐츠와 레이블 프로바이더를 작성하는 대신, 공통 탐색기는 플러그인이 객체 유형에 따라 다른 종류의 트리 렌더러를 제공할 수 있는 트리 뷰를 제공한다.

이클립스의 프로젝트 탐색기^{Project Explorer}가 공통 탐색기를 이용한 대표적인 예로, 다음 그림과 같이 패키지와 클래스, 클래스의 메소드와 필드에 대한 그래픽과 레이블을 보여준다. 엔터프라이즈 자바^{Enterprise Java} 플러그인에서도 서블릿과 컨텍스트에 맞는 정보를 제공하기 위해 공통 탐색기를 사용한다.

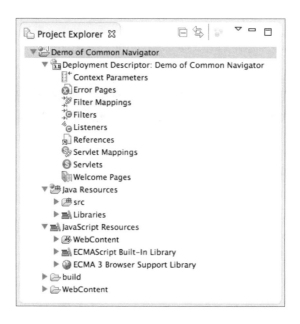

프로젝트 탐색기 뷰 화면에서 보여지는 자원은 디스크상의 파일로는 존재하지 않는다. 프로젝트 탐색기 뷰는 web.xml 콘텐츠에 대한 가상 뷰를 표시한다. 관련된 소스 파일에 대한 참조를 이용해 사용 가능한 콘텐츠의 집합을 확장하고 최상위 노드를 생성하는 데 J2EEContentProvider와 J2EELabelProvider 노드를 사용한다.

이클립스 4.4의 공통 탐색기도 이클립스 3.x 기반의 플러그인이므로 이클립스 3.x 호환성 계층을 통해 동작한다. CommonViewer는 독립형 E4 애플리케이션에 맞게 동작하는 JFace TreeViewer 하위 클래스를 제공하지만, 그 하위 클래스는 이클립스 3.x 계층에 종속적인 CommonNavigator 클래스와 동일한 플러그인에 존재하므로 순수 E4 애플리케이션에서는 사용할 수 없다.

콘텐츠와 레이블 프로바이더 생성

공통 탐색기는 플러그인이 트리에 컴포넌트 대신 JFace ContentProvider와 LabelProvider를 등록하게 한다. 콘텐츠와 레이블 프로바이더는 공통 탐색기 트리에 노드를 제공하는 데 사용한다.

 콘텐츠 프로바이더와 레이블 프로바이더에 대한 좀 더 상세한 설명은 팩트 출판사의 『이클립스 4 플러그인 개발』(에이콘출판, 2013년)이나 인터넷상의 튜토리얼을 참조하라.

피드 속성 파일에 대한 콘텐츠 뷰를 제공하려면, 다음 클래스를 생성하라.

- Feed (이름과 URL을 담을 데이터 객체)
- FeedLabelProvider (ILabelProvider를 구현한다.)
- FeedContentProvider (ITreeContentProvider를 구현한다.)

FeedLabelProvider 클래스는 피드의 이름을 레이블로 표시하는 데 필요하며, 다음과 같이 getText를 구현한다.

```
public String getText(Object element) {
  if (element instanceof Feed) {
    return ((Feed) element).getName();
  } else {
    return null;
  }
}
```

getImage 메소드를 구현해 이미지를 반환하게 할 수도 있다. 이클립스 플랫폼의 기본 이미지(예를 들어, 워크벤치의 공유 이미지 중 IMG_OBJ_FILE)를 사용해도 되지만, 레이블 프로바이더를 구현할 때 이미지 표시는 필수 사항이 아니다.

FeedContentProvider 클래스는 IResource 객체를 Feed 객체 배열로 변환하는 데 사용한다. IResource 콘텐츠는 URL을 통해 로드되기 때문에, 다음과 같이 Properties 객체로 쉽게 변환할 수 있다.

```
private static final Object[] NO_CHILDREN = new Object[0];
public Object[] getChildren(Object parentElement) {
  Object[] result = NO_CHILDREN;
  if (parentElement instanceof IResource) {
    IResource resource = (IResource) parentElement;
    if (resource.getName().endsWith(".feeds")) {
      try {
        Properties properties = new Properties();
        InputStream stream = resource.getLocationURI()
          .toURL().openStream();
        properties.load(stream);
        stream.close();
        result = new Object[properties.size()];
        int i = 0;
        Iterator it = properties.entrySet().iterator();
        while (it.hasNext()) {
          Map.Entry<String, String> entry =
            (Entry<String, String>) it.next();
          result[i++] = new Feed(entry.getValue(),
            entry.getKey());
        }
      } catch (Exception e) {
        return NO_CHILDREN;
      }
    }
  }
  return result;
}
```

ITreeContentProvider를 사용할 때 getElements 메소드를 호출하지 않지만, 일반적으로 다른 프로세스와의 호환성을 제공해야 할 때 사용된다.

공통 탐색기와 통합

org.eclipse.ui.navigator.navigatorContent 확장점의 navigatorContent에 프로바이더를 등록한다. 이때, 프로바이더에 대한 유일한 ID와 이름, 아이콘, 기본으로 활성화시킬지 여부를 정의한다. 프로바이더 등록은 플러그인 편집기를 사용하거나 다음과 같이 plugin.xml 파일에 직접 설정을 추가하면 된다.

```xml
<extension point="org.eclipse.ui.navigator.navigatorContent">
  <navigatorContent activeByDefault="true"
    contentProvider=
     "com.packtpub.e4.advanced.feeds.ui.FeedContentProvider"
    labelProvider=
     "com.packtpub.e4.advanced.feeds.ui.FeedLabelProvider"
    id="com.packtpub.e4.advanced.feeds.ui.feedNavigatorContent"
    name="Feed Navigator Content">
  </navigatorContent>
</extension>
```

앞의 코드를 실행하면 다음과 같은 오류가 오류 로그에 표시된다.

```
Missing attribute: triggerPoints
```

navigatorContent 확장은 특정 인스턴스가 활성화될 때를 감지해야 한다. 예제에서는 파일 확장자가 .feeds인 IResource를 선택했을 때를 감지해서 탐색기를 활성화해야 한다. 다음과 같이 설정을 수정한다.

```xml
<navigatorContent ...>
  <triggerPoints>
    <and>
      <instanceof value="org.eclipse.core.resources.IResource"/>
      <test forcePluginActivation="true"
        property="org.eclipse.core.resources.extension"
        value="feeds"/>
```

```
      </and>
    </triggerPoints>
</navigatorContent>
```

앞의 코드를 plugin.xml에 추가해서 오류를 수정한다. navigatorContent에는 요소에 맞는 getParent를 호출하는 데 사용하는 possibleChildren이라는 추가적인 요소가 있다.

```
<possibleChildren>
  <or>
    <instanceof value="com.packtpub.e4.advanced.feeds.ui.Feed"/>
  </or>
</possibleChildren>
```

Feed 인스턴스를 선택했을 때 FeedContentProvider가 Feed의 부모를 결정할 수 있도록 하고자 앞의 설정을 사용한다. 예제에서는 FeedContentProvider의 getParent 메소드가 null을 반환하므로 아무런 영향이 없다.

지금 시점에서 이클립스를 실행하면 프로젝트 탐색기^{Project Explorer} 뷰에서 어떤 콘텐츠도 표시되지 못한다. 콘텐츠 프로바이더 확장에 연결할 뷰어의 ID를 설정하지 않았기 때문이다.

콘텐츠 탐색기와 뷰 연결

모든 콘텐츠 탐색기 확장이 모든 뷰에 적용되는 것을 막기 위해, 특정 뷰에만 원하는 프로바이더를 연결하는 설정이 가능하다. 이 설정은 다대다의 관계일 수 있으므로 commonNavigator 확장점에 저장하지 않고, org.eclipse.ui.navigator.viewer라는 새로운 확장점의 viewerContentBinding을 이용해 설정한다.

```
<extension point="org.eclipse.ui.navigator.viewer">
  <viewerContentBinding
    viewerId="org.eclipse.ui.navigator.ProjectExplorer">
    <includes>
      <contentExtension pattern=
        "com.packtpub.e4.advanced.feeds.ui.feedNavigatorContent"/>
```

```
      </includes>
    </viewerContentBinding>
  </extension>
```

viewerId는 콘텐츠를 연결한 뷰의 ID다.

 viewerId 목록은 Host OSGi Console에서 다음 커맨드를 실행하면 확인할 수 있다.

osgi〉pt -v org.eclipse.ui.views 〉grep id

앞의 커맨드는 org.eclipse.ui.views 확장점의 선언을 포함한 모든 ID 목록을 제공한다. ID가 모두 뷰가 아니고, 일부는 CommonNavigator 뷰의 하위 유형이 아닐 수 있음을 주의하자.

콘텐츠 확장을 정의할 때는 앞의 예제와 같이 특정 이름을 이용하거나 com.packtpub.*와 같은 정규식을 이용해 주어진 네임스페이스 내에서 일치하는 모든 확장을 설정할 수 있다.

이제 애플리케이션을 실행하면, 다음 그림과 같이 **news.feeds** 밑에 개별적인 필드 요소 목록이 표시된다.

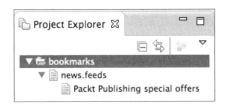

공통 탐색기에 커맨드 추가

공통 탐색기에 커맨드를 추가하는 방법은 다른 커맨드를 추가하는 방법과 동일하다. `command`와 `handler`가 필요하고 적절한 위치location URI를 지정하는 `menuContribution`을 설정해야 한다.

웹 브라우저에 피드를 보여주는 커맨드를 추가하기 위해, 웹 페이지를 보여주는 플랫폼 기능을 사용하는 `ShowFeedInBrowserHandler` 클래스를 생성한다. 웹 페이지를 보여주기 위해, 브라우저를 생성하고 URL을 여는 기능을 제공하는 `PlatformUI`의 브라우저 지원 기능에 대한 참조를 얻어온다. 다음 코드와 같이 작성한다.

```
public class ShowFeedInBrowserHandler extends AbstractHandler {
  public Object execute(ExecutionEvent event)
    throws ExecutionException {
    ISelection sel = HandlerUtil.getCurrentSelection(event);
    if (sel instanceof IStructuredSelection) {
      Iterator<?> it = ((IStructuredSelection)sel).iterator();
      while (it.hasNext()) {
        Object object = it.next();
        if (object instanceof Feed) {
          String url = ((Feed) object).getUrl();
          try {
            PlatformUI.getWorkbench().getBrowserSupport()
              .createBrowser(url).openURL(new URL(url));
          } catch (Exception e) {
            StatusManager.getManager().handle(
              new Status(Status.ERROR,Activator.PLUGIN_ID,
                "Could not open browser for " + url, e),
                  StatusManager.LOG | StatusManager.SHOW);
          }
        }
      }
    }
    return null;
  }
}
```

선택 항목의 유형이 `IStructuredSelection`이면, 선택 항목에 대한 연산을 계속해서 수행한다. 그러면 선택된 모든 Feed에 대해 브라우저가 열린다. 문제가 발생한 경우 워크벤치에 오류를 보고하기 위해 `StatusManager` 클래스를 이용한다.

커맨드는 다음과 같이 plugin.xml에 등록해야 한다.

```
<extension point="org.eclipse.ui.commands">
  <command name="Show Feed in Browser"
```

```
    description="Shows the selected feed in browser"
    id="com.packtpub.e4.advanced.feeds.ui.ShowFeedInBrowserCommand"
     defaultHandler=
    "com.packtpub.e4.advanced.feeds.ui.ShowFeedInBrowserHandler"/>
</extension>
```

팝업 메뉴에서 커맨드를 사용하려면, plugin.xml에 menuContribution으로 커맨드를
추가하면 된다. 메뉴를 Feed 인스턴스를 선택했을 때만 표시하려면, 다음의 예제 코
드와 같이 현재 선택된 항목에 대해 반복 검사를 수행하는 표준 패턴을 이용한다.

```
<extension point="org.eclipse.ui.menus">
  <menuContribution allPopups="false" locationURI=
   "popup:org.eclipse.ui.navigator.ProjectExplorer#PopupMenu">
   <command style="push" commandId=
     "com.packtpub.e4.advanced.feeds.ui.ShowFeedInBrowserCommand">
     <visibleWhen checkEnabled="false">
       <with variable="selection">
         <iterate ifEmpty="false" operator="or">
           <adapt type="com.packtpub.e4.advanced.feeds.ui.Feed"/>
         </iterate>
       </with>
     </visibleWhen>
   </command>
  </menuContribution>
</extension>
```

 핸들러와 선택 항목에 대한 자세한 설명은 팩트 출판사의 『이클립스 4 플러그인 개발』
(에이콘출판, 2013년)이나 인터넷의 튜토리얼을 참조하라.

이제 애플리케이션을 실행하면, 다음 그림과 같이 공통 탐색기 내의 피드를 선택했을
때 Show Feed in Browser 메뉴가 표시된다.

변경에 반응

현재 상태의 뷰어는 파일을 변경해도 화면을 새로 고치지 않는다. news.feeds 파일에 필드를 추가하거나 삭제했을 때 UI를 변경해 보여주지 않기 때문에 이러한 상태는 문제가 된다.

이 문제를 해결하려면, 콘텐츠 프로바이더는 IResourceChangeListener를 구현하고 초기화될 때 작업공간^workspace에 리스너를 등록해야 한다. 그러면 자원의 변경사항이 전달되어, 이를 이용해서 뷰어를 업데이트하면 된다.

```
public class FeedContentProvider implements
 ITreeContentProvider, IResourceChangeListener {
  private Viewer viewer;
  public void dispose() {
    viewer = null;
    ResourcesPlugin.getWorkspace().
      removeResourceChangeListener(this);
  }
  public void inputChanged(Viewer viewer, Object old, Object noo) {
    this.viewer = viewer;
    ResourcesPlugin.getWorkspace()
      .addResourceChangeListener(this,
      IResourceChangeEvent.POST_CHANGE);
  }
  public void resourceChanged(IResourceChangeEvent event) {
    if (viewer != null) {
      viewer.refresh();
    }
```

```
    }
}
```

이제 자원을 변경하면 뷰어가 자동으로 업데이트된다.

뷰어 업데이트 최적화

자원이 변경될 때마다 뷰어를 업데이트하는 방식은 매우 비효율적이다. 자원의 변경이 UI 스레드가 아닌 스레드에서 발생한다면, 새로고침 연산은 Invalid Thread Access라는 오류 메시지를 발생시킬 것이다.

문제를 해결하려면, 다음 두 단계를 수행해야 한다.

● refresh 메소드를 UIJob 클래스 내부나 UISynchronizer 클래스를 통해 호출한다.

● refresh 메소드에 변경된 자원을 전달한다.

refresh 메소드를 UIJob 클래스에서 실행하려면, 다음 코드와 같이 변경한다.

```
new UIJob("RefreshingFeeds") {
  public IStatus runInUIThread(IProgressMonitor monitor) {
    if(viewer != null) {
      viewer.refresh();
    }
    return Status.OK_STATUS;
  }
}.schedule();
```

이 연산은 자원 변경이 어떻게 발생했는지에 관계없이 제대로 동작한다.

뷰어가 필요한 자원에 대해서만 새로고침 연산을 수행하도록 하기 위해 IResourceDeltaVisitor가 필요하다. IResourceDeltaVisitor는 변경된 자원을 포함한 IResourceDelta 객체를 받는 visit 메소드를 갖는다.

IResourceDeltaVisitor를 구현한 FeedsRefresher라는 내부 클래스를 이용해서 .feeds 확장자를 가진 파일에 대한 변경을 처리한다. 이렇게 하면 모든 파일이 아니라 .feeds 파일이 변경됐을 때만 화면이 업데이트 및 새로 고침된다. visit 메소드가

true를 반환하기 때문에 delta는 재귀적으로 모든 수준의 파일에 대해 작업을 수행한다.

```
private class FeedsRefresher implements IResourceDeltaVisitor {
  public boolean visit(IResourceDelta delta) throws CoreException{
    final IResource resource = delta.getResource();
    if (resource != null &&
      "feeds".equals(resource.getFileExtension())) {
      new UIJob("RefreshingFeeds") {
        public IStatus runInUIThread(IProgressMonitor monitor) {
          if(viewer != null) {
            viewer.refresh();
          }
          return Status.OK_STATUS;
        }
      }.schedule();
    }
    return true;
  }
}
```

다음 코드와 같이 resourceChanged 메소드를 변경해서 피드 콘텐츠 프로바이더에서 FeedsRefresher를 호출하게 한다.

```
public void resourceChanged(IResourceChangeEvent event) {
  if (viewer != null) {
    try {
      FeedsRefresher feedsChanged = new FeedsRefresher();
      event.getDelta().accept(feedsChanged);
    } catch (CoreException e) {
    }
  }
}
```

일반적인 뷰어는 전체 뷰를 새로 고치는 refresh 메소드만을 갖지만, Structured Viewer는 특정 객체를 새로 고치는 refresh 메소드를 갖는다. 다음 코드에서 볼 수 있듯이 이 메소드를 이용하면 visit 연산을 좀 더 최적화할 수 있다.

```
new UIJob("RefreshingFeeds") {
  public IStatus runInUIThread(IProgressMonitor monitor) {
    if(viewer != null) {
      ((StructuredViewer)viewer).refresh(resource);
    }
    return Status.OK_STATUS;
  }
}.schedule();
```

선택 변경 연결

이클립스 기반 뷰에는 편집기로 링크^{Link editor with selection}라는 옵션이 있다. 이 옵션은 뷰에서 선택한 항목을 편집기에 보여준다. 예를 들어, 아웃라인^{Outline} 뷰에서 선택한 메소드가 자바 소스 파일에서도 선택되게 하는 기능도 이 옵션을 이용한다.

이 옵션은 linkHelper를 이용해서 공통 탐색기에 추가하면 된다. plugin.xml 파일을 열고 Feed 인스턴스를 선택할 때마다 편집기에 링크되도록 다음 코드를 추가한다.

```xml
<extension point="org.eclipse.ui.navigator.linkHelper">
  <linkHelper
    class="com.packtpub.e4.advanced.feeds.ui.FeedLinkHelper"
    id="com.packtpub.e4.advanced.feeds.ui.FeedLinkHelper">
    <editorInputEnablement>
      <instanceof value="org.eclipse.ui.IFileEditorInput"/>
    </editorInputEnablement>
    <selectionEnablement>
      <instanceof value="com.packtpub.e4.advanced.feeds.ui.Feed"/>
    </selectionEnablement>
  </linkHelper>
</extension>
```

앞의 확장은 선택한 편집기가 평문 파일이나 Feed 유형의 객체일 때마다 알림을 받는 FeedLinkHelper 클래스를 호출하도록 설정한다.

linkHelper를 탐색기에만 설정하기 위해, 다음 코드와 같이 앞서 생성한 viewerContentBinding의 includes 요소에 linkHelper를 추가해야 한다.

```
<extension point="org.eclipse.ui.navigator.viewer">
  <viewerContentBinding
    viewerId="org.eclipse.ui.navigator.ProjectExplorer">
    <includes>
      <contentExtension pattern=
        "com.packtpub.e4.advanced.feeds.ui.feedNavigatorContent"/>
      <contentExtension pattern=
        "com.packtpub.e4.advanced.feeds.ui.FeedLinkHelper"/>
    </includes>
  </viewerContentBinding>
</extension>
```

FeedLinkHelper는 org.eclipse.ui.navigator.ILinkHelper 인터페이스를 구현해서 편집기를 선택 항목으로, 선택 항목을 편집기로 변환하는 findSelection과 activateEditor라는 두 개의 메소드를 정의해야 한다.

편집기 열기

편집기를 열고 정확하게 선택 항목을 설정하려면, org.eclipse.jface.text (TextSelection 클래스를 위해)와 org.eclipse.ui.ide(IDE 클래스를 위해)를 포함한 두 개 이상의 번들을 프로젝트 종속성에 포함시켜야 한다. 번들을 IDE의 기능으로 연결하는 것이지만 선택적으로 표시할 수 있다(IDE가 없으면, 편집기도 없으므로). 참조하는 클래스 파일을 포함하기 위해 org.eclipse.ui.navigator에 대한 종속성도 필요하다.

activateEditor 메소드를 구현하려면, 속성 파일 내에서 진입점entry을 찾아 적절한 선택 항목을 설정해야 한다. 쉬운 방법은 없지만 선택 항목을 구성하는 바이트byte를 찾는 대신 BufferedInputStream 인스턴스를 통해 파일 콘텐츠를 읽는다. 실제 애플리케이션에서는 Feed 객체의 부모 객체를 동적으로 알아서 제공해야 하지만, 폴더 이름 bookmarks와 피드 파일 이름 news.feeds를 하드 코딩해 알고 있으므로 파일 콘텐츠를 얻는 데 이를 사용한다. 다음 코드는 선택 항목을 설정하는 방법을 보여준다.

```
public class FeedLinkHelper implements ILinkHelper {
  public void activateEditor(IWorkbenchPage page,
    IStructuredSelection selection) {
```

```
      Object object = selection.getFirstElement();
    if (object instanceof Feed) {
      Feed feed = ((Feed) object);
      byte[] line = (feed.getUrl().replace(":", "\\:") + "="
        + feed.getName()).getBytes();
      IProject bookmarks = ResourcesPlugin.getWorkspace()
        .getRoot().getProject(NewFeedWizard.FEEDS_PROJECT);
      if (bookmarks.exists() && bookmarks.isOpen()) {
        IFile feeds = bookmarks.getFile(NewFeedWizard.FEEDS_FILE);
        if (feeds.exists()) {
          try {
            TextSelection textSelection = findContent(line,feeds);
            if (textSelection != null) {
              setSelection(page, feeds, textSelection);
            }
          } catch (Exception e) {
            // 무시한다.
          }
        }
      }
    }
    ...
}
```

콘텐츠가 있는 줄 찾기

줄의 콘텐츠를 확인하려면, 파일의 콘텐츠를 얻은 다음 순차적으로 바이트를 통과하면서 찾기를 수행해야 한다. 바이트를 발견하면, 첫 번째 위치를 기록하고 TextSelection을 변환하는 데 사용한다. 바이트를 찾지 못하면, null을 반환해서 값이 설정되지 않았을 수도 있음을 나타낸다. 이를 구현한 코드는 다음과 같다.

```
private TextSelection findContent(byte[] content, IFile file)
  throws CoreException, IOException {
  int len = content.length;
  int start = -1;
  InputStream in = new BufferedInputStream(file.getContents());
```

```
    int pos = 0;
    while (start == -1) {
      int b = in.read();
      if (b == -1)
        break;
      if (b == content[0]) {
        in.mark(len);
        boolean found = true;
        for (int i = 1; i < content.length && found; i++) {
          found &= in.read() == content[i];
        }
        if (found) {
          start = pos;
        }
        in.reset();
      }
      pos++;
    }
    if (start != -1) {
      return new TextSelection(start, len);
    } else {
      return null;
    }
}
```

앞의 코드는 BufferedInputStream이 기본 콘텐츠 스트림에 mark 연산을 수행하면
그 지점으로 되돌아갈 수 있다는 장점이 있다. 하지만 입력의 첫 번째 문자가 있을 경
우에만 동작하기 때문에 매우 비효율적이다. 코드를 최적화하려면, 새로운 줄의 시작
에서 콘텐츠를 확인하면 된다.

선택 항목 설정

선택 항목을 식별했으면, IDE 클래스를 이용해서 편집기에 선택 항목을 열면 된다.
IDE 클래스는 특정 시점에 편집기를 여는 openEditor 메소드를 제공한다. 선택 서비
스는 파일에서 선택된 텍스트를 설정하는 데 열린 편집기를 사용한다. 코드는 다음과
같다.

```
private void setSelection(IWorkbenchPage page, IFile feeds,
 TextSelection textSelection) throws PartInitException {
  IEditorPart editor = IDE.openEditor(page, feeds, false);
  editor.getEditorSite()
    .getSelectionProvider().setSelection(textSelection);
}
```

이제 편집기로 링크[Link editor with selection] 옵션이 활성화되어 있기만 하면, 프로젝트 탐색기에서 요소를 선택할 때 해당하는 news.feeds 자원이 편집기에 열린다.

편집기의 선택 항목을 뷰어의 항목에 연결하는 예제와 반대되는 방향의 연결은 실용적이지 않다. 일반적인 텍스트 편집기는 문서가 열리기 전까지는 메소드를 발생시키지 않고, 편집기에서 커서의 위치를 검출하는 방법은 제한적이기 때문이다. 자바 편집기와 같이 좀 더 복잡한 편집기는 문서를 설계하고 메소드, 필드와 비교해서 커서의 위치를 알아내는 방법을 제공하므로, 아웃라인[outline]과 다른 뷰를 업데이트할 수 있다.

정리

이번 장에서는 선택적인 페이지를 포함한 마법사 대화상자를 만들고, New Wizard 대화상자에 추가하는 방법을 배웠다. 마법사를 통해 피드 북마크를 생성했고, 이어서 생성된 북마크를 공통 탐색기에 필드의 집합으로 표시했다. 더불어 자원을 업데이트하는 방법도 살펴봤다.

다음 장에서는 이클립스가 확장점을 관리하는 방법을 이해하고, 기존의 확장점에 플러그인하는 방법과 자신만의 확장점을 정의하는 방법을 배운다.

2 사용자 정의 확장점 생성

이클립스는 확장점^{extension points}과 확장 저장소^{extension registry}를 이용해서 확장된다. 확장 저장소는 확장점의 목록과 확장 목록을 관리한다. 주로 이클립스와 같은 OSGi 런타임에서 확장 저장소를 사용하지만, OSGi 런타임 밖에서도 사용할 수 있다.

확장과 확장점

먼저 몇 가지 용어에 대해 이해하고 넘어가자. 확장^{extension}은 pugin.xml 파일에서 쉽게 발견할 수 있는 <extension> 요소로, 플러그인에 기여된 기능이다. 확장은 적절히 처리할 수 있는 자체적인 구성과 설정을 제공한다. 확장은 마우스나 키보드 같은 USB 디바이스와 같다. 앞 장의 예제에서도 새 피드 마법사를 확장으로 추가했다.

```
<extension point="org.eclipse.ui.newWizards">
  <category name="Feeds"
            id="com.packtpub.e4.advanced.feeds.ui.category"/>
</extension>
```

확장점은 확장이 제공해야 할 필수 인자와 속성, 확장에 대한 규약을 정의한다. 확장점은 USB 허브와 같은 개념으로, 확장(USB 디바이스)을 연결할 수 있다. 다음은 org.eclipse.ui 플러그인의 plugin.xml 파일에 정의한 newWizards 확장점의 예다.

```
<extension-point id="newWizards" name="%ExtPoint.newWizards"
schema="schema/newWizards.exsd"/>
```

앞의 확장점 정의는 확장의 내용을 정의한 다음의 XML 스키마 문서를 참조한다.

```xml
<?xml version='1.0' encoding='UTF-8'?>
<!-- Schema file written by PDE -->
<schema targetNamespace="org.eclipse.ui"
xmlns="http://www.w3.org/2001/XMLSchema">
  <annotation>
    <appInfo>
      <meta.schema plugin="org.eclipse.ui" id="newWizards"
       name="Creation Wizards"/>
    </appInfo>
  </annotation>
  <element name="extension">
    <complexType>
      <choice minOccurs="0" maxOccurs="unbounded">
        <element ref="category"/>
        ...
      </choice>
    </complexType>
  </element>
  <element name="category">
    <complexType>
      <attribute name="id" type="string" use="required"/>
      <attribute name="name" type="string" use="required"/>
    </complexType>
  </element>
  ...
</schema>
```

앞의 스키마는 org.eclipse.ui.newWizards 확장점에 대한 주요 정보를 정의한다
(ID는 meta.schema의 plugin과 id 값을 조합한 값이다.). 앞의 정의는 확장이 id와 name을
필수 속성으로 갖는 카테고리category를 요소로 갖는다고 선언한다.

PDE는 plugin.xml을 편집할 때 스키마를 활용해서 누락된 요소가 없는지를 검사하
거나 필수 또는 선택 요소를 삽입할 때 코드 완성 기능을 제공한다.

PDE가 그래픽 사용자 인터페이스를 통해 이런 스키마를 작성하는 좋은 기능을 제공하므로, 스키마를 생성하기 위해 XML을 직접 편집하지 않아도 된다.

확장점 생성

이클립스에서 새로운 확장점을 생성하는 절차를 설명하기 위해 피드 분석기를 만들어보자. 피드 분석기는 URL을 포함한 Feed 인스턴스를 받아서 FeedItem 인스턴스 배열을 반환한다. 다른 종류의 피드 분석기를 확장을 통해 제공하게 하면, 처음에는 MockFeedParser 인스턴스를 생성해 사용하지만 향후 다른 구현체로 대체 가능하다

실행 가능한 확장점은 class 속성을 갖는 경향이 있다. 이 클래스는 일반적으로 특정 인터페이스를 구현한다. 예제에서는 모든 피드 분석기에 대한 추상 API를 정의한 IFeedParser 인터페이스를 생성해서, 피드 분석기를 제공하는 확장은 이 인터페이스를 구현하게 할 계획이다.

IFeedParser 인터페이스 생성

피드 분석기는 UI 밖에서 사용 가능하기 때문에, com.packtpub.e4.advanced.feeds 라는 새로운 플러그인 프로젝트를 생성하고, 1장 'JFace와 공통 탐색기에 연결'에서 생성한 Feed 클래스를 UI 패키지에서 새 프로젝트의 패키지로 리팩토링하는 것이 좋다.

 Feed 클래스를 리팩토링할 때, 자바가 아닌 텍스트 파일의 규정된 이름 갱신(Update fully qualified names in non-Java text files) 옵션을 선택하거나 plugin.xml 파일에서 일치하는 이름도 리팩토링하는 것을 잊지 마라. 클래스 이름은 테스트 시 다양한 위치에서 사용되기 때문이다.

com.packtpub.e4.advanced.feeds 패키지를 플러그인에서 내보내는 일(플러그인 내역서 편집기의 런타임(Runtime) 탭에서 한다.)과 com.packtpub.e4.advanced. feeds.ui 플러그인으로 패키지를 가져오는 일(플러그인 내역서 편집기의 종속성 (Dependencies) 탭에서 한다.)도 잊지 마라.

여기까지 하면 다음 코드와 같이 피드의 구문을 분석하는 `IFeedParser` 인터페이스를 생성한다.

```
import java.util.List;
public interface IFeedParser {
  public List<FeedItem> parseFeed(Feed feed);
}
```

인터페이스의 목적은 피드를 분석해서 피드 항목의 목록을 반환하는 것이므로, `FeedItem` 클래스도 필요하다. `FeedItem`은 다른 메타데이터와 함께 부모 `Feed`를 갖는다.

 모든 속성에 대해 getter/setter를 갖는 변형 가능한 FeedItem 인스턴스를 생성해도 되지만, 생성 후에 의도하지 않게 피드가 변형될 가능성이 있다.

FeedItem을 생성하는 다른 방법으로 모든 인수를 가진 생성자를 사용하는 방법이 있지만, 클래스 변경이 어렵다는 단점이 있다. 새로운 매개변수가 추가될 때, 매개변수가 추가된 더 많은 생성자를 생성해야 한다.

좀 더 나은 방법은 별도의 객체가 인스턴스를 조립하는 빌더(builder) 패턴을 사용하는 방식이다. 이 방법의 경우, 객체를 생성해서 반환하고 나면 객체를 변경할 수 없다. http://en.wikipedia.org/wiki/Builder_pattern에서 좀 더 자세한 내용을 확인해보라.

`FeedItem` 클래스를 초기화하기 위해 내부 `Builder` 클래스를 사용한다. 빌더 클래스는 `FeedItem` 클래스의 `private` 필드에 접근하지만, 반환한 객체를 변경할 수는 없다.

```
package com.packtpub.e4.advanced.feeds;
import java.util.Date;
public class FeedItem {
  // FeedItem 필드
  private Date date;
  private Feed feed;
  private FeedItem(Feed feed) {
    this.feed = feed;
  }
  public Date getDate() {
    return date;
```

```
  }
  public Feed getFeed() {
    return feed;
  }
  // FeedItem.Builder 클래스
  public static class Builder {
    private FeedItem item;
    public Builder(Feed feed) {
      item = new FeedItem(feed);
    }
    public FeedItem build() {
      if(item.date == null) {
        item.date = new Date();
      }
      return item;
    }
    public Builder setDate(Date date) {
      item.date = date;
      return this;
    }
  }
}
```

앞의 예제는 부모 feed와 date 두 개의 필드에 대해 빌더 패턴 사용법을 보여준다.
FeedItem 클래스를 확장하기 위해 다음의 다른 요소를 설정하는 접근자를 빌더에 추가한다.

- Title
- URL
- HTML

이제 다음 코드를 이용해 FeedItem 클래스의 인스턴스를 생성하면 된다.

```
new FeedItem.Builder(feed).setDate(new Date()).build();
```

MockFeedParser 클래스 생성

네트워크 연결 없이 분석기가 사용할 수 있는 피드 데이터를 제공하기 위해 MockFeedParser 클래스를 생성한다. 이 클래스는 Feed 인스턴스를 받아서 하드 코딩된 FeedItems 집합을 반환해 테스트를 가능하게 한다.

MockFeedParser 클래스는 피드 분석기를 참조하는 클라이언트에는 보여질 필요가 없으므로, com.packtpub.e4.advanced.feeds.internal이라는 다른 패키지에 둔다. OSGi 런타임에서 internal 패키지는 숨겨져서, 종속된 클래스에서 참조하거나 인스턴스를 생성할 수 없다. 다음 코드는 MockFeedParser 클래스를 생성하는 방법을 보여준다.

```
public class MockFeedParser implements IFeedParser {
  public List<FeedItem> parseFeed(Feed feed) {
    List<FeedItem> items = new ArrayList<FeedItem>(3);
    items.add(new FeedItem.Builder(feed).setTitle("1st").build());
    items.add(new FeedItem.Builder(feed).setTitle("2nd").build());
    items.add(new FeedItem.Builder(feed).setTitle("3rd").build());
    return items;
  }
}
```

`MockFeedParser`는 HTML 본문이나 다른 날짜와 같이 더 많은 데이터를 생성할 수 있다.

확장점 스키마 생성

피드를 위한 확장점은 `feedParser`라 부르고, `IFeedParser` 인터페이스를 사용한다.

확장점을 생성하기 위해 plugin.xml 혹은 MANIFEST.MF 파일을 더블 클릭하거나 프로젝트의 **Plug-in tools > Open Manifest**를 선택해서 플러그인 내역서[manifest]를 연다. **확장점**[Extension Points] 탭으로 이동해서 **Add**를 클릭하고 대화상자가 나타나면 ID와 name에 feedParser를 입력한다. 다음 그림을 참조한다.

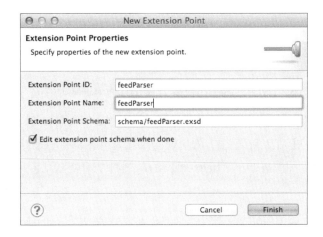

Finish를 클릭하면 다음과 같은 스키마 편집기가 나타난다.

설명^{Description}과 **시작 시간**^{Since}, **예제**^{Examples}, **API 정보**^{API Information}, **기본 제공 구현**^{Supplied} ^{Implementation}, **저작권**^{Copyright}은 모두 확장점에 대한 문서를 생성하는 데 쓰이는 텍스트 기반 필드이며, 빈 채로 둬도 된다. 하지만 생성된 문서는 향후 사용자에게 표시되고 이클립스 도움말 센터와 http://help.eclipse.org에서 표시할 정보를 생성하는 데 사용된다.

정의^{Definition} 탭으로 전환하면 확장점의 내용을 변경할 수 있다. extension 요소를 선택하고 오른쪽의 New Element 버튼을 클릭한 다음, 이름으로 feedParser를 입력한다. feedParser는 클라이언트가 보게 될 XML 요소의 이름이다. feedParser에 속성 값을 추가하기 위해, feedParser를 선택하고 New Attribute를 클릭한 후 이름에 class를 입력한다. 유형은 java이며, 사용은 required로 설정한다. Implements 텍스트 상자 옆의 Browse... 버튼을 이용해서 앞서 생성한 IFeedParser를 선택한다.

다음은 스키마 정의를 마친 모습이다.

70

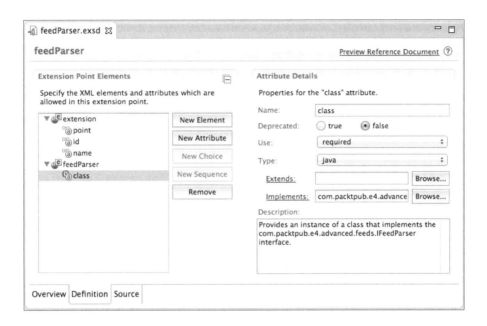

내부적으로 확장은 두 개의 다른 파일에 표시된다. 첫 번째 파일은 다음 내용을 포함한 plugin.xml 파일이다.

```xml
<?xml version="1.0" encoding="UTF-8"?>
<?eclipse version="3.4"?>
<plugin>
  <extension-point id="feedParser" name="feedParser"
  schema="schema/feedParser.exsd"/>
</plugin>
```

schema 참조는 앞에서 생성한 스키마 정의를 설정한다.

 binary output에 schema 디렉터리를 포함하도록 build.properties 파일을 변경해야 한다. 그렇지 않으면, 플러그인 구현은 feedParser 요소가 제대로 제공됐는지를 확인할 수 없다.

확장 메커니즘이 동작하는 데 스키마가 필수 요소는 아니다. 스키마는 PDE를 이용해서 plugin.xml 파일에 요소를 생성할 때 주로 사용된다. 하지만 스키마는 확장점 사용자에게 확장점의 용도와 필수 요소에 대한 정보를 제공하는 의미를 가지므로, 스키마를 제공하는 것이 좋다.

확장점에서 정의할 수 있는 다양한 값이 있다. 다음은 각 요소가 가질 수 있는 값의 예다.

- Name: 요소와 속성에 사용할 이름으로, 요소와 속성에 대해 유효한 XML 이름이어야 한다.

- Deprecated: 기본값은 false지만, true로 변경 가능하다. 확장점이 더 이상 사용되지 않음을 표시할 때 사용한다. 일반적으로 대안이나 대체 기능을 제안하는 설명과 함께 사용된다.

- Translatable: 속성이 번역 가능한 값(레이블이나 사람이 읽을 수 있는 문자열)을 가지면, 이 값은 true여야 한다. %description과 같이 퍼센트 문자열로 plugin.xml의 값을 정의하면, 확장점을 로드할 때 이클립스는 지역화된 plugin.properties 파일에서 자동으로 문자열에 해당하는 값을 읽어온다.

- Description: PDE에 표시하거나 확장점을 어떻게 사용하는지 알려주는 도움말 문서에 표시할 사람이 읽을 수 있는 설명이다.

- Use: 이 속성은 optional, required, default 중 하나의 값을 갖는다. 속성 값을 optional로 설정하면 값이 존재할 필요가 없다. required인 경우는 반드시 값이 있어야 하며, default면 속성을 누락한 경우에 사용할 기본값을 기본값 상자에 입력한다.

- Type: 속성 유형이다. 이 속성의 값은 다음 유형 중 하나다.
  - Boolean: 속성 값이 true 또는 false가 됨을 의미한다.
  - String: 속성 값은 문자열임을 의미한다. 문자열은 번역 가능하고, 문자열이 취할 수 있는 값에 대한 제한restrictions(North, South, East, West나 UP, DOWN 같은)이 있을 수 있다.
  - Java: 속성 값은 특정 클래스를 확장하거나 특정 인터페이스를 구현한 유형이어야 함을 정의한다.

- Resource: 속성은 자원 유형을 가질 수 있음을 의미한다.

- Identifier: 속성이 다른 스키마 문서의 다른 ID를 참조함을 의미하며, 이때 `org.eclipse.jdt.ui.javaDocWizard/@point` 형태의 XPath 같은 표현식을 사용한다. 앞의 표현식은 `org.eclipse.jdt.ui`가 플러그인 네임스페이스이고 `javaDocWizard`가 확장이며 `@point`는 요소 내의 속성 `point`를 참조함을 의미한다.

> 하위 요소의 대략적인 문서 유형 정의(Document Type Definition)를 보여주는 데 DTD approximation을 사용한다. 요소가 자식 요소를 갖지 않으면, DTD approximation은 EMPTY로 표시하고 텍스트에 대해서는 (#PCDATA)를 표시한다. PCDATA는 Parsed Character Data의 약자로, HTML에서 사용되며 SGML에서 처음 사용했다.

확장에서는 같은 요소를 반복해서 정의할 수 있다. 스키마 편집기는 요소의 순서 sequence(다른 의미로는 목록)나 항목의 선택(집합 중 하나)을 허용한다. 순서와 선택은 조합자 compositors라 하며, **Type** 드롭다운 메뉴를 이용해서 둘 중 하나를 선택할 수 있다. 조합자는 최소값과 최대값을 갖는다. 최소값이 0이면, 그 요소는 선택사항이라는 의미다. 최대값을 지정할 때는 특정 숫자(예를 들어 `months=12`)를 고정할 수 있지만, **Unbounded** 옵션을 선택해서 수의 제한 없이 자식 요소를 갖게 할 수 있다.

일반적으로, 확장점은 하나 이상의 요소를 추가할 수 있게 한다. 하나 이상의 요소를 추가하게 하려면, **extension** 요소 밑에 **Sequence** 요소를 추가해야 한다. 순서 sequence 는 하나 이상의 요소를 제공하게 할 때 필요하다.

PDE 스키마 편집기에서 **extension** 요소를 클릭하고 **New Sequence**를 선택한다. 최소값은 1이어야 하고 순서 sequence 는 unbounded여야 한다. 다음 그림이 전형적인 기본값이다.

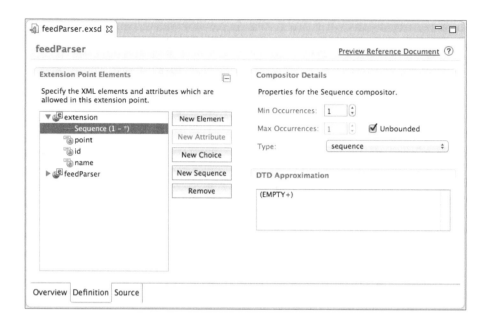

확장에 feedParser를 추가하기 위해 다음 그림과 같이 Sequence 요소 밑에 feed
Parser 요소를 가져다 놓는다.

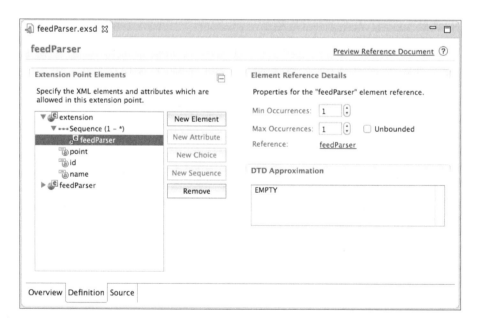

feedParser.esxd 스키마는 다음과 유사한 형태여야 한다.

```xml
<?xml version='1.0' encoding='UTF-8'?>
<!-- Schema file written by PDE -->
<schema targetNamespace="com.packtpub.e4.advanced.feeds"
xmlns="http://www.w3.org/2001/XMLSchema">
  <annotation>
    <appinfo>
      <meta.schema plugin="com.packtpub.e4.advanced.feeds"
        id="feedParser" name="feedParser"/>
    </appinfo>
    <documentation>…</documentation>
  </annotation>
  <element name="extension">
    <annotation>
      <appinfo>
        <meta.element />
      </appinfo>
    </annotation>
    <complexType>
      <sequence minOccurs="1" maxOccurs="unbounded">
        <element ref="feedParser"/>
      </sequence>
      <attribute name="point" type="string" use="required"/>
      <attribute name="id" type="string" use="required"/>
      <attribute name="name" type="string"/>
    </complexType>
  </element>
  <element name="feedParser">
    <complexType>
      <attribute name="class" type="string" use="required">
        <annotation>
          <documentation>…</documentation>
          <appinfo>
            <meta.attribute kind="java"
      basedOn=":com.packtpub.e4.advanced.feeds.IFeedParser"/>
          </appinfo>
        </annotation>
```

```
        </attribute>
      </complexType>
    </element>
</schema>
```

이제 스키마 정의를 모두 마쳤다.

확장점 사용

다른 확장과 마찬가지로 플러그인의 plugin.xml에 확장을 추가한다. 확장점과 확장
을 같은 파일에 정의하는 방식은 드물지 않다.

 확장과 확장점을 같은 파일에 정의하면 확장점을 다른 플러그인에서 사용할 경우 플랫
폼에서 확장을 제거할 수 없다. 확장점을 정의하는 플러그인을 제공한 다음, 다른 플러
그인에 확장을 정의하면 확장을 개별적으로 플랫폼에서 제거할 수 있다.

plugin.xml에 `MockFeedParser`를 추가하기 위해 다음을 추가한다.

```
<extension point="com.packtpub.e4.advanced.feeds.feedParser">
  <feedParser class=
   "com.packtpub.e4.advanced.feeds.internal.MockFeedParser"/>
</extension>
```

클라이언트가 피드 분석기 목록을 알아오는 가장 쉬운 방법을 제공하기 위해
FeedParserFactory 클래스를 feeds 플러그인에 생성한다. 확장 저장소의 특
정 API에 의존하지 않으면서 IFeedParser 인스턴스 목록을 제공하기 위해
FeedParserFactory 클래스를 사용한다. FeedParserFactory 클래스 코드는 다음과
같다.

```
package com.packtpub.e4.advanced.feeds;
public class FeedParserFactory {
  private static FeedParserFactory DEFAULT;
  public static FeedParserFactory getDefault() {
    if (DEFAULT == null) {
      DEFAULT = new FeedParserFactory();
```

```
    }
    return DEFAULT;
  }
}
```

org.eclipse.equinox.registry 번들을 통해 접근하는 IExtensionRegistry 인터페이스로 확장 저장소를 관리한다. 확장 요소를 동적으로 저장소에 등록할 수 있지만, 런타임에 존재하는 확장을 읽어오는 방식이 가장 일반적이다. 특정 확장점에 기여한 확장 목록을 읽어오기 위해, 다음과 같이 플러그인 내역서의 가져온 번들 목록에 org.eclipse.equinox.registry 번들을 추가한다.

Require-Bundle: org.eclipse.equinox.registry

확장 저장소는 확장점 집합을 관리하며, 번들 ID와 확장점에 정의한 ID를 조합해 확장점을 식별한다. 앞서 정의한 확장점의 ID 값은 com.packtpub.e4.advanced.feeds와 feedParser다. 다음을 FeedParserFactory 클래스에 추가한다.

```
public List<IFeedParser> getFeedParsers() {
  List<IFeedParser> parsers = new ArrayList<IFeedParser>();
  IExtensionRegistry registry = RegistryFactory.getRegistry();
  IExtensionPoint extensionPoint = registry.getExtensionPoint(
    "com.packtpub.e4.advanced.feeds", "feedParser");
    … // 아래 계속
  return parsers;
}
```

 IExtensionPoint는 확장점 정의 자체를 의미한다. 확장점 저장소에서 동일한 ID의 확장점이 없으면, null인 IExtensionPoint를 반환한다. 이클립스 이전 버전에서는 확장점 식별자로 com.packtpub.e4.advanced.feeds.feedParser와 같이 단일 문자열을 사용했다. 그 결과, 수많은 문자열이 JVM의 PermGen 영역의 상당 부분을 차지했다. 식별자를 두 개의 부분으로 분리함으로써, 동일한 플러그인에서 많은 확장이 같은 네임스페이스를 공유하게 됐고, PermGen 영역에서 하나의 항목만 존재하게 됐다. PermGen은 최신 JVM에서는 제거됐다.

앞의 코드가 null이 아닌 extensionPoint 값을 반환하면, 확장점에 대한 정보를 얻을 수 있다. 정보를 얻는 가장 일반적인 방법은 getConfigurationElements를 호출해서 확장의 구문을 분석하는 것이다. getConfigurationElements는 plugin.xml 파일의 항목 구조에 연결되는 확장 내용을 트리 뷰 형태로 보여준다.

```
if (extensionPoint != null) {
  IConfigurationElement[] elements =
    extensionPoint.getConfigurationElements();
  for (int i = 0; i < elements.length; i++) {
    IConfigurationElement element = elements[i];
    … // 아래 계속
  }
}
```

이클립스에 버그를 보고하기 위한 http://bugs.eclipse.org 같은 URL을 저장하는 Mylyn 저장소 사용과 같이 확장점이 텍스트 정보만 포함한다면, 요소는 실제로 텍스트 값만 반환한다. feedParser 예제에서 관심을 갖는 요소는 클래스 이름을 포함한 속성이다.

예제의 확장점은 인스턴스를 생성할 피드 분석기 클래스를 정의한다. 확장에 정의한 클래스의 인스턴스를 생성하려면, 속성 이름을 받아서 적절한 번들로부터 클래스의 인스턴스를 생성하는 createExecutableExtension 메소드를 사용한다. 이 메소드는 class.forName(extension.getAttribute("class"))와 유사하지만 올바른 ClassLoader를 사용한다.

 반환된 클래스 이름에 대해 Class.forName()를 사용하고 싶겠지만, 현재 사용 중인 플러그인 외부에 있는 클래스에 대해서는 Class.forName()이 동작하지 않는다. 모든 번들은 자신만의 ClassLoader가 있고 확장을 사용하는 플러그인은 대부분 확장을 제공하는 번들이 아니므로, 대부분의 경우 동작하지 않는다.

확장에 구문 오류가 있을 수 있고 플러그인이 성공적으로 로드되지 않을 수 있으므로, 클래스의 인스턴스 생성 과정은 try와 catch의 CoreException 구문으로 둘러싸야 한다. 오류가 발생하면 확장은 사용할 수 없다. 필요한 경우 런타임은 오류를 로그에 기록한다. instanceof를 이용해서 반환된 인스턴스가 올바른 유형인지 여부를 확인하는 일을 잊지 마라. null인지 여부도 함께 확인하게 된다.

다음 코드와 같이 객체는 매개변수가 없는 생성자를 통해 생성되어 반환된다.

```
try {
  Object parser = element.createExecutableExtension("class");
  if (parser instanceof IFeedParser) {
    parsers.add((IFeedParser) parser);
  }
} catch (CoreException e) {
  // 무시하거나 적당히 로그를 기록한다.
}
```

확장점 캐시하기

확장의 반환 값을 캐시해야 할까? 확장을 사용하는 경우에 따라 다르다. 일시적으로 사용하는 확장인 경우, 매번 확장을 생성할 필요는 없다. 반면에 확장을 캐시에 저장한다면, 플러그인이 제거될 때를 감지하는 리스너를 등록하기 위한 추가적인 코드를 작성해야 한다.

확장 저장소가 호출 결과 값을 캐시에 저장하고 반환하는 작업을 합리적으로 수행하므로, 작업은 빠르게 처리된다. 생성된 객체에 대해 유일성^{identity}이 중요하다면 실행 가능한 캐시에 저장된 확장을 정렬해야 할 필요가 있다.

반환된 결과를 캐시에 저장하면, 이후에 설치되는 새로운 플러그인을 볼 수 없다.

확장 저장소는 리스너도 지원한다. 저장소에 대해 addListener를 호출하면 특정 확장점에 발생한 변경을 알아낼 수 있어서, 확장점에 변경이 발생했을 때 캐시를 업데이트할 수 있다.

콘텐츠와 레이블 프로바이더를 확장에 통합

FeedItem 프로바이더를 가진 확장점을 정의했으니, 다음 단계로 앞 장에서 생성한 FeedLabelProvider와 FeedContentProvider 클래스를 FeedItem과 통합해보자. FeedLabelProvider 클래스와 통합하는 일은 다음과 같이 몇 줄만 추가하면 될 정도로 매우 간단하다.

```
public String getText(Object element) {
  if (element instanceof Feed) {
    return ((Feed) element).getName();
  } else if (element instanceof FeedItem) {
    return ((FeedItem)element).getTitle();
  } else {
    return null;
  }
}
```

FeedItem 요소가 트리에 보여질 때, FeedItem의 제목을 레이블로 사용한다.

다음으로 FeedContentProvider 클래스와 통합한다. 먼저 모든 Feed 요소는 자식을 가지며 FeedItem 요소의 부모 객체가 Feed 자신임을 선언한다.

```
public Object getParent(Object element) {
  if(element instanceof FeedItem) {
    return ((FeedItem) element).getFeed();
  }
  return null;
}
public boolean hasChildren(Object element) {
  if(element instanceof Feed) {
    return true;
  }
  return false;
}
```

이어서 다음 절차에 따라 피드 URL의 구문을 분석한다.

1. 확장 저장소로부터 IFeedParser 목록을 알아온다.

2. 얻어온 피드 분석기 목록에 대해 FeedItem 목록을 획득하는 작업을 수행한다.

3. FeedItem 목록의 값이 null이 아니면, 값을 반환한다.

코드는 다음과 같다.

```
public Object[] getChildren(Object parentElement) {
  Object[] result = NO_CHILDREN;
```

```
if (parentElement instanceof IResource) {
  …
} else if (parentElement instanceof Feed) {
  Feed feed = (Feed)parentElement;
  FeedParserFactory factory = FeedParserFactory.getDefault();
  List<IFeedParser> parsers = factory.getFeedParsers();
  for (IFeedParser parser : parsers) {
    List<FeedItem> items = parser.parseFeed(feed);
    if(items != null && !items.isEmpty()) {
      return items.toArray();
    }
  }
}
}
```

앞의 코드는 피드 분석기를 설정한 순서에 따라 FeedParserFactory 클래스가 피드 항목을 반환하게 된다. 즉, 피드를 처리하는 첫 번째 분석기가 값을 반환하게 된다.

이클립스 애플리케이션을 실행하고 피드(URL과 제목은 아직 중요하지 않다.)를 생성한 다음, 피드 내부로 들어가 하나의 피드가 나타나게 한다. MockFeedParser 클래스에서 사용했던 테스트 데이터가 목록에 보여져야 하고, 그 모습은 다음 그림과 같다.

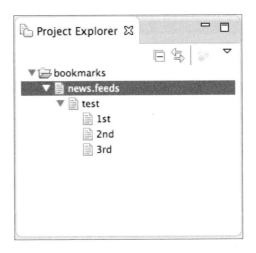

브라우저에 피드 표시

콘텐츠 프로바이더에서 피드를 개별 요소로 표시하게 됐으니, ShowFeedIn BrowserHandler 클래스를 복사하고 수정해서 개별적인 FeedItem 항목에도 브라우저에 표시하기 메뉴를 추가할 수 있다. 1장 'JFace와 공통 탐색기 프레임워크에 연결'의 '공통 탐색기에 커맨드 추가'를 참조한다.

ShowFeedInBrowserHandler 클래스를 ShowFeedItemInBrowserHandler로 복사한다. 수정해야 할 사항은 instanceof 검사와 이어지는 형변환 시 Feed를 FeedItem으로 변경하는 일이다.

```
public class ShowFeedItemInBrowserHandler extends AbstractHandler{
  public Object execute(ExecutionEvent event) throws
    ExecutionException {
    ISelection selection = HandlerUtil.getCurrentSelection(event);
    if (selection instanceof IStructuredSelection) {
      Iterator<?> it = ((IStructuredSelection) selection)
        .iterator();
      while (it.hasNext()) {
        Object object = (Object) it.next();
        // if (object instanceof Feed) {
        // String url = ((Feed) object).getUrl();
        if (object instanceof FeedItem) {
          String url = ((FeedItem) object).getUrl();
          ...
```

피드 항목에 대한 변경과 함께, 다음과 같이 plugin.xml 파일에 피드 항목에 대한 핸들러와 커맨드 항목을 중복해서 생성해야 한다.

```
<extension point="org.eclipse.ui.commands">
  <command description="Shows the selected feed item in browser"
    defaultHandler=
    "com.packtpub.e4.advanced.feeds.ui.ShowFeedItemInBrowserHandler"
    id=
    "com.packtpub.e4.advanced.feeds.ui.ShowFeedItemInBrowserCommand"
    name="Show Feed Item in Browser"/>
</extension>
```

FeedItem 인스턴스를 선택했을 때 관련된 커맨드를 표시하기 위해 다음과 같이 메뉴 항목을 활성화해야 한다.

```
<extension point="org.eclipse.ui.menus">
  <menuContribution allPopups="false" locationURI=
    "popup:org.eclipse.ui.navigator.ProjectExplorer#PopupMenu">
    <command style="push" commandId=
 "com.packtpub.e4.advanced.feeds.ui.ShowFeedItemInBrowserCommand">
      <visibleWhen checkEnabled="false">
        <with variable="selection">
          <iterate ifEmpty="false" operator="or">
            <adapt type=
              "com.packtpub.e4.advanced.feeds.FeedItem"/>
          </iterate>
        </with>
      </visibleWhen>
    </command>
  </menuContribution>
</extension>
```

현재 상태에서 애플리케이션을 실행하면 MockFeedParser가 URL 집합을 가지지 않기 때문에 MalformedURLException이 발생한다. MockFeedParser를 다음과 같이 수정해보자.

```
items.add(new FeedItem.Builder(feed).setTitle("AlBlue's Blog").
  setUrl("http://alblue.bandlem.com").build());
items.add(new FeedItem.Builder(feed).setTitle("Packt Publishing").
  setUrl("http://www.packtpub.com").build());
items.add(new FeedItem.Builder(feed).setTitle("Source Code").
  setUrl("https://github.com/alblue/com.packtpub.e4.advanced").
  build());
```

이제 애플리케이션을 실행하면, 다음 그림과 같이 피드를 선택했을 때 URL이 표시된다.

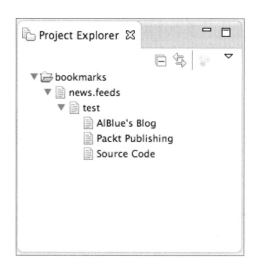

실제 피드 분석기 구현

MockFeedParser를 RSS 피드 구문을 분석하는 구현체로 교체해보자. 그러려면 피드 참조를 이해하기 위해 간단한 XML 구문을 분석해야 한다.

RSS 피드는 다음과 같은 형태다.

```
<rss version="2.0">
  <channel>
    <title>Eclipse Example Feed</title>
    <description>Descriptive feed information</description>
    <link>http://eclipse.org/</link>
    <item>
      <title>Luna released</title>
      <description>Eclipse Luna has been released</description>
      <link>http://eclipse.org/luna/</link>
      <pubDate>Wed, 25 June 2014 09:00:00 -0500</pubDate>
    </item>
  </channel>
</rss>
```

안타깝게도 RSS가 XML이기 때문에 XML 분석기가 필요하다. XML의 구문을 분석하는 방법은 여러 가지가 있지만, DocumentBuilder 인스턴스를 사용하면 반복 작업을 통해 각 요소에 대해 pubDate와 title, link 요소를 꺼내온다.

다음 코드와 같이 RFC 822 형식으로부터 데이터를 분석하고 Element로부터 텍스트 값을 분석하는 RSSFeedParser 클래스(두 개의 헬퍼 메소드를 가진)를 생성한다.

```java
package com.packtpub.e4.advanced.feeds.internal;
public class RSSFeedParser implements IFeedParser {
  public List<FeedItem> parseFeed(Feed feed) {
    ...
  }
  private Date parseDate(String date) {
    try {
      return new SimpleDateFormat("EEE, dd MMM yyyy HH:mm:ss zzz")
        .parse(date);
    } catch (Exception e) {
      return null;
    }
  }
  private String getTextValueOf(Node item, String element) {
    try {
      return ((Element) item).getElementsByTagName(element).
        item(0).getTextContent();
    } catch (Exception e) {
      return null;
    }
  }
}
```

두 헬퍼 메소드는 DocumentBuilder 인스턴스를 이용해 Feed의 URL을 분석하고 item 요소를 찾기 위해 getElementsByName을 사용해서 피드의 요소를 분석한다. parseFeed 메소드는 다음 코드와 같이 구현한다.

```java
public List<FeedItem> parseFeed(Feed feed) {
  try {
    List<FeedItem> feedItems = new ArrayList<FeedItem>();
    DocumentBuilder builder = DocumentBuilderFactory.newInstance()
      .newDocumentBuilder();
    Document doc = builder.parse(
```

```
      new URL(feed.getUrl()).openStream());
    NodeList items = doc.getElementsByTagName("item");
    for (int i = 0; i < items.getLength(); i++) {
      Node item = items.item(i);
      Builder feedItem = new FeedItem.Builder(feed);
      feedItem.setTitle(getTextValueOf(item,"title"));
      feedItem.setUrl(getTextValueOf(item,"link"));
      feedItem.setDate(parseDate(getTextValueOf(item,"pubDate")));
      feedItems.add(feedItem.build());
    }
    return feedItems;
  } catch (Exception e) {
    return null;
  }
}
```

parseFeed 메소드는 item이라는 요소를 찾아서 title과 link를 가진 하위의 텍스트 요소를 찾은 다음, 피드 항목에 그 값을 설정한다.

이클립스 인스턴스에 RSS 분석기를 추가하기 위해, plugin.xml 파일의 feedParser 확장점에 RSSFeedParser를 추가한다.

```
<extension point="com.packtpub.e4.advanced.feeds.feedParser">
  <feedParser class=
    "com.packtpub.e4.advanced.feeds.internal.RSSFeedParser"/>
</extension>
```

MockFeedParser 인스턴스가 아직 존재한다면, plugin.xml 파일에서 분석기의 순서가 중요하다. 기본적으로, 배열에 반환된 순서는 plugin.xml 파일에 정의한 순서와 동일하다. FeedParserFactory는 피드를 성공적으로 분석한 첫 번째 분석기를 반환한다. 그러므로 MockFeedParser가 첫 번째 분석기라면, 실제 피드의 내용은 반환되지 않는다.

피드 분석기는 최적화되지 않았다. 따라서 피드를 구문 분석하고, 여러 차례 반복해서 분석할 가능성이 있다. 소스 문서의 내용을 캐시에 저장하는 방식이 바람직하지만, 최적화는 독자의 몫으로 남겨두겠다.

이클립스 애플리케이션을 실행하고 피드 마법사를 사용해서 팩트 출판사의 RSS 피드 (http://www.packtpub.com/rss.xml)를 피드로 추가한다.

Atom 지원

RSS는 불완전하게 정의되어 호환되지 않는 조금씩 다른 여러 피드 포맷을 갖기 때문에 모든 피드가 RSS 피드 유형을 사용하지는 않는다. Atom은 RSS의 이러한 문제를 해결하기 위해 고안됐지만, RSS와 Atom을 사용하는 피드의 수는 거의 동일하다.

Atom 피드는 다음과 같은 형식이다.

```
<feed xmlns="http://www.w3.org/2005/Atom">
  <title>AlBlue's Blog</title>
  <entry>
    <title>Eclipse 4 Book Published</title>
    <updated>2013-07-01T12:00:00+01:00</updated>
    <link href="
http://alblue.bandlem.com/2013/07/eclipse-book-published.html"/>
  </entry>
</feed>
```

Atom 분석기는 RSS 분석기와 크게 다르지 않다. entry 항목을 찾은 다음, 그 안에 포함된 title과 link, updated 참조를 꺼내오면 된다. 하지만 예제에서는 관심을 가질 필요가 없는 항목도 있다.

- 자바의 Date API는 타임존의 콜론(:)을 해석하지 못하므로, +01:00을 분석하려면 +0100으로 변환해야 한다.
- 링크에 대한 참조는 텍스트 노드 대신에 href 속성 내에 저장한다.

다음과 같이 AtomFeedParser 클래스를 생성한다.

```
public class AtomFeedParser implements IFeedParser {
  public List<FeedItem> parseFeed(Feed feed) {
    try {
      List<FeedItem> feedItems = new ArrayList<FeedItem>();
      DocumentBuilder builder = DocumentBuilderFactory
        .newInstance().newDocumentBuilder();
      Document doc = builder.parse(
       new URL(feed.getUrl()).openStream());
      NodeList items = doc.getElementsByTagName("entry");
      for (int i = 0; i < items.getLength(); i++) {
        Node item = items.item(i);
        Builder feedItem = new FeedItem.Builder(feed);
        feedItem.setTitle(getTextValueOf(item, "title"));
        feedItem.setUrl(getTextValueOfAttribute(
          item, "link", "href"));
        feedItem.setDate(parseDate(getTextValueOf(
         item,"updated")));
        feedItems.add(feedItem.build());
      }
      return feedItems;
    } catch (Exception e) {
     return null;
    }
  }
  ...
}
```

parseDate 메소드는 다음과 같다.

```
private Date parseDate(String date) {
  try {
    if (date.length() > 22 && date.charAt(22) == ':') {
      date = date.substring(0, 22) + date.substring(23);
    }
    return new SimpleDateFormat("yyyy-MM-dd'T'HH:mm:ssZ")
     .parse(date);
  } catch (Exception e) {
    return null;
```

```
    }
}
```

XML에서 속성 값을 분석하기 위해, 다음과 같이 추가적인 헬퍼 메소드를 생성한다.

```
private String getTextValueOfAttribute(Node item, String element,
 String attribute) {
  try {
    return ((Element) item).getElementsByTagName(element).item(0)
      .getAttributes().getNamedItem(attribute).getNodeValue();
  } catch (Exception e) {
    return null;
  }
}
```

다음과 같이 확장점에 Atom을 지원하는 클래스를 추가하면, 피드가 RSS가 아니더라
도 요소를 분석할 수 있다.

```
<extension point="com.packtpub.e4.advanced.feeds.feedParser">
  <feedParser class=
    "com.packtpub.e4.advanced.feeds.internal.RSSFeedParser"/>
  <feedParser class=
    "com.packtpub.e4.advanced.feeds.internal.AtomFeedParser"/>
</extension>
```

이제 피드를 다운로드하면, 먼저 RSS로 피드를 분석한 후에 Atom으로 분석을 시도
한다.

분석기에서 네임스페이스 인식

Atom은 XML 네임스페이스^{namespaces}를 사용하므로 피드를 정확히 분석하려면 XML
분석에 사용하는 문서 빌더^{document builder}가 네임스페이스를 인식^{namespace aware}하도록
설정해야 하고, 요소 검색 시 getElementsByTagNameNS를 사용해야 한다.

AtomFeedParser 클래스에서 Atom의 네임스페이스를 static 상수로 정의한다.

```
private static final String ATOM = "http://www.w3.org/2005/Atom";
```

그런 다음, 다음 코드와 같이 네임스페이스를 인식하도록 getElementsByTagName 호출을 getElementsByTagNameNS로 교체한다.

```
// NodeList items = doc.getElementsByTagName("entry");
NodeList items = doc.getElementsByTagNameNS(ATOM, "entry");
…
// return ((Element) item)
// .getElementsByTagName(element).item(0)
return ((Element) item)
  .getElementsByTagNameNS(ATOM,element).item(0)
```

마지막으로, 문서 빌더가 네임스페이스를 사용해서 구문을 분석하는지 확인하기 위해 DocumentBuilder 인스턴스를 생성하기 전에 DocumentBuilderFactory 인스턴스에 설정을 추가해야 한다. 다음 코드를 참조한다.

```
// DocumentBuilder builder = DocumentBuilderFactory.newInstance()
// .newDocumentBuilder();
DocumentBuilderFactory factory =
 DocumentBuilderFactory.newInstance();
factory.setNamespaceAware(true);
DocumentBuilder builder = factory.newDocumentBuilder();
```

Atom 피드를 분석할 때 여러 네임스페이스가 있거나 기본 네임스페이스가 설정되지 않은 경우에도 정확히 결과를 표시할 것이다.

우선순위와 순서

일관성을 위해서는 저장소가 반환한 IConfigurationElement 인스턴스의 순서를 따르면 안 된다. 순서를 정하면 다른 플러그인에서 구현한 기능을 쉽게 제공(기여)할 수 없다. 하지만 순서를 정하고 싶으면 조회 후 순서를 계산할 수 있도록 확장에 부가적인 메타데이터를 추가해야 한다.

예제의 경우, MockFeedParser는 낮은 우선순위를 갖고 RSSFeedParser는 AtomFeedParser보다 높은 우선순위를 가져야 한다. 이렇게 우선순위를 정하기 위해 priority라는 속성을 확장점에 추가하고 분석기를 로드한 후 우선순위를 계산하게 한다.

순서는 high/medium/low나 top/bottom과 같이 어떤 형태로든 정의할 수 있지만, 숫자로 우선순위를 정의하면 처리하기도 쉽고 정렬하기도 편리하다. 양수와 음수를 모두 사용하면 우선순위에 숫자의 전 범위를 허용하게 되고, 기본값보다 낮게 우선순위를 설정할 수 있다.

확장점 스키마 feedParser.esxd를 수정해서 **feedParser** 요소 밑에 **priority**라는 새로운 속성을 추가한다. 확장점의 XML 스키마는 숫자를 허용하지 않으므로, 유형을 **string**으로 하고 값은 나중에 분석하면 된다. 다음은 스키마를 수정한 모습이다.

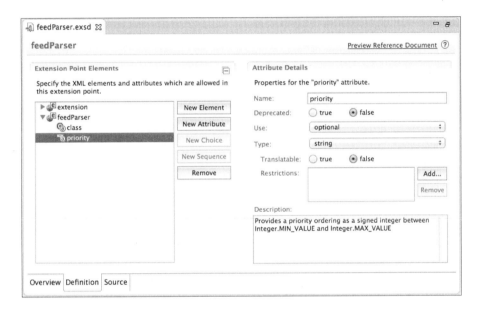

이제 피드를 정의한 plugin.xml에서 MockFeedParser에 우선순위를 -1로 추가하고 RSSFeedParser의 우선순위는 1로 추가한다.

```
<extension point="com.packtpub.e4.advanced.feeds.feedParser">
  <feedParser priority="1"
   class="com.packtpub.e4.advanced.feeds.internal.RSSFeedParser"/>
  <feedParser
   class="com.packtpub.e4.advanced.feeds.internal.AtomFeedParser"/>
  <feedParser priority="-1"
   class="com.packtpub.e4.advanced.feeds.internal.MockFeedParser"/>
</extension>
```

IFeedParser 인터페이스는 설정 가능한 우선순위 속성이 없으므로, IConfiguration Element 인스턴스를 조회한 후 반복해서 요소를 검사하기 전에 적절히 구현한 Comparator로 Arrarys 클래스의 sort를 호출한다.

internal 패키지에 FeedParserConfigurationComparator 클래스를 생성한 다음, IConfigurationElement 유형을 비교하는 Comparator를 구현한다. 문자열을 정수 형태로 분석하는 헬퍼 메소드를 생성한다. 이때, 값이 없거나 0과 같이 분석할 수 없는 정수도 처리해야 한다.

코드를 구현하면 다음과 같다.

```java
public class FeedParserConfigurationComparator implements
 Comparator<IConfigurationElement> {
  private static final String PRIORITY = "priority";
  public int compare(IConfigurationElement o1,
   IConfigurationElement o2) {
    String a1 = o1.getAttribute(PRIORITY);
    String a2 = o2.getAttribute(PRIORITY);
    return parseInt(a2) - parseInt(a1);
  }
  private int parseInt(String string) {
    try {
      return Integer.parseInt(string);
    } catch (Exception e) {
      return 0;
    }
  }
}
```

이제 priority 속성 값에 따라 확장을 정렬한다. FeedParserFactory에서 구성 요소를 가져온 후에 sort 메소드를 호출한다.

```java
IConfigurationElement[] elements =
 extensionPoint.getConfigurationElements();
Arrays.sort(elements, new FeedParserConfigurationComparator());
```

이제 정해진 순서대로 확장을 처리하게 된다.

실행 가능한 확장과 데이터

이클립스는 확장을 생성할 때 매개변수가 없는 생성자를 호출해서, 더 이상 변경이 필요 없는 데이터로 대부분의 확장을 미리 구성한다.

plugin.xml 파일에 추가적인 구성 데이터를 전달하고 시작 시점에 이 데이터를 활용할 수 있다. 이를 지원하기 위해 IExecutableExtension 인터페이스는 plugin.xml 파일에 정적으로 정의한 정보를 전달하는 setInitializationData 메소드를 제공한다.

피드 분석기 클래스에 IExecutableExtension 인터페이스를 추가해서 구현하면 plugin.xml 파일에서 읽어온 추가적인 데이터를 피드 분석기 인스턴스에 전달할 수 있다. 그러면 동일한 구현체가 plugin.xml 파일에 포함된 값에 따라 다르게 동작하게 된다. 예를 들어, 목록에 보여질 피드 항목의 수를 분석기에 설정할 수 있다.

IExecutableExtension 인터페이스를 AtomFeedParser 클래스에 추가하고 다음 코드를 추가한다.

```java
private int max = Integer.MAX_VALUE;
public void setInitializationData(IConfigurationElement config,
 String propertyName, Object data) throws CoreException {
  if (data instanceof String) {
    try {
      max = Integer.parseInt((String) data);
    } catch (Exception e) {
      // 무시한다.
```

```
      }
    }
}
```

max 필드를 피드로부터 반환된 요소의 수를 제한하는 데 사용한다.

```
for (int i = 0; i < items.getLength() && i < max; i++)
```

데이터는 다른 방법으로도 전달 가능하다. 전달할 데이터가 하나이거나 문자열인 경우 클래스 이름 뒤 콜론(:)을 추가해서 데이터를 전달하는 방법이 가장 쉽다. plugin.xml을 다음과 같이 수정하자.

```
<feedParser class="com.packtpub.e4.advanced.feeds.internal.
AtomFeedParser:2"/>
```

클래스 이름 뒤의 :2를 주목하자. 피드 분석기를 초기화한 후에 이 값은 data 객체로 피드 분석기 인스턴스에 전달된다.

 앞의 예제 코드에서 propertyName의 값은 class다. 이 값은 사전에 createExecutableExtension 메소드 호출 시 전달받았으며, 피드 분석기 확장을 정의한 XML에서 feedParser 항목의 class 속성을 참조한다.

이제 애플리케이션을 실행하면 http://alblue.bandlem.com/atom.xml과 같은 Atom 피드는 최대 두 개의 항목만 반환한다. RSSFeedParser에도 동일하게 적용 가능하다.

확장 외부에서 구성 정보를 가져오는 방법은 여러 가지가 있다. 가장 간단한 방법은 클래스 이름 뒤의 문자열을 분석하는 방법이고, 대부분의 경우에 이 방법이면 충분하다.

좀 더 복잡한 경우에는 다음 예제에서처럼 IConfigurationElement 인터페이스를 분석하면 된다.

속성 이름(propertyName)으로 null이 전달되고 요소와 매개변수가 특정 하드 코드된 패턴을 사용하는 경우에 호출 가능한 오래된 플러그인 구성 프로세스도 있다. 매개변수는 이름/값의 쌍의 형태이며 Hashtable로 데이터를 전달한다.

```
〈feedParser〉
  〈parser class="class.name"〉
    〈parameter name="maxCount" value="1"〉
  〈/parser〉
〈/feedParser〉
```

이 방법은 이전 버전의 이클립스와 호환성을 유지하기 위한 경우 외에는 사용하지 마라.

실행 가능한 확장 팩토리

인스턴스를 생성해야 할 클래스에 인터페이스를 추가하는 일이 불가능한 경우가 있다. IExecutableExtension을 구현한 컴포넌트에는 맞지 않거나 데이터베이스 드라이버와 같이 변경이 불가능하게 제한된 소스 컴포넌트이기 때문이다.

 DBFactory 예제를 사용하지 않거나 Feed 예제에서는 DBFactory가 필요한 사항이 아님을 기억하자. 단지 클래스 생성을 변경할 수 없을 때 사용 가능한 팩토리를 소개하기 위한 사례다. 여기서는 단지 예로서만 제공한다.

실행 가능한 확장 팩토리executable extension factory를 사용해서 클래스에 인터페이스를 추가할 수 없는 문제를 해결할 수 있다. 실행 가능한 확장 팩토리는 확장의 인스턴스를 생성하는 데 사용된다. 확장점에서 데이터베이스 접속을 정의한 경우를 예로 들면 확장 코드는 다음 코드와 같을 것이다.

```
<database user="example" pass="pass" url="jdbc:h2:/tmp/test"/>
```

올바른 유형의 JDBC Connection 객체를 생성해서 제공하는 것이 앞 코드의 목적이다. IExecutableExtension 인터페이스를 구현하도록 데이터베이스 드라이버 자체를 수정할 수 없지만, 팩토리를 가진 확장으로 인터페이스를 구현한 객체를 제공할 수 있다.

```
public class DBFactory implements IExecutableExtension,
 IExecutableExtensionFactory {
  private String url;
  private String user;
  private String pass;
  public void setInitializationData(IConfigurationElement config,
    String propertyName, Object data) throws CoreException {
    url = config.getAttribute("url");
    user = config.getAttribute("user");
    pass = config.getAttribute("pass");
  }
  public Object create() throws CoreException {
    try {
      return DriverManager.getConnection(url, user, pass);
    } catch (SQLException e) {
      throw new CoreException(new Status(IStatus.ERROR,
        "com.packtpub.e4.advanced.feeds",
        "Failed to get driver connection for " + url, e));
    }
  }
}
```

앞의 예제는 구성 데이터를 얻어오는 다른 방법으로 IConfigurationElement 클래스의 구문을 직접 분석하는 방법을 사용한다. 물론 확장점에 사용자 ID와 비밀번호를 직접 입력하는 방식은 좋지 않지만, Connection 인터페이스가 많은 독자에 친숙하기 때문에 예제로 사용했다.

DriverManager는 데이터베이스 연결 객체를 획득하기 위해 URL을 이용하기 때문에, 직접 가져오든 번들 의존성에 추가하든 번들 클래스경로에 드라이버 클래스를 추가해 접근 가능하게 해야 함을 기억하자.

필요할 때 데이터를 받는 유일한 방법으로, IExecutableExtensionFactory 인스턴스가 IExecutableExtension을 확장하는 경우는 매우 일반적이다. 팩토리가 그런 데이터를 필요로 하지 않는다면(예를 들어, 내장 메모리 구조를 생성하거나 외부의 구성 파일을 사용하는 경우), IExecutableExtension을 구현하지 않은 IExecutableExtensionFactory 인터페이스를 가져도 된다.

OSGi 외부에서 확장 저장소 사용

확장 저장소는 OSGi 외부에서도 동작 가능하지만, 쉽지는 않다. 올바른 상태를 가진 저장소를 제공하기 위해 필요한 라이브러리 집합과 추가적인 설정이 있기 때문이다. 이퀴녹스 서플먼틀Equinox Supplemental 번들을 포함해 확장 저장소를 작동하기 위해 제공해야 할 종속성은 많다. 이퀴녹스 서플먼틀 번들은 NLS와 Debug와 같이 흔히 사용되는 기능을 제공하며, 이런 기능들은 이퀴녹스 코드베이스에 분산되어 사용되고 이퀴녹스 외부에서 실행하는 데 필요하다. 게다가 케플러 이하 버전의 Debug 클래스는 OSGi ServiceTracker에 의존하므로, Debug를 OSGi 밖에서 실행하더라도 OSGi ServiceTracker 패키지는 필요하다.

OSGi 외부에서 실행되는 자바 애플리케이션에서 확장 저장소를 사용하려면 다음 번들들에 대한 종속성을 설정해야 한다.

- org.eclipse.equinox.registry
- org.eclipse.equinox.common (CoreException를 제공한다.)
- org.eclipse.equinox.supplement (NLS와 Debug를 제공한다.)
- org.osgi.core (ServiceTracker를 제공한다.)

이퀴녹스가 아닌 OSGi 컨테이너에서 애플리케이션을 실행한다면, org.osgi.core는 필요 없다. 반면에 이퀴녹스는 공개된 클래스와 인터페이스의 사본을 제공하기 때문에 이퀴녹스에서 자바 애플리케이션을 실행하면 이퀴녹스 서플먼틀 번들은 필요 없다.

이클립스 루나^Luna^ 이후 버전(org.eclipse.equinox.supplement 버전 3.5.100 이상)에서는
org.osgi.core에 대한 종속성이 사라졌으므로, 더 이상 org.osgi.core에 대한 종
속성을 설정할 필요가 없다.

 이퀴녹스 서플먼트 번들은 이퀴녹스 다운로드 페이지(http://download.eclipse.
org/equinox/)에서 다운로드할 수 있다. 가장 최근에 릴리스된 빌드를 찾
아 Add-on Bundles 영역으로 간다. 예를 들어, 케플러(Kepler) SR2의 다운
로드 URL은 http://download.eclipse.org/equinox/drops/RKepler SR2-
201402211700/download.php?dropFile=org.eclipse.equinox.supp
lement_1.5.0.v20130812-2109.jar이다.

OSGi 외부에서 저장소가 동작하도록 구성하려면 저장소 인스턴스를 설정해야 한다.
RegistryFactory.getRegistry를 호출할 때 어떤 저장소 인스턴스를 반환해야 할
지 정의하기 위해 IRegistryProvider 인터페이스를 사용한다. 기본적으로 저장소를
설정하기 전까지 getRegistry 메소드는 null을 반환하고, OSGi 런타임에서 저장소
번들을 시작하면 저장소 인스턴스를 반환한다.

한 쌍의 토큰과 함께 RegistryStrategy 인스턴스를 받는 RegistryFactory.create
메소드가 Registry 인스턴스를 직접 생성한다. 호출자가 저장소를 변경하거나 추가
하는 일을 막기 위해 보안이 보장된 환경에서 토큰을 사용한다. 세 가지 요소는 모두
null일 수 있다.

결과적으로 저장소가 필요한 자바 애플리케이션을 시작할 때 확장 저장소를 생성해
추가한다.

```java
public class NonOsgi {
  public final void main(String[] args) throws Exception {
    RegistryFactory.setDefaultRegistryProvider(
     new IRegistryProvider() {
      private final IExtensionRegistry registry =
        RegistryFactory.createRegistry(null, null, null);
        public IExtensionRegistry getRegistry() {
          return registry;
        }
```

```
    });
    ... // 기여한 구현체를 등록하거나 조회한다.
  }
}
```

저장소를 설정하고 나면, `RegistryFactory` 인터페이스로부터 확장 저장소를 얻어올 수 있다.

```
IExtensionRegistry reg = RegistryFactory.getRegistry();
```

하지만 OSGi(저장소가 관심이 있는 번들을 자동으로 검색해 확장 요소를 등록한다.)와 달리 독립형 자바 애플리케이션에서는 수동으로 번들을 검사해야 한다.

하나의 plugin.xml 파일을 저장소에 로드하기 위해 먼저 기여자(OSGi에서는 번들이지만 자바 애플리케이션에서는 다른 메커니즘이 될 수 있다.)를 생성하고, 이어서 기여한 기능을 추가해야 한다. 예제의 기여자는 plugin.xml을 대신하는 feeds.xml이라는 `InputStream`이다.

```
IContributor contributor = ContributorFactorySimple
  .createContributor("com.packtpub.e4.advanced.feeds");
reg.addContribution(Main.class.getResourceAsStream("/feeds.xml"),
  contributor, false, "/feeds.xml", null, null);
```

앞의 코드는 클래스경로로부터 feeds.xml 파일을 로드해서 앞서 언급한 피드 플러그인을 등록하는 데 사용한다. 이 XML 파일을 내장 메모리에 구성하거나 다른 입력으로부터 로드할 수도 있지만, 효과는 동일하고 원천 번들의 plugin.xml과 같은 내용을 포함한다.

 org.eclipse.equinox.registry 번들이 plugin.xml이라는 파일을 갖기 때문에 파일 이름으로 plugin.xml을 사용할 수 없다. 표준 자바 getResourceAsStream은 찾은 첫 번째 파일을 로드하므로, 클래스나 저장소 JAR이 어느 클래스경로에 있는지에 따라 결과가 달라진다. 클래스경로를 처리하는 방법을 알고 싶으면 '클래스경로의 모든 확장 로드' 부분을 참조하라.

확장은 보통의 방법이나 앞서 정의한 `FeedParserFactory`를 통해 얻어올 수 있다.

확장 저장소 캐시 사용

일반적으로 이클립스를 사용할 때 확장 저장소는 이클립스를 구동할 때마다 동일하게 유지되며, 플러그인을 추가하거나 삭제할 때 적절히 저장소를 업데이트한다. 이클립스를 구동하는 시간을 단축시키기 위해 확장 저장소 캐시를 사용해서 종료 시 콘텐츠를 저장하고, 가능하다면 시작할 때 캐시에 저장한 콘텐츠를 로드한다.

확장해 제공한 기능을 영구적[persistent]이거나 비영구적[non-persistent]으로 등록할 수 있다. 영구적으로 등록하면 애플리케이션을 다시 구동할 때 같은 값을 갖도록 유지하지만, 비영구적으로 등록하면 이번 JVM에서만 값이 유지되고 애플리케이션을 재시작하면 사라진다. 이클립스는 시작 시점에 이런 메커니즘을 사용해서 좀 더 빠른 구동을 가능하게 하고 매번 plugin.xml 파일을 분석하지 않아도 된다.

캐시의 장점을 활용하기 위해 콘텐츠를 저장하는 하나 이상의 캐시 디렉터리를 가진 `RegistryStrategy` 인스턴스를 제공해야 한다. 적어도 하나의 디렉터리에 쓰기가 가능하다면 저장소는 새로운 확장을 저장할 수 있다. 디렉터리 목록이 비어 있거나 모든 디렉터리가 읽기만 가능하다면 저장소는 애플리케이션을 다시 구동할 때 콘텐츠를 지속적으로 유지하지 못한다.

`NonOsgi` 클래스의 `IRegistryProvider` 인터페이스를 수정해서 디렉터리를 반환하게 한 다음, 디렉터리를 `false` 값을 가진 배열과 함께 `RegistryStrategy`에 전달한다.

```java
new IRegistryProvider() {
  private final IExtensionRegistry registry = RegistryFactory
   .createRegistry(getRegistryStrategy(), null, null);
  private RegistryStrategy getRegistryStrategy() {
    File cache = new File(
      System.getProperty("java.io.tmpdir"),"cache");
    return new RegistryStrategy(
      new File[] { cache }, new boolean[] { false } );
}
```

RegistryStrategy의 두 번째 매개변수는 boolean 값의 배열(파일 배열의 항목당 하나)로, 캐시가 읽기 전용인지 아닌지를 정의한다. 매개변수가 null이면 캐시 디렉터리는 모두 읽기 전용으로 간주된다.

마지막으로, 캐시 모드로 저장소를 사용할 경우 사용한 다음 저장소를 중단해야 함을 기억하자. 저장소 사용을 중단할 때 디스크에 데이터를 영구적으로 저장하게 된다.

```
reg.stop(null);
```

확장해 제공한 기능을 추가해서 사용하려면, boolean persist 매개변수를 true로 설정해야 한다.

```
reg.addContribution(Main.class.getResourceAsStream("/feeds.xml"),
 contributor, /* false */ true, "/feeds.xml", null, null);
```

이제, 제공된 기능을 추가하고 앞의 코드와 같이 주석 처리하면 애플리케이션 재구동 시에 캐시로부터 확장 항목을 읽어온다.

캐시를 다시 생성해야 한다면 애플리케이션 구동 시에 ExtensionRegistry의 clearRegistryCache 메소드를 호출한다. 이클립스를 시작할 때 -clean 매개변수를 전달하는 것과 동일하다. clearRegistryCache는 인터페이스 메소드가 아니므로, 호출 시 명시적으로 ExtensionRegistry 클래스로 형변환해야 한다. 저장소를 시작하기 전에 캐시 디렉터리를 지워서 자동으로 캐시를 다시 구성하는 방법도 있다.

클래스경로의 모든 확장 로드

getResourceAsStream 메소드는 클래스경로에서 발견한 첫 번째 요소를 반환한다. 많은 JAR 파일을 포함하는 애플리케이션에서는 첫 번째 요소만이 아니라 같은 이름을 가진 파일 모두를 찾는 게 더 바람직하다. 다행히 ClassLoader는 getResources 메소드로 개별 요소 모두를 찾는 방법을 제공하며, getResources 메소드는 개별적으로 획득 가능한 스트림의 URL 목록을 반환한다.

plugin.xml을 매개변수로 갖는 getResources를 호출한 다음, 반환된 모든 JAR 파일에 대해 필요한 확장 기능의 인스턴스를 생성하는 이터레이션을 수행한다. 기본적으로 확장 기능의 이름은 번들의 이름이므로, 번들 내역서의 Bundle-SymbolicName 헤더를 분석해야 한다. 번들의 이름을 분석하는 표준 OSGi 클래스가 있지만, 표준 JDK 라이브러리에 있는 `Manifest` 클래스를 사용해도 된다.

 Bundle-SymbolicName 헤더는 번들 이름 뒤에 세미콜론(;)으로 구분된 추가적인 메타데이터를 갖는다(세미콜론은 OSGi 구분자다.). 가장 흔히 사용하는 메타데이터는 ;singleton=true이지만, ;mandatory와 ;fragment-attachment 같은 다른 메타데이터도 있을 수 있다.

NonOsgi에서 다음 코드를 변경함으로써 하나의 feeds.xml 파일만 저장소에 추가하지 않고, 모든 JAR의 번들을 검색해 저장소에 추가한다.

```
// IContributor contributor = ContributorFactorySimple
// .createContributor("com.packtpub.e4.advanced.feeds");
// reg.addContribution(Main.class.getResourceAsStream(
// "/feeds.xml"), contributor, false, "/feeds.xml", null, null);
Enumeration<URL> resources = getClass().getClassLoader().
 getResources("plugin.xml");
while (resources.hasMoreElements()) {
  URL url = (URL) resources.nextElement();
  String plugin_xml = url.toString();
  String manifest_mf = plugin_xml.replace(
    "plugin.xml","META-INF/MANIFEST.MF");
  Manifest manifest = new Manifest(
    new URL(manifest_mf).openStream());
  String bsn = manifest.getMainAttributes().
   getValue("Bundle-SymbolicName");
  int semi = bsn.indexOf(';');
  if (semi != -1) {
    bsn = bsn.substring(0, semi);
  }
  IContributor contributor =
    ContributorFactorySimple.createContributor(bsn);
  reg.addContribution(url.openStream(), contributor, persist,
   plugin_xml, null, null);
}
```

코드를 실행하고 나면, 클래스경로에 있는 모든 JAR은 JAR에 포함된 plugin.xml 파일의 확장을 저장소에 저장하게 된다.

안타깝게도 이클립스 워크벤치에 열려 있는 프로젝트에서는 약간의 문제가 있다. PDE에 열려 있는 프로젝트는 프로젝트의 클래스경로에서 사용 가능한 plugin.xml이나 MANIFEST.MF 파일의 기여자를 저장소에 추가하지 못한다. 즉, 클래스경로 로딩 메커니즘이 동작하지 않는다. 이는 PDE의 일반적인 문제로, PDE 프로젝트에서 `bundle.getEntry`와 `class.getResourceAsStream`은 JAR 형태로 내보내거나 런타임에 설치될 때 실행하는 방법과 다르게 동작한다.

이 문제를 해결하는 방법은 JDT에서 명시적으로 plugin.xml과 META-INF/** 파일을 자원으로 추가하는 방법이다. 이 방법은 파일을 복사해서 출력 디렉터리에 넣는다. 그 결과, `getResource` 메소드는 런타임과 런타임 밖 양쪽에서 동작한다.

프로젝트에서 오른쪽 클릭한 다음 **Java Build Path**를 선택한다. **Source** 탭에서 **Add Folder**를 클릭하고 프로젝트 루트를 선택해서 폴더를 클래스경로에 추가한다. **Edit**를 클릭한 다음 plugin.xml과 META-INF/**를 포함할 항목에 추가한다. 다음 그림은 작업을 완료한 모습이다.

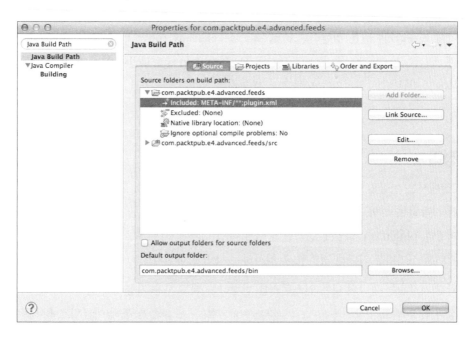

이제 애플리케이션을 실행하면 org.eclipse.equinox.registry JAR의 plugin.xml 과 com.packtupb.e4.advanced.feeds JAR의 plugin.xml 파일이 모두 저장소에 등록되고 기본 피드 분석기는 모든 값을 반환하게 된다.

정리

2장에서는 이클립스 확장 저장소와 확장을 로드하기 위해 프로그램에서 확장 저장소를 사용하는 방법, 다른 플러그인이 확장할 수 있도록 확장점을 정의하는 방법을 살펴봤다. plugin.xml 파일에 정의한 순서가 아닌 다른 순서로 요소를 정렬하는 방법과 관련된 스키마를 간단히 정의한 후 검사하는 방법도 배웠다.

확장 저장소는 확장의 다른 인스턴스를 변경하는 데도 사용 가능해서 실행 가능한 확장과 확장 팩토리(상속 계층 구조를 변경할 수 없는 클래스에 대해)를 통해 이클립스에서 확장의 다른 인스턴스를 변경하는 방법도 살펴봤다.

마지막으로, OSGi 런타임 밖에서 저장소를 사용하는 방법을 배웠다. 런타임 밖에서 사용 가능하게 저장소를 구현하면 애플리케이션이 OSGi 안팎에서 잘 동작하게 된다.

다음 장에서는 OSGi 서비스를 이용해서 확장을 획득하는 방법을 알아본다.

3

OSGi 서비스를 이용한
애플리케이션 동적 연결

이번 장은 애플리케이션과 통신하고 접속하는 수단으로서, OSGi 서비스를 소개한다. 이클립스 확장점 메커니즘과 다르게, OSGi 서비스는 런타임 시에 사용 가능한 다양한 버전을 가질 수 있으며 펠릭스^{Felix}나 다른 상용 OSGi 런타임에서도 동작 가능하다.

서비스 개요

이클립스나 OSGi 런타임에서 모든 개별적인 번들은 별도의 모듈이다. 이 모듈은 `Import-Package`나 `Require-Bundle`, `Require-Capability`를 통해 라이브러리에 대한 종속성을 명시적으로 정의한다. 이렇게 정의한 종속성은 정적인 관계를 표현하고 번들의 클래스경로를 구성하는 방법을 제공한다.

하지만 이런 방식에는 문제가 있다. 서비스가 다른 번들에 종속되지 않고 독립적이라면 다른 번들이 제공하는 기여 기능을 어떻게 사용할 수 있을까? 이클립스의 경우 2장 '사용자 정의 확장점 생성'에서 설명한 확장 저장소가 제공자를 찾는 방법을 제공하지만, 독립형 OSGi 환경에서는 OSGi 서비스가 비슷한 메커니즘을 제공한다.

서비스^{service}는 서비스 인터페이스$^{service\ interface}$를 구현한 클래스 인스턴스다. 서비스를 생성할 때, 하나(또는 그 이상)의 인터페이스에서 일련의 속성과 함께 서비스를 서

비스 프레임워크에 등록한다. 그러면 서비스 사용자는 특정 인터페이스의 구현체를
프레임워크에 요구해서 서비스를 얻는다.

 서비스를 추상 클래스를 통해 등록할 수도 있지만 권장하지 않는다. 추상 클래스로 노
출된 서비스 인터페이스를 제공하면 구현체가 불필요하게 클라이언트에 종속될 수 있
기 때문이다.

다음은 서비스 개요를 설명한 다이어그램이다.

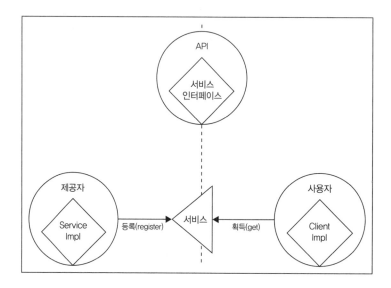

역할 분리는 제공자^{Producer}와 사용자^{Consumer}가 공통 API에 의존하게 하지만 둘 사이
는 완전히 독립적이게 한다. 그 결과 사용자와 제공자 모두를 모형으로 대체할 수 있
고, 향후 다른 구현체로 변경할 수 있다.

프로그램적으로 서비스 등록

서비스를 등록하려면, 구현 클래스의 인스턴스를 생성해서 프레임워크에 등록해야
한다. 프레임워크와의 작업은 `BundleContext` 인스턴스로 처리하며, `BundleContext`

는 보통 BundleActivator.start 메소드에서 제공하고 나중에 사용하기 위해 저장해둔다. 앞 장에서 생성한 *FeedParser 클래스를 확장해서 이퀴녹스 확장 저장소 대신 서비스로 등록하는 방법을 알아보자.

액티베이터 생성

번들의 액티베이터^activator는 번들의 생명주기를 생성하고 연결하는 클래스다. 번들의 내역서 항목에 Bundle-Activator가 존재한다면 번들을 시작할 때, 액티베이터 클래스의 인스턴스를 생성한다. BundleActivator 인터페이스를 구현하면 start 메소드가 호출되고, 이 메소드는 호스트 OSGi 프레임워크에 번들을 연결한 BundleContext의 인스턴스를 전달받는다.

com.packtpub.e4.advanced.feeds 프로젝트에 org.osgi.framework. BundleActivator 인터페이스를 구현한 com.packtpub.e4.advanced.feeds. internal.FeedsActivator라는 클래스를 생성한다.

빠른 수정^quick fix이 org.osgi.framework를 가져온 패키지에 포함하도록 제안하면, 승인을 선택해 다음과 같이 META-INF/MANIFEST.MF 파일을 수정한다.

```
Import-Package: org.osgi.framework
Bundle-Activator:
 com.packtpub.e4.advanced.feeds.internal.FeedsActivator
```

번들을 시작할 때 프레임워크가 자동으로 FeedsActivator의 start 메소드를 호출하고, 번들을 중지할 때 stop 메소드를 호출한다. println 호출을 추가해서 메소드 호출을 테스트해보자.

```
public class FeedsActivator implements BundleActivator {
  public void start(BundleContext context) throws Exception {
    System.out.println("Bundle started");
  }
  public void stop(BundleContext context) throws Exception {
    System.out.println("Bundle stopped");
  }
}
```

이제 feeds 번들과 이퀴녹스 콘솔, Gogo 셸을 포함한 OSGi 프레임워크로 프로젝트를 실행한다. **필요 번들 추가**^{Add Required Bundles}를 클릭해서 필요한 번들과의 종속관계를 추가한다. 이때, **선택적 종속성 포함**^{Include optional dependencies} 체크박스는 선택할 필요가 없다. 다음 그림처럼 **모두 선택 해제**^{Deselect all} 버튼을 이용해 다른 작업공간과 타겟 번들은 선택을 해제한다.

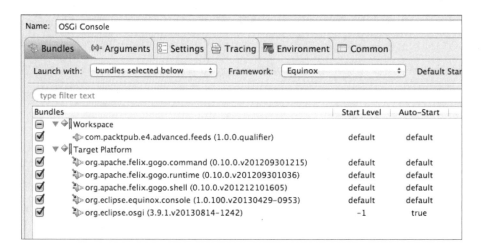

필요한 번들은 다음과 같다.

- com.packtpub.e4.advanced.feeds

- org.apache.felix.gogo.command

- org.apache.felix.gogo.runtime

- org.apache.felix.gogo.shell

- org.eclipse.equinox.console

- org.eclipse.osgi

번들을 시작할 때(기본으로 자동 시작^{Default Auto-Start}을 true로 설정한 경우 자동으로 번들이 시작된다.), 콘솔에 'Bundle started'라는 메시지가 표시되어야 한다.

번들이 시작되지 않을 때, 콘솔에서 ss를 입력해서 번들 목록을 확인한다. 그런 다음 번들 ID 2를 이용해서 start 2를 실행하면 번들을 시작하고, stop 2를 실행하면 번들을 중지한다. OSGi 프레임워크에서는 번들을 동적으로 시작/중지할 수 있다.

서비스 등록

`FeedsActivator` 인스턴스를 생성하고 나면, `BundleContext` 인스턴스를 사용해서 프레임워크와 정보를 주고받을 수 있다. `BundleContext` 인스턴스는 계속해서 사용하기 위해 인스턴스 필드에 저장해도 되고 서비스를 등록하는 데 직접 사용해도 된다.

`BundleContext` 클래스는 인터페이스와 인스턴스, 선택적으로 키/값 쌍의 `Dictionary` 인스턴스를 인수로 받는 `registerService` 메소드를 제공하며, 이 메소드를 사용해서 런타임 시에 피드 분석기의 인스턴스를 서비스로 등록한다. 다음과 같이 `start` 메소드를 수정해보자.

```
public void start(BundleContext context) throws Exception {
  context.registerService(IFeedParser.class,
   new RSSFeedParser(), null);
  context.registerService(IFeedParser.class,
   new AtomFeedParser(), null);
  context.registerService(IFeedParser.class,
   new MockFeedParser(), null);
}
```

이제 프레임워크를 다시 시작한다. 구동된 콘솔에서 `feeds` 번들과 연관된 번들을 확인해보자.

```
osgi> bundles | grep feeds
com.packtpub.e4.advanced.feeds_1.0.0.qualifier [4]
  {com.packtpub.e4.advanced.feeds.IFeedParser}={service.id=56}
  {com.packtpub.e4.advanced.feeds.IFeedParser}={service.id=57}
  {com.packtpub.e4.advanced.feeds.IFeedParser}={service.id=58}
```

결과를 보면 번들 4가 com.packtpub.e4.advanced.feeds.IFeedParser 인터페이스를 이용하고 서비스 ID가 56, 57, 58인 세 개의 서비스를 시작했다.

services 커맨드와 LDAP 유형의 필터를 이용해서 알려진 인터페이스 유형의 서비스를 직접 런타임 프레임워크에서 검색할 수 있다.

```
osgi> services (objectClass=com.packtpub.e4.advanced.feeds.IFeedParser)
{com.packtpub.e4.advanced.feeds.IFeedParser}={service.id=56}
  "Registered by bundle:"
    com.packtpub.e4.advanced.feeds_1.0.0.qualifier [4]
  "No bundles using service."
{com.packtpub.e4.advanced.feeds.IFeedParser}={service.id=57}
  "Registered by bundle:"
    com.packtpub.e4.advanced.feeds_1.0.0.qualifier [4]
  "No bundles using service."

{com.packtpub.e4.advanced.feeds.IFeedParser}={service.id=58}
  "Registered by bundle:"
    com.packtpub.e4.advanced.feeds_1.0.0.qualifier [4]
  "No bundles using service."
```

결과 화면은 세 개의 서비스 인스턴스가 생성됐음을 표시한다. service 커맨드에 service.id를 전달하면 서비스에 대한 정보를 볼 수 있다.

```
osgi> service 56
com.packtpub.e4.advanced.feeds.internal.RSSFeedParser@52ba638e
osgi> service 57
com.packtpub.e4.advanced.feeds.internal.AtomFeedParser@3e64c3a
osgi> service 58
com.packtpub.e4.advanced.feeds.internal.MockFeedParser@49d5e6da
```

서비스 우선순위

서비스를 생성한 순서에 따라 묵시적으로 서비스에 순서가 부여되며, 서비스를 등록할 때마다 전역의 service.id 값을 증가시킨다.

명시적으로 서비스 순위service ranking를 정수 속성으로 정의할 수 있다. 이 방법은 서비스 등록 순서와 무관하게 서비스 간의 상대적인 우선순위를 보장할 때 사용한다. 동일한 service.ranking 값을 가진 서비스는 service.id 값을 이용해 순서를 비교한다.

 OSGi R6는 서비스를 제공하는 번들 ID를 지정하는 데 사용하는 service.bundleid라는 속성을 추가했다. 이 속성은 서비스의 순서와는 무관하며, 단지 정보 제공을 목적으로 한다. 이클립스 루나(Luna)는 OSGi R6를 사용한다.

서비스 등록 시에 서비스의 우선순위를 전달하기 위해 priority라는 헬퍼 메소드를 생성한다. priority 메소드는 int 값을 받아 service.ranking을 키로 하여 Hashtable에 저장하므로, 서비스 등록 메소드에 서비스의 우선순위를 전달하기 위해 이 메소드를 사용한다. 다음은 priority 메소드를 구현한 예다.

```
private Dictionary<String,Object> priority(int priority) {
  Hashtable<String, Object> dict = new Hashtable<String,Object>();
  dict.put("service.ranking", new Integer(priority));
  return dict;
}
public void start(BundleContext context) throws Exception {
  context.registerService(IFeedParser.class,
    new RSSFeedParser(), priority(1));
  context.registerService(IFeedParser.class,
    new MockFeedParser(), priority(-1));
  context.registerService(IFeedParser.class,
    new AtomFeedParser(), priority(2));
}
```

이제 프레임워크를 시작하면, 정해진 우선순위에 따라 서비스가 표시된다.

```
osgi> services (objectClass=com.packtpub.e4.advanced.feeds.IFeedParser)
{com.packtpub.e4.advanced.feeds.IFeedParser}={service.ranking=2, service.
id=58}
"Registered by bundle:" com.packtpub.e4.advanced.feeds_1.0.0.qualifier [4]
"No bundles using service."
{com.packtpub.e4.advanced.feeds.IFeedParser}={service.ranking=1, service.
```

```
id=56}
"Registered by bundle:"
com.packtpub.e4.advanced.feeds_1.0.0.qualifier [4]
"No bundles using service."
{com.packtpub.e4.advanced.feeds.IFeedParser}={service.ranking=-1,
service.id=57}
"Registered by bundle:" com.packtpub.e4.advanced.feeds_1.0.0.qualifier [4]
  "No bundles using service."
```

 Dictionary는 원래 자바 Map 인터페이스였고, Hashtable은 HashMap 구현체였다. Dictionary와 Hashtable은 Map과 HashMap이 등장하면서 Java 1.2부터 사라졌지만(주된 이유는 Dictionary와 Hashtable이 기본적으로 동기화되지 않기 때문이다.), OSGi는 자바의 이전 릴리스에서도 동작 가능하게 개발됐으므로 앞의 코드가 동작한다(JSR8은 OSGi를 자바 플랫폼에 대한 표준으로 등록하도록 제안했다.). 뿐만 아니라 초기에 등장했던 자바를 이용한 저전력 모바일 장치는 전체 자바 플랫폼을 지원하지 않지만 본래의 Java 1.1 데이터 구조를 지원하므로, 저전력 장치에서도 여전히 OSGi 시스템을 실행할 수 있다.

서비스 사용

서비스를 등록할 때뿐만 아니라 서비스를 획득해서 사용할 때도 BundleContext 인스턴스를 사용한다. 확장 저장소를 사용하기 위해 생성한 FeedParserFactory를 업그레이드해서 서비스를 참조하게 해보자.

BundleContext 인스턴스를 지속해서 참조하기 위해 FeedsActivator.start 메소드에서 컨텍스트 인스턴스를 static 변수로 저장한다. 그렇게 하면 번들의 클래스들도 컨텍스트 인스턴스를 사용할 수 있다. 접근자 메소드를 통해 컨텍스트 인스턴스에 접근하기 쉽게 한다.

```
public class FeedsActivator implements BundleActivator {
  private static BundleContext bundleContext;
  public static BundleContext getContext() {
    return bundleContext;
  }
```

```java
public void start(BundleContext context) throws Exception {
  // 이전처럼 register 메소드 작성
  bundleContext = context;
}
public void stop(BundleContext context) throws Exception {
  bundleContext = null;
}
}
```

이제 FeedParserFactory 클래스가 서비스를 얻어오도록 변경할 수 있다. OSGi 서비스는 ServiceReference 인스턴스(서비스에 대한 핸들을 대표하는 공유 가능한 객체)로 표현되고, 서비스 인스턴스를 획득하는 데 이 서비스 참조를 사용한다.

```java
public class FeedParserFactory {
  public List<IFeedParser> getFeedParsers() {
    List<IFeedParser> parsers = new ArrayList<IFeedParser>();
    BundleContext context = FeedsActivator.getContext();
    try {
      Collection<ServiceReference<IFeedParser>> references =
        context.getServiceReferences(IFeedParser.class, null);
      for (ServiceReference<IFeedParser> reference : references) {
        parsers.add(context.getService(reference));
        context.ungetService(reference);
      }
    } catch (InvalidSyntaxException e) {
      // 무시한다.
    }
  return parsers;
  }
}
```

예제에서는 번들 컨텍스트의 context.getServiceRefereneces(IFeedParser.class, null)를 호출해서 서비스 참조를 얻는다. 서비스 참조는 서비스 속성에 접근하고 서비스를 찾아오는 데 사용한다.

서비스 인스턴스는 context.getService(ServiceReference) 호출을 통해 얻는다. 호출자는 서비스를 '빌리고^{borrow}', 다 사용하고 나면 ungetService(Service

Reference)를 호출해서 서비스를 반환하는 게 규약이다. 기술적으로 서비스는 유효하지 않을 수 있으므로, getService와 ungetService 호출 사이에서만 사용해야 한다. 그래서 서비스 참조 배열을 반환하는 대신, 서비스를 획득한 다음 ungetService를 호출하는 작업 단위를 통해 서비스를 전달하는 방식이 일반적이다. 하지만 기존의 API에 맞추기 위해 서비스를 얻은 다음, 목록에 추가하고 이후 바로 반환한다.

번들의 느린 활성화

feeds와 feeds.ui 번들을 설치한 이클립스 애플리케이션으로 프로젝트를 실행한다. File > New > Other > Feeds > Feed를 통해 새로운 피드를 생성하고 http://alblue.bandlem.com/atom.xml과 같은 피드를 입력하면 탐색기 뷰에 피드가 보여진다. 트리를 확장하면 다음과 같이 로그에 NullPointerException이 표시된다.

```
!MESSAGE An exception occurred invoking extension:
com.packtpub.e4.advanced.feeds.ui.feedNavigatorContent
 for object com.packtpub.e4.advanced.feeds.Feed@770def59
!STACK 0
java.lang.NullPointerException
  at com.packtpub.e4.advanced.feeds.FeedParserFactory.
   getFeedParsers(FeedParserFactory.java:31)
  at com.packtpub.e4.advanced.feeds.ui.FeedContentProvider.
   getChildren(FeedContentProvider.java:80)
  at org.eclipse.ui.internal.navigator.extensions.
   SafeDelegateTreeContentProvider.
    getChildren(SafeDelegateTreeContentProvider.java:96)
```

코드를 추적해보면 bundleContext가 null이라고 표시한다. 즉, feeds 번들이 아직 시작되지 않았다는 의미다. 실행 중인 이클립스 애플리케이션 콘솔에서 다음 코드를 실행해서 피드 번들의 상태를 확인한다.

```
osgi> ss | grep feeds
866 ACTIVE com.packtpub.e4.advanced.feeds.ui_1.0.0.qualifier
992 RESOLVED com.packtpub.e4.advanced.feeds_1.0.0.qualifier
```

feeds.ui 번들이 활성화된 반면에 feeds 번들은 활성화되지 않았다. 그래서 서비스 인스턴스가 생성되지 않았고, bundleContext는 캐시에 저장되지 않았다.

기본적으로 번들은 번들에 처음 접근할 때 시작되지 않는다. 패키지 내의 어떤 클래스를 사용하기 전에 번들의 액티베이터가 호출되어야 한다면, 느린 활성화 정책 activation policy of lazy을 취하도록 설정해야 한다. 이 설정은 다음 항목을 MANIFEST.MF 파일에 추가하면 된다.

```
Bundle-ActivationPolicy: lazy
```

내역서 편집기를 사용해서 다음 그림과 같이 **플러그인 클래스 중 하나가 로드될 때 플러그인을 활성화**Activate this plug-in when one of its classes is loaded를 선택하고 구성을 추가한다.

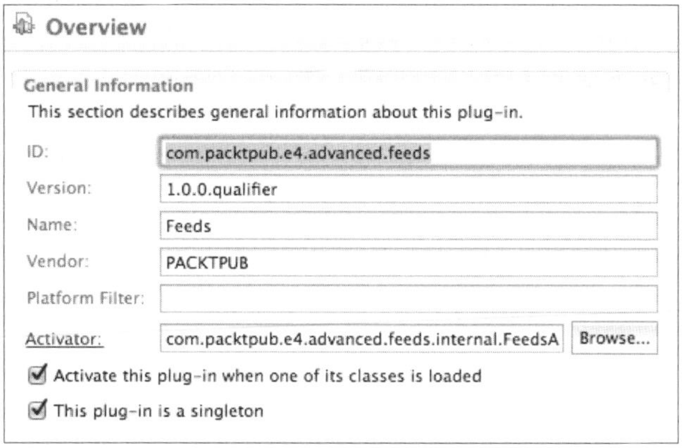

이제, 애플리케이션을 실행하면 피드가 적절히 처리되어 보인다.

서비스와 확장점 비교

확장 저장소와 서비스를 사용하는 메커니즘 모두 피드 분석기 목록을 애플리케이션에 제공하고 사용하게 한다. 확장 저장소와 서비스 간의 차이점은 무엇이고, 각각은 어떤 장점이 있을까?

저장소와 서비스 접근법 모두 이클립스 런타임 밖에서 사용할 수 있다. 펠릭스Felix 같은 다른 OSGi 구현체에서 사용할 때 둘 다 동일하게 동작하고 상호 교체해 사용 가능하다. 하지만 저장소 접근법은 흔히 사용되지 않는 OSGi 외부에서도 사용할 수 있다.

저장소는 기본적으로 plugin.xml 파일에 번들 정보를 기록하므로, 보통 번들 설치본의 일부로 편집된다(드물기는 하지만, 원한다면 다른 번들의 항목을 저장소에 생성할 수 있다.). 저장소는 기여체contributions를 추가하고 삭제하는 이벤트를 감지하는 알림 시스템을 갖는다.

서비스 접근법은 서비스의 목록을 저장하고 유지하기 위해 OSGi 프레임워크를 사용한다. 이런 서비스는 명시적인 구성 파일이 없으며 앞에서 언급한 registerService 호출과 같이 코드나 다음 절에서 다룰 선언적 표현을 통해 기능을 제공한다.

서비스를 생성하고 서비스를 등록하는 방법을 분리한 방식은 서비스와 저장소 접근법의 가장 큰 차이점이다. 저장소와 같이 OSGi 서비스 시스템은 서비스를 생성하고 제거할 때 알림을 보낼 수 있다.

OSGi 런타임에서 가장 큰 차이점은 이클립스 저장소에 의존적인 번들은 singletons로 선언해야 한다는 것이다. 즉, Bundle-SymbolicName에 ;singleton:=true 지시문을 사용해야 한다. 일반적인 서비스의 경우 다양한 버전을 허용하는 것과 달리, 이 지시문은 런타임에 번들의 한 가지 버전만 저장소 항목으로 노출될 수 있음을 의미한다.

저장소는 확장 팩토리로부터 확장의 인스턴스를 생성하는 메커니즘을 제공하지만, 일반적으로 간단한 구성 정보와 속성을 plugin.xml 파일에 하드 코딩해 추가한다. 그렇기 때문에 비밀번호와 같이 민감한 정보를 저장하기에는 적합하지 않다. 반면에 서비스는 데이터베이스에 대한 JDBC 연결과 같이 필요한 구성 정보가 무엇이든지 상관없이 인스턴스를 생성해서 등록한다.

마지막으로, 기본적으로 저장소에 확장을 선언하고 필요에 따라 활성화된다. 클래스 로더 객체의 전체 집합을 빌드하거나 코드를 실행할 필요가 없기 때문에, 이클립스가 빠르게 구동되고 필요할 때 서비스를 가져온다. 앞의 서비스 접근법은 선언적 서비스를 사용하지 않았지만, 다음 절에서 선언적 서비스를 알아보자.

선언적 서비스 등록

Activator 클래스의 start 메소드에서 서비스를 등록하는 것은 OSGi 프레임워크에서 서비스를 등록하는 하나의 방법이다. 하지만 이 방법은 번들을 시작해야 하고, 그러기 위해 번들이 자동으로 시작되거나 기본으로 접근할 API 클래스와 같은 클래스를 가져야 한다.

서비스를 등록하는 다른 방법 중 하나는 외부 파일에 서비스 정의를 기술하는 선언적 서비스 접근법이다. 선언적 서비스 접근법은 주어진 파일이나 파일들을 찾아서 파일의 정의로부터 서비스의 인스턴스를 생성하는 익스텐더 패턴^{extender pattern}을 사용한다. 이런 패턴은 OSGi 서비스의 유연성과 확장 저장소의 선언적 성격을 결합한 것이다.

선언적 서비스 기능을 지원하는 두 개의 제공자가 있다. 두 제공자 모두 유사한 결과를 표시하지만, 조금 다른 구성 파일과 접근법을 사용한다. 그 두 제공자는 선언적 서비스^{Declarative Services}와 블루프린트^{Blueprint}다.

선언적 서비스

선언적 서비스^{DS, Declarative Services}는 원래 OSGi 런타임 시에 선언적인 형태로 서비스 인스턴스를 생성하기 위해 구현됐다. 이퀴녹스와 펠릭스는 모두 DS 모듈을 가지며, DS 모듈은 이클립스 4 런타임의 필수 요소이므로 일반적으로 존재한다고 생각하면 된다. OSGi 명세에서는 선언적 서비스를 서비스 컴포넌트 런타임^{SCR, Services Component Runtime}이라고 부르며, 그 이름에 따라 패키지 이름도 org.osgi.service.component를 사용한다.

DS 번들은 번들을 처리하기 전에 시작되어야 하기 때문에, 일반적으로 시작 프로세스의 초반에 시작된다. DS 번들은 설치된 번들을 감지하고 META-INF/MANIFEST.MF 파일에서 특정 헤더를 검색한다.

```
Service-Component: OSGI-INF/*.xml
```

DS 번들이 앞의 헤더를 발견하면, 지정한 패턴에 맞는 파일을 번들에서 찾는다. 서비스 컴포넌트는 콤마(,)를 구분자로 하여 목록을 설정할 수 있고, 하나의 와일드카드 *

문자를 사용할 수 있다(패턴은 디렉터리가 아닌 파일 이름을 검색한다.).

그런 다음 서비스 문서^{service document}를 로드하고 구문을 분석해서 서비스를 생성한 다음 OSGi 런타임 환경에 등록한다. XML 문서는 http://www.osgi.org/xmlns/scr/v1.2.0을 이용해서 컴포넌트를 표현하는 네임스페이스를 사용한다. SCR의 다른 버전은 뒷부분이 다르다. v1.0.0은 첫 번째 버전을 정의하고, v1.1.0은 두 번째 버전이다. 이 책을 쓰는 시점의 버전은 v1.2.0이고 다음 버전은 v1.3.0이 될 것이다.

모든 서비스 문서는 하나의 서비스를 정의하고, 식별자와 함께 구현 클래스를 갖는다. 서비스는 선택적인 속성과 함께 하나 이상의 인터페이스를 통해 등록 가능하다.

앞에서 생성한 FeedsActivator 클래스의 사용자 정의 코드를 다음과 같이 교체한다.

```
public class FeedsActivator implements BundleActivator {
  public void start(BundleContext context) throws Exception {
    // context.registerService(IFeedParser.class,
    //   new RSSFeedParser(), priority(1));
    // context.registerService(IFeedParser.class,
    //   new MockFeedParser(), priority(-1));
    // context.registerService(IFeedParser.class,
    //   new AtomFeedParser(), priority(2));
    bundleContext = context;
  }
...
}
```

아직은 애플리케이션을 실행해도 피드를 분석하지 못한다. 피드 분석기를 OSGi 서비스로 등록하기 위해 OSGI-INF/atomfeedparser.xml이라는 파일을 생성해야 한다.

```
<?xml version="1.0" encoding="UTF-8"?>
<scr:component xmlns:scr="http://www.osgi.org/xmlns/scr/v1.1.0"
 name="AtomFeedParser">
  <implementation
   class="com.packtpub.e4.advanced.feeds.internal.AtomFeedParser"/>
  <service>
    <provide
     interface="com.packtpub.e4.advanced.feeds.IFeedParser"/>
  </service>
```

```
    <property name="service.ranking" type="Integer" value="2"/>
</scr:component>
```

 build.properties의 bin.includes 속성에 OSGI-INF/를 추가해서 앞의 파일을 빌드의 일부분으로 포함시키는 일을 잊지 마라.

선언적 서비스 제공자를 애플리케이션에 설치하기만 하면 필요할 때 서비스를 생성할 수 있다.

 이클립스 마스(Mars) 이후 버전부터는 다음과 같이 선언적 서비스 제공자에 대한 종속성을 클라이언트 번들이 표현할 수 있다.

Require-Capability:
 osgi.extender;osgi.extender=ʺosgi.componentʺ

이는 선언적 서비스 명세 1.3.0 버전에 추가될 예정이며, 2015년 6월에 릴리스될 계획이다. 자세한 사항은 http://www.osgi.org/Specifications/을 참조하라.

속성과 선언적 서비스

선언적 서비스는 서비스를 등록할 때 서비스에 속성을 설정하는 데도 사용된다. 서비스 속성은 서비스 XML 파일이나 외부 속성 파일에 정의할 수 있다.

등록된 서비스에 service.ranking 속성을 추가하려면, 서비스 문서에 다음 코드를 추가해야 한다.

```
<?xml version="1.0" encoding="UTF-8"?>
<scr:component xmlns:scr="http://www.osgi.org/xmlns/scr/v1.1.0"
 name="AtomFeedParser">
  ...
  <property name="service.ranking" type="Integer" value="2"/>
</scr:component>
```

이제 애플리케이션을 재시작하면 서비스 콘솔 커맨드는 피드 서비스에 설정된 service.ranking 속성을 화면에 표시한다.

```
osgi> services | grep IFeed
{com.packtpub.e4.advanced.feeds.IFeedParser}=
 {service.ranking=2,
  component.name=AtomFeedParser,
  component.id=0,
  service.id=37}
```

 콘솔에 속성 목록이 표시되지 않으면, 이클립스 런타임 콘솔에 -clean 인수를 추가하라. 가끔 파일을 캐시에 저장해서 플러그인 개발 환경(PDE, Plug-in Development Environment)이 파일의 변경을 인지하지 못하는 경우가 있다.

서비스에 설정 가능한 속성의 유형은 다음 중 하나다.

- String (기본)
- Long
- Double
- Float
- Integer
- Byte
- Character
- Boolean
- Short

추가적으로, 속성 배열 대신 요소의 본문에 요소 배열로 정의하는 방법도 있다.

```
<?xml version="1.0" encoding="UTF-8"?>
<scr:component xmlns:scr="http://www.osgi.org/xmlns/scr/v1.1.0"
 name="AtomFeedParser">
  ...
  <property name="compass.point" type="String">
    NORTH
```

```
    EAST
    SOUTH
    WEST
  </property>
</scr:component>
```

선언적 서비스에서 서비스 참조

서비스의 속성 값을 직접 입력하는 방법뿐만 아니라 선언적 서비스 내에 서비스에 대한 참조를 설정하는 방법도 있다. 서비스는 bind와 unbind 메소드를 가지며, 서비스가 활성화되거나 비활성화될 때 이 메소드를 호출한다.

선언적 서비스에서 서비스를 참조하는 일은 필수이거나 선택 가능한 사항이다. 서비스 참조가 필수사항이면 서비스는 종속성을 가진 서비스가 활성화될 때까지 인스턴스를 생성하지 못한다. 서비스 참조가 선택사항이면, 서비스는 바로 생성 가능하고 나중에 참조 서비스를 할당받게 된다. 참조 서비스는 하나거나 다수일 수 있으므로, 관계 차수cardinality로 정의한다.

- 0..1: 0 혹은 1개의 인스턴스를 필요로 하는 선택적인 서비스다.
- 1..1: 정확히 1개의 인스턴스가 필요한 필수 서비스다(기본).
- 0..n: 0 혹은 1개 이상의 인스턴스를 갖는 선택적 서비스다.
- 1..n: 1개 이상의 인스턴스를 갖는 필수 서비스다.

컴포넌트에 LogService 인스턴스를 주입하는 데 관계 차수를 사용할 수 있다. AtomFeedParser 클래스에 setLog와 unsetLog 메소드를 추가해서 LogService 인스턴스를 사용하도록 변경한다.

```
private LogService log;
public void setLog(LogService log) {
  this.log = log;
}
public void unsetLog(LogService log) {
  this.log = null;
}
```

피드를 성공적으로 분석했는지 혹은 오류가 발생했는지를 보고하기 위해 다음 코드를 사용한다.

```
public List<FeedItem> parseFeed(Feed feed) {
  try {
    List<FeedItem> feedItems = new ArrayList<FeedItem>();
    // 피드 항목을 분석한다.
    if(log != null) {
      log.log(LogService.LOG_INFO, feedItems.size() +
        " atom feed items parsed from " + feed.getUrl());
    }
    return feedItems;
  } catch (Exception e) {
    if (log != null) {
      log.log(LogService.LOG_WARNING, "Problem parsing feed "+e);
    }
    return null;
  }
}
```

DS에서 로그 서비스를 제공하도록 설정하려면, atomfeedparser.xml 파일에 다음 코드를 추가해야 한다.

```
<scr:component name="AtomFeedParser"
 xmlns:scr="http://www.osgi.org/xmlns/scr/v1.1.0">
 ...
  <reference interface="org.osgi.service.log.LogService"
   cardinality="0..1" name="log"
   bind="setLog" unbind="unsetLog"/>
</scr:component>
```

앞의 코드는 DS에 로그 서비스는 선택사항이라고 선언하므로 LogService가 사용 가능하지 않아도 피드 분석기 서비스의 인스턴스를 생성하고, 로그 서비스가 사용 가능해지면 setLog(log)를 호출해 로그 서비스를 할당한다. DS는 로그 서비스가 비활성화됐을 때 서비스를 제거하는 데 사용할 unbind 메소드도 제공한다. 로그 서비스 인스턴스는 setLog와 unsetLog 메소드를 통해 제공된다. 이상하게 보일지 모르지만,

일반적으로 여러 요소를 설정할 때 addXxxListener와 removeXxxListener를 호출한다. 값을 직접 입력하는 것보다 더 적절한 방법이다.

다수의 컴포넌트와 선언적 서비스 디버깅

지금까지 예제는 하나의 컴포넌트만 포함하지만, 다수의 여러 컴포넌트를 하나의 XML 파일에 정의할 수 있다. 최상위 XML 노드는 scr 네임스페이스의 여러 자식 노드를 정의할 수 있다. 사실 scr 네임스페이스 외부의 모든 요소는 무시되므로 XTHML 문서에 scr 네임스페이스 요소를 내장할 수 있고, 선언적 서비스에서 서비스 컴포넌트로 검출 가능하다.

```
<xhtml>
  <h1>Example HTML file with SCR elements</h1>
  <h2>Component One</h2>
  <scr:component name="One" xmlns:scr="http://...">
    . . .
  </scr:component>
  <h2>Component Two</h2>
  <scr:component name="Two" xmlns:scr="http://...">
    . . .
  </scr:component>
</xhtml>
```

많은 개발자들이 한 개의 서비스 컴포넌트당 하나의 XML 파일을 맵핑해 사용하므로, 하나의 XML 파일에 다수의 서비스 컴포넌트를 정의하는 경우는 드물다. 유지보수 편의성을 위해 XML당 하나의 서비스 컴포넌트만 정의하는 방식을 권장한다.

 이퀴녹스에서 DS를 사용할 때 -Dequinox.ds.print=true를 사용하면 선언적 서비스의 상태에 대한 진단 정보를 확인할 수 있으며, 특히 대기 상태의 서비스를 강조해 보여준다. 펠릭스(Felix)에서는 -Dds.showtrace=true를 설정하면 로그의 양이 증가하므로, -Dds.loglevel=4로 설정해서 로그의 양을 줄인다.

동적 서비스 어노테이션

XML이 유연하긴 하지만, 자바 어노테이션annotations을 선호하는 자바 커뮤니티에서 XML은 구식이 됐다. OSGi DS 명세 버전 1.2는 빌드 프로세서가 서비스 컴포넌트의 XML 파일을 자동으로 생성하도록 소스 코드에 표시하는 기호로서 어노테이션을 제공한다.

 런타임 시에는 표준 OSGi 어노테이션을 읽지 않으나, maven-scr-plugin과 같은 빌드 도구는 어노테이션을 읽어서 처리한다. 그러므로 해당 빌드 도구를 선택적으로 가져와야 한다. 즉, 빌드 도구는 런타임 시에는 필요 없으므로, 메이븐(Maven) 기반의 빌드를 사용한다면 compile 범위에서만 가져와 사용하도록 설정한다.

어노테이션을 사용하기 위해 MANIFEST.MF 파일에 번들에 대한 Import-Package로 다음을 추가한다.

```
Import-Package:
 org.osgi.service.component.annotations;
 version="1.2.0";
 resolution:=optional
```

이제 서비스로 정의해야 할 개별 클래스에 @Component 어노테이션을 추가할 수 있다. RSSFeedParser에 다음을 추가해보자.

```
@Component(name="RSSFeedParser",
 service={IFeedParser.class},
 property={"service.ranking:Integer=1"})
public class RSSFeedParser implements
 IFeedParser, IExecutableExtension {
   ...
}
```

표준 OSGi 어노테이션보다 앞서 개발된 펠릭스 어노테이션(org.apache.felix.scr. annotations)도 있다. 펠릭스 어노테이션과 OSGi 기본 어노테이션 모두 메이븐 센트럴(Maven Central)에서 사용 가능하다.

메이븐 빌드 시 어노테이션 처리

메이븐 티코^{Maven Tycho}를 사용해서 번들을 빌드할 경우 컴포넌트로부터 서비스 XML 파일을 생성해주는 메이븐 플러그인을 추가할 수 있다(메이븐 티코에 익숙하지 않다면 이 책의 깃허브 저장소에 있는 예제를 참고하라.).

 메이븐 티코에 대한 자세한 설명은 팩트 출판사의 『이클립스 4 플러그인 개발』(에이 콘출판, 2013년)의 10장을 참조하거나 티코 홈페이지(http://www.eclipse.org/ tycho/)를 참조하라.

빌드에 `maven-scr-plugin`을 설정하기 위해 먼저 pom.xml 파일에 다음의 종속관계를 추가한다.

```
<dependencies>
  <dependency>
    <groupId>org.apache.felix</groupId>
    <artifactId>org.apache.felix.scr.ds-annotations</artifactId>
    <version>1.2.0</version>
    <scope>compile</scope>
  </dependency>
</dependencies>
```

앞의 종속성 정의는 `org.osgi.service.component.annotations` 클래스와 컴포넌트 XML을 생성하는 데 필요한 처리 엔진을 모두 제공한다. `osgi.enterprise`나 `equinox.ds`와 같은 다른 번들만으로는 서비스 XML 파일을 생성하기에 충분하지 않다.

다음으로, pom.xml 파일에 플러그인을 추가해야 한다.

```
<build>
  <plugins>
    <plugin>
      <groupId>org.apache.felix</groupId>
      <artifactId>maven-scr-plugin</artifactId>
      <version>1.15.0</version>
      <configuration>...</configuration>
      <executions>...</executions>
    </plugin>
  </plugins>
  <sourceDirectory>src</sourceDirectory>
</build>
```

sourceDirectory의 값은 build.properties 파일의 source 속성(eclipse-plugin은
sourceDirectory 대신 source 속성을 사용한다.) 값과 동일하게 설정해야 한다. 그렇지 않
으면 maven-scr-plugin이 소스 파일을 찾지 못한다.

플러그인은 특별히 eclipse-plugin 프로젝트로 설정해야 한다. 먼저 maven-scr-
plugin이 기본으로 지원하는 프로젝트의 패키지 유형은 jar과 bundle이므로,
eclipse-plugin 프로젝트를 처리하기 위해 추가적인 설정이 필요하다.

다음으로, target/scr-plugin-generated/에 서비스 파일을 작성한다. 동작은 하지만
이클립스에서 디버깅하기가 더 어려우므로, maven-scr-plugin이 프로젝트 루트에
서비스 파일을 작성하도록 설정한다. 그러면 OSGI-INF 폴더 밑에 서비스 파일이 위
치하게 되어, 표준 빌드 도구를 이용해서 코드를 테스트하고 이클립스 밖으로 내보낼
수 있다.

```
<configuration>
  <supportedProjectTypes>
    <supportedProjectType>eclipse-plugin</supportedProjectType>
  </supportedProjectTypes>
  <outputDirectory>${basedir}</outputDirectory>
</configuration>
```

마지막으로, 표준 빌드 프로세스를 연결하기 위해 빌드 구성에 다음을 추가한다.

```
<executions>
  <execution>
    <id>generate-scr</id>
    <goals>
      <goal>scr</goal>
    </goals>
  </execution>
</executions>
```

패키지를 빌드하면, 서비스 기술서 XML 파일이 어노테이션을 기반으로 자동 생성된다. 파일 이름은 서비스 이름을 이용해서 정해진다.

블루프린트

선언적 서비스는 OSGi 버전 4.0 릴리스부터 포함됐으며, 버전 4.2가 릴리스되면서 새로운 명세인 블루프린트^{Blueprint}가 소개됐다. 블루프린트는 서비스 간의 의존관계를 소스 코드 밖에서 정의할 수 있다는 점에서 선언적 서비스와 동일한 수준의 기능을 제공한다. 하지만 관련된 XML 파일의 형식은 조금 다르며, 동작 방식도 약간 상이하다.

블루프린트 서비스는 제미니^{Gemini}나 에리즈^{Aries}라는 한 쌍의 구현체를 통해 설치된다.

제미니 블루프린트 설치

다음의 몇 가지 번들이 블루프린트 서비스를 제공한다.

- gemini-blueprint-core-1.0.2.RELEASE.jar
- gemini-blueprint-extender-1.0.2.RELEASE.jar
- gemini-blueprint-io-1.0.2.RELEASE.jar

하지만 앞의 번들은 다음의 스프링^{Spring} 모듈이 필요하다. 스프링은 OSGi 메타데이터(버전 3 이후부터)를 포함하지 않으므로, 현재는 존재하지 않는 스프링소스^{SpringSource} EBR(http://ebr.springsource.com)을 통해 번들을 가져와야 한다.

- com.springsource.org.aopalliance-1.0.0.jar
- org.springframework.aop-3.2.5.RELEASE.jar

- org.springframework.beans-3.2.5.RELEASE.jar
- org.springframework.context-3.2.5.RELEASE.jar
- org.springframework.core-3.2.5.RELEASE.jar
- org.springframework.expression-3.2.5.RELEASE.jar

제미니 블루프린트 구현은 스프링을 기반으로 작성되었으므로 스프링에 대한 의존관계도 설정해야 한다. 제미니 구현이 네이티브 OSGi 블루프린트 서비스뿐만 아니라 서비스 번들 컨텍스트도 처리하기 때문이다.

기존 스프링 기반 애플리케이션을 OSGi 기반으로 전환할 경우, 제미니 블루프린트는 쉬운 전환 방법을 제공한다. 개발된 적이 없거나 스프링 기반이 아닌 애플리케이션의 경우는 에리즈를 이용하면 종속성을 갖는 모듈의 수가 줄어든다.

 블루프린트 서비스를 자동 등록하려면 gemini-blueprint-extender 번들을 구동해야 한다.

에리즈 블루프린트 설치

에리즈 블루프린트 서비스는 세 가지 번들, 블루프린트 번들과 에리즈 프록시, 에리즈 유틸 번들만 있으면 된다.

- org.apache.aries.blueprint-1.1.0.jar
- org.apache.aries.proxy-1.0.1.jar
- org.apache.aries.util-1.0.1.jar

추가적으로, 에리즈 코드는 다음의 라이브러리에서 제공하는 SLF4J도 구현해야 한다.

- slf4j-api-1.7.5.jar
- slf4j-simple-1.7.5.jar

일단 에리즈를 설치하고 나면 `org.apache.aries.blueprint`와 `org.apache.aries.proxy` 번들을 시작하고, 프레임워크의 다른 번들은 자동으로 등록된 블루프린트 서비스를 갖게 된다.

블루프린트 서비스 사용

블루프린트 파일은 기본적으로 OSGI-INF/blueprint/에 저장되고 .xml 확장자를 사용하며, 스프링과 유사한 형식으로 서비스와 빈을 표현한다.

MockFeedParser에 대한 블루프린트 파일을 추가하기 위해, OSGI-INF/blueprint/ 디렉터리에 mockfeedparser.xml 파일을 생성한다. 파일의 내용은 다음과 같아야 한다.

```
<blueprint xmlns="http://www.osgi.org/xmlns/blueprint/v1.0.0">
  <service interface="com.packtpub.e4.advanced.feeds.IFeedParser"
  activation="eager">
   <service-properties>
     <entry key="other.property">
       <value type="java.lang.Integer">314</value>
     </entry>
   </service-properties>
   <bean
 class="com.packtpub.e4.advanced.feeds.internal.MockFeedParser"/>
  </service>
</blueprint>
```

이제 이클립스 애플리케이션이나 OSGi 프레임워크에 대한 실행 구성^{run configuration}을 생성하고, 제미니 번들이나 에리즈 번들 중 하나를 설치한 후 구동하는지 확인해보자.

 기본적으로 이클립스는 새로운 실행 구성을 생성할 때 자동으로 시작되는 DS 번들들의 집합이지만, 블루프린트 번들은 이에 해당하지 않는다. 블루프린트 번들이 시작되지 않았다면, 블루프린트 서비스도 시작되지 않았을 것이다.

이 책의 깃허브 프로젝트(https://github.com/alblue/com.packtpub.e4.advanced/)는 번들에서 필요한 라이브러리의 복사본을 포함한다.

블루프린트에 속성 전달

블루프린트 XML에 service-properties 요소를 추가하면 서비스를 등록할 때 속성을 전달할 수 있다. DS 명세와 마찬가지로, 블루프린트 XML은 키/값 쌍의 형태로 속성을 추가한다.

mockfeedparser.xml에 service-properties 요소를 추가해보자.

```
<service interface="com.packtpub.e4.advanced.feeds.IFeedParser"
 activation="eager">
  <service-properties>
    <entry key="other.property">
      <value type="java.lang.Integer">314</value>
    </entry>
  </service-properties>
  …
</service>
```

service-properties 요소는 하나의 유형에 대해 하나의 값^{value}을 지정할 수 있다. 배열 값을 정의해야 한다면, <array> 요소로 값들을 둘러싸야 한다.

```
<service-properties>
  <entry key="other.property">
    <array>
      <value type="java.lang.Integer">314</value>
      <value type="java.lang.Integer">271</value>
    </array>
  </entry>
</service-properties>
```

속성 유형에 다른 클래스 이름을 지정해서 비표준 객체를 정의할 수 있다. 그러면 런타임 시에 자가 검사^{introspection}를 이용해서 하나의 적절한 인수를 가진 생성자를 찾은 후 XML 파일의 값을 전달한다.

 서비스 속성은 일반적으로 서로 다른 런타임 간에 이동할 수 있다. 어떤 경우에는 네트워크를 통해 이동하기도 한다. 그러므로 값을 직렬화하고 구문 분석된 객체 표현 대신 String 표현을 사용하라.

service-properties를 이용해 service.ranking 속성 등록이 가능해 보이지만, 다음 코드는 동작하지 않는다.

```
<service-properties>
  <entry key="service.ranking"> <!-- 동작하지 않는다. -->
    <value type="java.lang.Integer">-1</value>
  </entry>
</service-properties>
```

블루프린트 명세는 서비스 순위에 대한 대체 키를 정의하기 때문에 주어진 값을 사용하지 않는다. 블루프린트 서비스에 순위를 지정해야 한다면, 다음 코드를 사용해야 한다.

```
<blueprint xmlns="http://www.osgi.org/xmlns/blueprint/v1.0.0">
  <service interface="com.packtpub.e4.advanced.feeds.IFeedParser"
  activation="eager" ranking="-1">
    …
  </service>
</blueprint>
```

마지막으로 하나의 서비스에 대해 하나의 인터페이스를 등록하는 게 가장 일반적이지만, 다수의 인터페이스를 등록하는 일도 가능하다. 구현 클래스는 이런 인터페이스를 구현해야 한다. 그렇지 않으면 블루프린트 익스텐더에 오류 로그가 남는다.

```
<service ranking="-1" activation="eager">
  <interfaces>
    <value>com.packtpub.e4.advanced.feeds.IFeedParser</value>
    <value>java.lang.Cloneable</value>
  </interfaces>
    …
</service>
```

빈 참조와 속성

블루프린트는 생성한 빈에 이름을 부여하고 다른 빈과 연결하는 쉬운 방법을 제공한다. 모든 빈은 ID를 가지며, ID는 다른 빈의 ref 또는 빈 이름으로 사용된다.

빈의 생성자에서 <property> 요소를 사용해 빈에 속성을 설정한다. 인스턴스화된 객체 자체에 자바빈 스타일의 setter를 호출할 때 <property> 요소를 사용한다. 예를 들어, MockFeedParser가 반환된 값의 수를 설정하는 setNumberOfItems(int) 메소드를 가진다면, 값은 다음의 블루프린트 파일과 같이 설정할 수 있다.

```
<bean
 class="com.packtpub.e4.advanced.feeds.internal.MockFeedParser">
  <property name="numberOfItems" value="5"/>
</bean>
```

property 구문은 점으로 구분된 속성 이름을 지원한다. MockFeedParser가 config 속성을 가지고 config 객체는 value 속성을 가질 때, 속성의 이름을 config.value로 지정해도 된다.

다른 속성에 대한 참조는 빈에 지정하면 된다. 참조는 같은 번들에 정의한 ID나 다른 곳에서 정의한 OSGi 서비스 참조로 정의할 수 있다. 다음은 MockFeedParser에 LogService를 설정한 코드다.

```
private LogService log;
public void setLog(LogService log) {
  this.log = log;
}
```

앞의 피드에서 항목의 수를 설정할 때, 로그 서비스 참조를 사용한다.

```
public void setNumberOfItems(int numberOfItems) {
  this.numberOfItems = numberOfItems;
  if (log != null) {
    log.log(LogService.LOG_INFO, "Setting number of items to "
      + numberOfItems);
  }
}
```

마지막으로, 블루프린트가 빈에 LogService를 제공하게 하기 위해, 다음과 같이 LogService를 참조로 얻어와야 한다.

```
<blueprint xmlns="http://www.osgi.org/xmlns/blueprint/v1.0.0">
```

```
<reference id="logService"
  interface="org.osgi.service.log.LogService" />
<service ranking="-1" activation="eager">
...
  <bean
class="com.packtpub.e4.advanced.feeds.internal.MockFeedParser">
    <property name="log" ref="logService"/>
    <property name="numberOfItems" value="5"/>
  </bean>
</service>
</blueprint>
```

블루프린트와 DS 비교

블루프린트와 선언적 서비스 모두 하나 이상의 서비스를 선언적으로 등록하고 필요할 때 요구에 따라 인스턴스를 생성할 수 있다. 이러한 특징은 서비스가 필요한 최초 시점까지는 서비스의 생성을 미룰 수 있다는 장점이 있다. 다시 말하면, 가능한 늦게 번들을 시작한다는 의미다.

수많은 번들을 포함한 런타임에서 서비스를 원하는 때 시작하면 애플리케이션 구동 시간이 단축되어 애플리케이션이 빨리 시작되게 한다. 많은 엔터프라이즈 자바 서비스에서 애플리케이션을 구동할 때 필요하지 않은 기능에 대해 이 같은 방식을 사용한다.

블루프린트와 DS 사이에는 주목할 만한 차이가 있다.

첫 번째로, DS는 동적으로 서비스를 생성하고 연결을 해제하므로, 번들을 사용하는 기간 내내 서비스는 존재했다가도 사라질 수 있다. 서비스가 null일 수 있다는 의미다. 그래서 더 이상 서비스가 존재하지 않는 경우에 서비스를 사용하는 일을 막는 코드가 필요하다.

반면에 블루프린트는 객체의 생명주기 동안 동일하게 유지하기 위해 프록시 객체를 생성한다. LogService 인스턴스가 필요한 경우, 동적 LogService 프록시 클래스를 생성해서 클래스에 주입한다. 로그 서비스를 생성했다가 시간이 지나 없어졌다 하더라도, 프록시 클래스의 인스턴스는 서비스를 사용하는 클래스가 살아있는 동안 함께 존재한다.

OSGi 서비스, 특히 서비스의 역동성을 사용하지 않는 자바 코드는 다른 객체에 전달 가능한 null이 아닌 견본 객체를 가지는 능력 덕분에 OSGi가 아닌 솔루션에서 완전한 OSGi 기반 시스템으로 전환 가능하다. 반면에 프록시 객체는 서비스가 사용 가능해질 때까지 차단되도록 설정되어서, 로그에 메시지를 기록하려고 시도하는 클라이언트는 실제 LogService 인스턴스를 반환하거나 시간 초과 오류가 발생할 때까지 차단된다.

복잡한 표현식과 객체 주입으로 객체를 연결하는 능력을 포함해서 블루프린트 서비스에는 설정 가능한 많은 구성 속성이 있다. 이런 추가적인 유연성은 블루프린트 솔루션을 개발하고 테스트할 때 또 다른 문제를 가져올 수 있다. 예를 들어 XML 파일이 복잡하기 때문에 파일이 유효하지 않을 수 있고, 번들의 XML 파일이 유효하지 않으면 서비스는 등록되지 않는다. 하지만 프록시 클래스는 클라이언트 번들에 여전히 등록 가능하기 때문에 프록시 클래스를 호출하면 클라이언트 번들은 자동으로 중단된다.

마지막으로, 블루프린트 익스텐더는 OSGI-INF/blueprint/*.xml에서 발견한 파일에 대해 설치된 모든 번들을 검색한다. 그래서 블루프린트를 사용하는 프레임워크는 구동 시에 약간의 지연이 발생할 수 있다.

 스프링 기반의 애플리케이션을 OSGi 런타임 기반으로 전환할 경우, 블루프린트는 향후 편리한 방법을 제공할 예정이다. 스프링을 사용하지 않고 동적 OSGi 애플리케이션을 생성한다면, 선언적 서비스를 사용해보라.

동적 서비스

OSGi 명세는 다음과 같이 네 가지의 다른 계층을 정의한다.

- 보안 계층: 보안 권한 모델에 의해 모든 액션을 검사한다.
- 모듈 계층: 종속성을 가진 번들로 모듈을 정의한다.
- 생명주기 계층: 생성되고 삭제된 번들
- 서비스 계층: 생성되고 삭제되는 동적 서비스

서비스 계층은 번들 계층을 교차하는 API를 정의함으로써 번들 간에 통신이 가능하게 할 뿐만 아니라, 서비스를 런타임 시에 고정시키지 않고 동적으로 생성하고 폐기할 수도 있다.

이런 메커니즘은 네트워크를 통해 서비스를 내보낼 수 있으며, 네트워크가 끊겼다가도 연결될 수 있기 때문에 OSGi 서비스 계층은 동일한 기능을 복제할 수 있다.

동적으로 생성되고 폐기되는 서비스를 처리하기 위해 클라이언트 코드에 약간 어려운 코드를 추가하면 되지만, 실패하는 경우가 더 많다. 다음 절에서는 서비스에 역동성을 부여하는 다른 방법을 소개한다.

매번 서비스 처리

동적 서비스를 처리하는 가장 쉬운 방법은 서비스가 필요할 때마다 서비스를 나열하는 것이다. 지금까지 피드 분석기 예제는 다른 분석기를 추가하는 데 이런 방법을 사용했다. 즉, 피드를 분석할 때마다 피드 분석기 서비스의 목록을 가져오기 때문에, 피드 분석기가 제거되거나 새로운 분석기가 추가됐을 때 다음 번 피드 분석 시 새로운 서비스는 서비스 목록에 추가된다.

이런 방법은 매번 서비스를 찾을 때마다 비용이 들기 때문에 서비스 목록이 자주 필요하지 않은 경우에 사용하는 게 적합하다.

서비스 트래커 사용

OSGi 프레임워크는 표준 방식으로 하나 이상의 서비스를 쉽게 획득하는 데 사용하는 ServiceTracker 클래스를 제공한다. org.osgi.util.tracker 패키지에서 제공하는 ServiceTracker 클래스는 서비스 클래스와 BundleContext 객체, 그리고 선택적으로 필터 명세를 받는 생성자를 갖는다.

 ServiceTracker 클래스에 서비스를 사용하기 전에 호출해야 할 open 메소드가 있다. open 메소드를 호출하지 않으면 어떤 서비스 객체도 반환하지 않는다.

피드 플러그인의 내역서에 가져온 패키지로 다음 패키지를 추가한다.

```
Import-Package: org.osgi.util.tracker
```

FeedParserFactory의 생성자에서 ServiceTracker 인스턴스를 얻어 open 메소드를
호출하도록 FeedParserFactory 클래스를 수정한다. 피드 분석기를 찾는 일을 서비
스 트래커에 위임함으로써 getFeedParser 메소드는 단순해진다.

```java
public class FeedParserFactory {
  private final ServiceTracker<IFeedParser, IFeedParser> st;
  private FeedParserFactory() {
    st = new ServiceTracker<IFeedParser, IFeedParser>(
      FeedsActivator.getContext(), IFeedParser.class, null);
    st.open(); // 이것을 반드시 호출해야 한다!
  }
  ...
  public List<IFeedParser> getFeedParsers() {
    return Arrays.asList(st.getServices(new IFeedParser[]{}));
  }
}
```

ServiceTracker에는 서비스를 더 이상 추적할 필요가 없을 때 호출해야 하는 close
메소드도 있다. ServiceTracker의 open과 close 메소드는 번들의 생명주기와 연결
될 수 있으므로, ServiceTracker를 적절한 Activator에서 설정하고 관리하는 경우
도 있다. 혹은 close 메소드를 팩토리의 finalize 메소드 내에 연결하기도 한다.

```java
protected void finalize() throws Throwable {
  st.close();
  super.finalize();
}
```

 일반적으로 서비스 트래커의 생명주기를 다른 생명주기와 연결하는 방식이 좀 더 적절
하다. 그렇지 않으면 서비스 트래커에서 메모리 누수가 발생할 수 있다.

서비스 정렬

ServiceTracker는 정해진 서비스 순서가 아니라 임의의 순서로 서비스를 반환한다는 점에서 이전의 구현 방식과 다르다. 초기 구현에서처럼 서비스 배열을 얻어오는 대신, ServiceReference 객체의 목록을 받아 직접 정렬을 수행해야 한다.

getFeedParsers 구현을 st.getServiceReferences를 사용하도록 변경한다. st.getServiceReferences는 비교 가능한 인터페이스인 표준 ServiceReference를 사용하는 비교기comparator를 사용함으로써 Arrays를 통해 객체를 정렬할 수 있다.

 기본 정렬 순서는 오름차순이어서 원하는 결과와 반대다. 그러므로 인수의 순서를 교체해야 한다.

수정한 코드는 다음과 같다.

```
public List<IFeedParser> getFeedParsers() {
  ServiceReference<IFeedParser>[] srs = st.getServiceReferences();
  Arrays.sort(srs, new Comparator<ServiceReference<?>>() {
    public int compare(ServiceReference<?> o1,
                                  ServiceReference<?> o2) {
      return o2.compareTo(o1);
    }
  });
  List<IFeedParser> list = new ArrayList<IFeedParser>(srs.length);
  for (ServiceReference<IFeedParser> sr : srs) {
    list.add(st.getService(sr));
  }
  return list;
}
```

이제 서비스가 정해진 순서대로 반환된다.

서비스 필터링

현재 구현된 서비스 트래커는 인터페이스를 구현한 호환 가능한 모든 서비스를 반환한다(open 메소드 호출 시 true를 전달하면, 호환 가능한 서비스와 호환이 불가능한 서비스가 모두 반환된다. 그래서 일반적으로는 true를 전달하지 않는다.).

반환되는 서비스 목록을 제한하기 위해 필터를 사용하는 방법도 있다. OSGi에서 필터는 접두사와 괄호를 사용하는 LDAP 필터 구문을 사용해서 정의한다.

LDAP 필터	의미
(&(A)(B))	A와 B
(|(A)(B))	A 또는 B
(!(A))	A가 아니다.
(A=B)	A는 B와 같다.
(A=*B*)	A는 B를 포함한다.

이퀴녹스 콘솔에서 services 커맨드를 사용해 필터를 설정한다. 모든 서비스는 저장소에 공개되고 필터 objectClass=는 이 장의 초반부에서와 같이 발견한 특정 인터페이스와 일치하는 서비스만 걸러낸다.

```
osgi> services (objectClass=*.IFeedParser)
{com.packtpub.e4.advanced.feeds.IFeedParser}={service.ranking=2,
 component.name=AtomFeedParser, component.id=0, service.id=40}
{com.packtpub.e4.advanced.feeds.IFeedParser}={service.ranking=1,
 component.name=RSSFeedParser, component.id=1, service.id=41}
{com.packtpub.e4.advanced.feeds.IFeedParser}={service.ranking=-1,
 other.property=[314,222], service.id=43}
```

다른 속성도 필터링할 수 있다. 예를 들어, DS는 서비스에 component.id 속성을 등록하므로 컴포넌트를 등록한 DS만 걸러내는 필터를 생성해서 사용할 수 있다.

```
osgi> services "(&(objectClass=*.IFeedParser)(component.id=*))"
{com.packtpub.e4.advanced.feeds.IFeedParser}={service.ranking=2,
component.name=AtomFeedParser, component.id=0, service.id=40}
```

```
{com.packtpub.e4.advanced.feeds.IFeedParser}={service.ranking=1,
component.name=RSSFeedParser, component.id=1, service.id=41}
```

앞의 커맨드는 IFeedParser로 끝나고 component.id 속성 값을 가진 서비스를 찾는
다. ServiceTracker에도 필터를 추가해서 원하는 서비스만 가져올 수 있다. 예를 들
어, MockFeedParser(실제로는 DS에 등록되지 않은 서비스)만 포함시키고 싶으면 다음과
같이 ServiceTracker에 필터를 추가한다.

```
Filter filter = context.createFilter(
 "(&(objectClass=*.IFeedParser)(!(component.id=*)))");
st = new ServiceTracker<IFeedParser, IFeedParser>(
 context, filter, null);
st.open();
```

 서비스 필터의 값은 디버깅을 가능하게 하는 속성에 의해 무시될 수 있다. 필터가 유효
하지 않으면 createFilter 메소드는 검사형 구문 예외를 발생시키므로, 코드에서 이 예
외를 처리해야 한다.

액티베이터 없이 번들 컨텍스트 가져오기

ServiceTracker가 리스너를 등록하려면 BundleContext 인스턴스가 필요하므
로, BundleContext 인스턴스를 얻기 위한 단 한가지 목적 때문에 습관적으로
BundleActivator 인스턴스를 설정했다.

이 같은 방식은 성능 저하를 유발하므로 번들 컨텍스트를 얻는 다른 메커니즘을 사
용해서 구동 시간을 단축시켜보자. 다행히 주어진 클래스에 대한 Bundle 인스턴스를
얻는 데 사용할 수 있는 FrameworkUtil이라는 클래스가 있고, Bundle 인스턴스로부
터 BundleContext 인스턴스를 얻어오면 된다. 그러면 FeedsActivator는 제거해도
된다.

```
// BundleContext context = FeedsActivator.getContext();
BundleContext context = FrameworkUtil.
  getBundle(FeedParserFactory.class).getBundleContext();
```

FrameworkUtil을 사용하면 성능 저하도 없고 BundleContext에 대한 전역의 정적 인스턴스를 사용할 필요가 없다. 더 나아가서는 번들의 액티베이터를 번들에서 제거할 수 있다.

 번들이 시작되지 않으면, BundleContext 인스턴스도 없으므로 반환된 값은 null 일 수 있다. 코드는 null이 반환되는 경우를 대비해서 작성해야 한다. 번들은 bundle. stat(Bundle.START_TRANSIENT)를 호출해야 시작되고, 번들이 시작된 후에야 BundleContext가 null이 아니다.

서비스 참조 사용 시 주의사항

OSGi 명세에는 ServiceReference 인스턴스를 찾는 기능이 있다. Service Reference는 하나의 서비스(하나의 service.id)를 대표하고 번들 간에 공유 가능한 래퍼다. ServiceReference에 대해 getService를 호출하면 원하는 때 서비스 인스턴스를 처리해서 제공한다.

ServiceReference 인스턴스를 저장할 때의 문제는 서비스가 저장 이후에 사라질 수 있다는 점이다. 서비스가 제거됐을 때, getService를 호출하면 null을 반환한다. 즉, 하나의 서비스가 사라지거나 교체 혹은 재시작됐을 때 서비스 참조를 통해 서비스를 찾을 수 없다.

ServiceReference를 사용하는 유일한 이유는 서비스 인터페이스로 서비스 인스턴스를 직접 변환하거나(서비스 이용 절에서 FeedParserFactory를 처음 구현할 때 했듯이), 서비스 대신 서비스의 특정 속성만 필요한 경우다. 서비스가 싱글톤이라고 알려지지 않는 한, ServiceReference 인스턴스를 무기한으로 저장하거나 사용하면 안 된다.

종속 서비스

일반적으로 OSGi 서비스는 다른 OSGi 서비스에 의존한다. 서비스 간 종속관계는 번들이 활성화됐을 때 서비스를 설정하고 사용 가능하게 만들 경우 도움이 된다.

블루프린트[Blueprint] 방식은 서비스가 사용 가능해질 때까지 번들을 차단했다가 종속관계에 있는 서비스를 연결하지만, 선언적 서비스^Declarative Services는 요구사항을 만족했을 때 요구에 따라 서비스를 등록한다. 두 가지 방식 모두 관련된 서비스 간의 종속성을 설정할 수 있다.

DS에서 관계 차수가 선택사항이 아니라면(즉, 관계는 1..1 혹은 1..n이다.), 서비스는 필요한 종속 서비스가 사용 가능할 때까지 구동되지 않는다. 예를 들어 그래픽 사용자 인터페이스 서비스가 존재할 때까지 메뉴 서비스를 사용할 수 없고, 메뉴 서비스에 기능을 제공(기여)하려는 서비스는 메뉴 서비스가 존재할 때까지 동작할 수 없다.

서비스가 필요할 때까지 서비스의 생성이 지연되어 애플리케이션의 구동 시간은 단축된다. 다음 그림은 이러한 동작 방식을 설명한다.

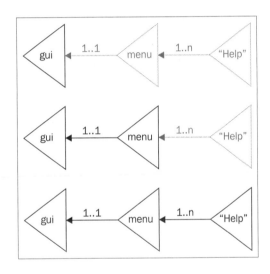

동적 서비스 구성

OSGi는 구성 관리자^Config Admin라는 표준 구성 메커니즘을 제공한다. 구성 관리자는 구성을 필요로 하는 코드로부터 구성 정보의 위치를 분리시킨다. 구성은 Map이나 Hashtable의 형태로 서비스에 전달되고, 서비스가 자신에 적합하게 구성한다.

OSGi의 다른 영역과 마찬가지로, 구성 관리자도 동적으로 업데이트할 수 있다. 구성의 소스를 변경하면, 변경 이벤트가 서비스나 컴포넌트에 전달되어 직접 구성을 재설정한다.

펠릭스 파일인스톨 설치

구성 관리자 그 자체도 하나의 OSGi 서비스로, 다른 구성 에이전트에 의해 제공된다. OSGi 런타임으로 번들을 설치할 때도 사용 가능한 아파치 펠릭스의 파일인스톨 FileInstall이 구성 관리자를 제공하는 사실상의 표준이다.

파일인스톨은 아파치 펠릭스 사이트(http://felix.apache.org)와 메이븐 센트럴에서 다운로드할 수 있다. org.apache.felix.fileinstall-3.2.8.jar을 다운로드한 다음, File ▶ Import ▶ Plug-in Development ▶ Plug-ins and Fragments 메뉴를 통해 플러그인 프로젝트로 이클립스에 가져온 후 테스트 런타임에서 사용해보자.

파일인스톨을 설치하려면 시스템 속성 `felix.fileinstall.dir`을 정의해야 한다. 파일인스톨의 기본 설치 위치는 현재 작업 디렉터리 밑의 ./load이지만, 테스트를 위해서는 실행 구성에 VM 인수 `-Dfelix.fileinstall.dir=/tmp/config`를 추가해 지정하거나 다른 위치를 지정할 수도 있다. 나중에 구성의 변경을 테스트할 때 사용해보자.

 런타임이 파일인스톨의 구성을 찾을 수 있도록 런타임이 시작할 때 파일인스톨을 시작하도록 구성하라. 이와 관련된 설정은 OSGi 프레임워크 실행 구성 페이지의 시작 수준으로 지정할 수 있다.

구성 관리자 설치

서비스를 구성하려면 구성 관리자도 런타임에 설치해야 한다. 구성 관리자의 두 가지 표준 구현으로는 펠릭스Felix 구성 관리자와 이퀴녹스Equinox 구성 관리자가 있다. 기본적으로 이클립스와 함께 제공되지 않는 이퀴녹스 구성 관리자보다 메이븐 센트럴에서 다운로드 가능한 펠릭스 구성 관리자를 더 많이 선호한다. 메이븐 센트럴이나 이 책의 깃허브 저장소에서 org.apache.felix.configadmin-1.8.0.jar을 다운로드하라.

OSGi 프레임워크에서 번들로 사용하기 위해 File ▶ Import ▶ Plug-in Development ▶

Plug-ins and Fragments를 통해 다운로드한 구성 관리자를 이클립스의 플러그인 프로젝트로 가져온다.

선언적 서비스 구성

선언적 서비스에서 생성한 컴포넌트는 Map으로 전달된 구성을 가질 수 있다. 컴포넌트는 activate 메소드를 가지며, 컴포넌트가 의존하는 서비스가 활성화된 후에 이 메소드를 호출한다. 물론 activate에 대응되는 deactivate 메소드도 있다. 컴포넌트를 중지하고 재시작하지 않고 구성의 변경에 반응할 때 사용하는 modified 메소드도 있다.

구성 관리자와 함께 AtomFeedParser를 구성하기 위해 Map 값을 받는 configure 메소드를 추가한다. 다음 코드와 같이 전달받은 Map이 null이 아니고, max 키가 존재한다면 max 키의 값을 int로 변환해 max 값으로 사용한다.

```
private int max = Integer.MAX_VALUE;
public void configure(Map<String, Object> properties) {
  max = Integer.MAX_VALUE;
  if (properties != null) {
    String maxStr = (String) properties.get("max");
    if (maxStr != null) {
      max = Integer.parseInt(maxStr);
    }
  }
}
```

메소드 호출을 보장하기 위해, 서비스 컴포넌트 문서에 activate="configure"와 modified="configure" 속성을 추가한다.

```
<scr:component xmlns:scr="http://www.osgi.org/xmlns/scr/v1.1.0"
  modified="configure" activate="configure"
  name="AtomFeedParser">
```

마지막으로, max=1을 내용으로 하는 AtomFeedParser.cfg라는 속성 파일을 생성하고 felix.fileinstall.dir에 둔다.

이제 애플리케이션을 실행하면 피드를 추가할 때 피드 하나의 최대 값을 보여주기 위해 구성을 로드하고 `AtomFeedParser`를 구성한다. 이클립스가 실행되는 동안 구성 파일을 변경하고 피드를 다시 로드하여 변경한 값으로 보여지는지 확인한다.

 아무것도 보이지 않는다면, OSGi 콘솔에서 props ➤ grep felix 커맨드를 실행해서 felix.fileinstall.dir을 정확히 지정했는지 확인하라. 펠릭스 fileinstall과 configadmin 번들이 시작됐는지도 확인한다. 마지막으로, 컴포넌트의 메소드가 public void이고 컴포넌트 구성에 정확히 정의했는지 확인한다.

DS 외부의 구성 관리자

구성 관리자 명세의 `ManagedService` 인터페이스를 이용하면 직접 서비스를 구성할 수 있으므로, 선언적 서비스 명세 외부에서 구성 관리자의 사용이 가능하다.

서비스가 구성을 필요로 할 때, `ManagedService` 인터페이스를 이용해서 관련된 Persistent ID[PID]로 저장소에 구성을 등록한다. 구성 관리자는 서비스가 저장소에 개시되는 것을 감지해서 `update` 메소드를 통해 업데이트된 구성 정보를 제공하는 데 사용한다. 구성 관리자 명세는 일정 기간 OSGi의 일부였으므로, 속성 값을 지정하는 데 `Map` 대신 `Dictionary`를 사용한다.

이 기술은 `BundleActivator` 같은 싱글톤에 대한 구성 정보를 획득하는 데 사용할 수 있다. 액티베이터 자신을 `ManagedService`로 등록하면, 액티베이터는 구성 관리자를 통해 구성의 변경사항을 전달받는다. 예를 들어, 사용자 인터페이스 테스트를 돕기 위해, feeds.ui 플러그인의 `Activator` 클래스에서 디버그 모드로 가짜 피드를 활성화할 수 있다.

com.packtpub.e4.advanced.feeds.ui 플러그인의 META-INF/MANIFEST.MF 파일에 가져온 패키지로 org.osgi.service.cm을 추가하고 `Activator` 클래스에 `ManagedService` 인터페이스를 추가한다. start 메소드에서 액티베이터 자신을 관리 서비스로 등록한다.

```
public void start(BundleContext context) throws Exception {
  super.start(context);
```

```
  plugin = this;
  Dictionary<String, String> properties =
    new Hashtable<String, String>();
  properties.put(Constants.SERVICE_PID,
    "com.packtpub.e4.advanced.feeds.ui");
  context.registerService(ManagedService.class, this, properties);
}
```

updated 메소드 구현에서 값이 true인 debug 요소가 구성 정보로 전달됐는지를 검사한다. debug 요소의 값이 true라면, boolean debug 필드를 true로 설정한다. debug 필드는 isDebug라는 접근자 메소드를 통해 외부에서 접근할 수 있다. print 메소드를 제공해서 debug의 활성화 여부를 출력하고 구성의 변경사항을 테스트 목적으로 적용했는지 확인한다.

```
private boolean debug;
public boolean isDebug() {
  return debug;
}
public void updated(Dictionary<String, ?> configuration)
  throws ConfigurationException {
  debug = configuration != null
    && "true".equals(configuration.get("debug"));
  if (debug) {
    System.out.println("Debugging enabled");
  } else {
    System.out.println("Debugging disabled");
  }
}
```

실제로 언급한 동작대로 실행하는지 확인하기 위해, 서비스 구현체 이름이 문자열 "Mock"을 포함하지 않고 debug 모드인 경우 다음 서비스로 건너뛰도록 FeedContentProvider 클래스를 수정한다.

```
public Object[] getChildren(Object parentElement) {
  …
  if (parentElement instanceof Feed) {
```

```
        Feed feed = (Feed)parentElement;
        FeedParserFactory factory = FeedParserFactory.getDefault();
        List<IFeedParser> parsers = factory.getFeedParsers();
        for (IFeedParser parser : parsers) {
            if(Activator.getDefault().isDebug()) {
                if(!parser.getClass().getName().contains("Mock")) {
                    continue;
                }
            }
        }
    ...
}
```

이제 테스트 애플리케이션을 실행하고 새로운 피드를 생성한 다음, 유효한 Atom이나 RSS 피드를 클릭한다. 북마크 프로젝트를 새로 고치면, 실제 항목이 보일 것이다. debug 모드를 활성화하기 위해, debug=true를 내용으로 하는 구성 속성 파일을 /tmp/config/com.packtpub.e4.advanced.feeds.ui.cfg에 생성한다. DS가 정확하게 동작한다면 콘솔 창에 'Debugging enabled'가 출력돼야 하고, 피드를 다시 로드했을 때 대신 생성된 가짜 피드 항목들이 보여져야 한다.

서비스와 관리 서비스

AtomFeedParser 같은 서비스와 구성을 획득하는 ManagedService를 모두 구현하는 서비스를 등록할 수 있다. 하지만 이런 방식은 아무런 구성 데이터 없이 서비스를 등록할 때 문제가 발생한다. 구성 데이터가 없으면 서비스가 사용 가능하다고 해야 할까? 기본 동작을 수행해야 할까? 구성 데이터가 반드시 있어야 해서 구성 데이터가 사용 가능해지기 전까지 서비스 호출을 못하도록 하려면 어떻게 해야 할까?

선언적 서비스와 같이 올바르게 동작하도록 무언가에 의존하는 방법이 가장 좋은 방법이지만, 어떤 이유로든 서비스를 구현해야 한다면 이 또한 처리할 수 있다.

명시적인 구성 데이터 없이 서비스를 실행할 수 있다면, 서비스를 IFeedParser 같은 서비스 인터페이스와 ManagedService 인터페이스 두 가지로 등록한다. 그런 경우 두 인터페이스를 동시에 등록하고 클라이언트는 구성 데이터가 사용 가능하기 전에 서비스를 호출할지도 모른다.

서비스가 활성화되기 전에 구성 데이터를 가져야 한다면, 서비스를 ManagedService 인터페이스로만 등록한다. 그런 다음 구성 데이터와 함께 update 메소드를 호출할 때 registerService 메소드를 호출해서 서비스 인터페이스로 서비스를 등록하고, updated 메소드를 데이터 없이 호출하면 서비스를 등록 해제하게 한다.

서비스의 전 생명주기를 사용하는 경우가 있으므로, 구성된 서비스에 대한 핸들을 유지하기 위해 ServiceRegistration 인스턴스를 이용하는 게 적절하다.

 ServiceRegistration 객체는 번들 간에 공유해서는 안 되고, 객체를 등록한 번들에서만 사용한다.

EmptyFeedParser 클래스 생성

새로운 피드 분석기 EmptyFeedParser를 생성해서 UI 번들에 둔다(이 새 피드 분석기를 서비스로 등록하기 위해 Activator 클래스나 몇 가지 다른 시작 절차가 필요하므로, 테스트 편의성을 위해 UI 패키지에 둔다.). EmptyFeedParser 클래스는 IFeedService와 ManagedService를 모두 구현해야 한다.

```
public class EmptyFeedParser implements
 IFeedParser, ManagedService {
  public void updated(Dictionary<String, ?> properties)
   throws ConfigurationException {
  }
  public List<FeedItem> parseFeed(Feed feed) {
    return new ArrayList<FeedItem>(0);
  }
}
```

EmptyFeedParser를 등록하기 위해, Activator 클래스의 start 메소드에 EmptyFeedParser를 ManagedService로 등록하는 코드를 추가한다. PID com.

packtpub.e4.advanced.feeds.ui.EmptyFeedParser를 사용해야 쉬운 구성 테스트
가 가능하다.

```java
public void start(BundleContext context) throws Exception {
  …
  Dictionary<String, String> properties
   = new Hashtable<String, String>();
  properties.put(Constants.SERVICE_PID,
   EmptyFeedParser.class.getName());
  context.registerService(ManagedService.class,
   new EmptyFeedParser(), properties);
}
```

마지막으로 구성 데이터를 제공할 때 서비스를 등록하고 서비스가 더 이상 필요하지
않을 때 서비스를 제거하는 update 메소드를 구현한다. 구성 데이터가 null이 아닐
때, 새로운 서비스를 등록하고 등록한 결과 객체를 인스턴스 변수에 저장한다. 구성
데이터가 null이고 등록한 객체가 존재한다면 그 객체를 제거해야 한다. update 메
소드를 구현한 코드는 다음과 같다.

```java
private ServiceRegistration<IFeedParser> registration;
public void updated(Dictionary<String, ?> properties)
 throws ConfigurationException {
  BundleContext context = FrameworkUtil
   .getBundle(EmptyFeedParser.class)
   .getBundleContext();
  if (properties != null) {
   if (registration == null) {
     System.out.println(
      "Registering EmptyFeedParser for the first time");
     registration = context.registerService(
      IFeedParser.class, this, properties);
   } else {
     System.out.println("Reconfiguring EmptyFeedParser");
     registration.setProperties(properties);
   }
  } else {
   if (registration != null) {
```

```
        System.out.println("Deconfiguring EmptyFeedParser");
        registration.unregister();
    }
    registration = null;
  }
}
```

 앞의 예제는 setProperties 메소드를 통해 서비스를 재구성하고 unregister 메소드를
통해 서비스를 등록 해제하는 ServiceRegistration 객체를 사용한 예제를 보여준다.
ServiceRegistration은 구성 관리자와 독립적으로 사용 가능하다.

EmptyFeedParser 구성

/tmp/config/com.packtpub.e4.advanced.feeds.ui.EmptyFeedParser.cfg에 구성 속
성 파일을 생성한 후 애플리케이션을 실행하면 콘솔에 서비스를 생성했다는 메시지
가 출력되어야 한다. 마찬가지로, 파일을 변경하면 변경된 메시지가 출력되고 파일을
제거하면 서비스가 제거된다.

 펠릭스에서 변경을 검색하는 데 기본 설정된 제한 시간은 2초지만, felix.fileinstall.poll
속성을 이용해서 다른 값으로 변경할 수 있다. felix.fileinstall.poll 속성은 확인 간격을
밀리초 단위의 숫자로 설정한다.

먼저 feeds.ui 번들에 대해 bundle.id가 어디에 사용되는지 알아본다.

osgi> ss | grep feeds.ui
27 ACTIVE com.packtpub.e4.advanced.feeds.ui_1.0.0.qualifier

번들 식별자(예제의 경우 27이다.)를 알게 됐으니, 번들을 시작하고 번들이 어떤 서비스
를 제공하는지 확인하는 데 식별자를 사용하면 된다.

osgi> start 27
osgi> bundle 27 | grep service.pid
{org.osgi.service.cm.ManagedService}={service.id=294,

```
service.pid=com.packtpub.e4.advanced.feeds.ui}
{org.osgi.service.cm.ManagedService}={service.id=295,
 service.pid=com.packtpub.e4.advanced.feeds.ui.EmptyFeedParser}
```

두 개의 관리 서비스는 이 장의 앞에서 생성한 서비스다. 하나는 디버깅을 제어하고 다른 하나는 방금 전에 생성한 `EmptyFeedParser` 클래스를 제어하는 서비스다.

이제 구성 디렉터리 /tmp/config/com.packtpub.e4.advanced.feeds.ui.EmptyFeedParser.cfg(구성 디렉터리는 `felix.fileinstall.dir` 속성에 지정한 위치다.)에 빈 파일을 생성한다. 다음이 콘솔에 보여져야 한다.

```
Registering EmptyFeedParser for the first time
osgi> bundle 27 | grep service.pid
{org.osgi.service.cm.ManagedService}={service.id=294,
 service.pid=com.packtpub.e4.advanced.feeds.ui}
{org.osgi.service.cm.ManagedService}={service.id=295 ,
 service.pid=com.packtpub.e4.advanced.feeds.ui.EmptyFeedParser}
{com.packtpub.e4.advanced.feeds.IFeedParser}={service.id=296,
 service.pid=com.packtpub.e4.advanced.feeds.ui.EmptyFeedParser,
 felix.fileinstall.filename=file:/tmp/config/
 com.packtpub.e4.advanced.feeds.ui.EmptyFeedParser.cfg}
```

외부에 구성 파일을 생성함으로써 자동으로 서비스가 등록됐다. EmptyFeedParser.cfg 파일에 a=banana를 추가하면 다음과 같이 보여진다.

```
Reconfiguring EmptyFeedParser
osgi> bundle 27 | grep service.pid
{org.osgi.service.cm.ManagedService}={service.id=294,
 service.pid=com.packtpub.e4.advanced.feeds.ui}
{org.osgi.service.cm.ManagedService}={service.id=295,
 service.pid=com.packtpub.e4.advanced.feeds.ui.EmptyFeedParser}
{com.packtpub.e4.advanced.feeds.IFeedParser}={service.id=296,
 service.pid=com.packtpub.e4.advanced.feeds.ui.EmptyFeedParser,
a=banana, felix.fileinstall.filename=file:/tmp/config/
 com.packtpub.e4.advanced.feeds.ui.EmptyFeedParser.cfg}
```

표시된 재구성 메시지와 함께 서비스가 재구성됐고, 추가적인 서비스 속성 a=banana
가 목록에 추가됐다.

 서비스 메소드 registration.setProperties를 사용했기 때문에 동일한 서비스가 연결된
상태를 유지한다. 서비스를 unregister하고 새로운 서비스를 register하는 다른 방법도
있다. 이 방법은 클라이언트가 새로운 서비스에 다시 연결해야 하므로, 클라이언트가
쉽게 인지할 수 있도록 가급적 사용하지 않는 편이 좋다.

마지막으로, 구성 파일을 제거해서 다음 내용이 출력되는지 확인한다.

```
Deconfiguring EmptyFeedParser
osgi> bundle 27 | grep service.pid
{org.osgi.service.cm.ManagedService}={service.id=294,
 service.pid=com.packtpub.e4.advanced.feeds.ui}
{org.osgi.service.cm.ManagedService}={service.id=295,
 srvice.pid=com.packtpub.e4.advanced.feeds.ui.EmptyFeedParser}
```

서비스 팩토리

서비스 팩토리service factory는 미리 서비스를 생성하는 것이 아니라 필요할 때 서비스를
생성하는 데 사용한다. OSGi는 다르게 동작하는 여러 종류의 서비스 팩토리를 정의
한다.

보통 저장소에 개시되는 서비스는 모든 번들 사이에서 공유한다. OSGi R6에서는
service.scope 속성을 추가하고 모든 번들이 동일한 서비스 인스턴스를 공유한다는
의미로 singleton 값을 사용한다. 팩토리가 아닌 서비스는 singleton 값을 갖는다.

서비스 팩토리는 다수의 인스턴스를 생성할 수 있고, 다음 세 가지의 다른 팩토리가
있다.

- ServiceFactory: 번들마다 새로운 인스턴스를 생성한다(OSGi R6에 service.
  scope=bundle에 등록됨).
- ManagedServiceFactory: 구성 관리자가 구성/PID마다 인스턴스를 생성할 때 사
  용한다(OSGi R6에 service.scope=bundle에 등록됨).

- `PrototypeServiceFactory`: 번들마다 다수의 인스턴스를 허용한다(OSGi R6에 `service.scope=prototype`으로 새롭게 추가됨).

`ServiceFactory` 인터페이스는 번들의 공유를 피하고 클라이언트마다 번들 인스턴스를 생성하기 위해 추가됐다. 클라이언트 번들이 서비스를 요청할 때 번들이 이미 서비스를 요구했다면 동일한 인스턴스를 반환하고, 번들이 서비스를 요구한 적이 없으면 서비스의 인스턴스를 생성한다. 클라이언트 번들이 사라지면, 관련된 서비스 인스턴스도 사라진다.

`ManagedServiceFactory` 인터페이스는 컴포넌트당 하나의 서비스가 아닌 다수의 서비스 인스턴스를 생성하는 방법을 제공한다. `EmptyFeedParser` 예제는 싱글톤으로 구성했다. 구성 파일이 존재하면 서비스를 등록하고, 구성 파일이 없으면 서비스를 등록하지 않는다(service.pid-somename.cfg를 이용해서 각각 자신의 구성을 갖는 다수의 서비스 인스턴스를 생성할 수 있다.). 모든 번들은 이런 서비스 인스턴스를 공유하지만 다른 클라이언트 번들은 자신만의 서비스를 생성한다. `ServiceFactory`와 같이 이전에 서비스를 요구한 적이 있으면, 동일한 번들을 반환한다.

같은 서비스에 대한 다수의 인스턴스를 가진 번들을 제공하기 위해 이클립스 루나 이후부터 사용 가능한 OSGi R6에 `PrototypeServiceFactory` 인터페이스를 추가했다. 이전에 전달한 번들의 서비스를 캐시에 저장하는 대신 서비스를 찾을 때마다 새로운 서비스 인스턴스를 생성한다. 클라이언트 코드는 서비스를 얻고자 `PrototypeServiceFactory` 인터페이스를 통해 `BundleContext.getServiceObjects(ref).getService()`를 사용한다. `PrototypeServiceFactory`는 상태가 유지되는 서비스를 생성할 수 있게 해준다.

EchoServer 클래스 생성

특정 `ServerSocket` 포트를 감지하는 `EchoServer` 클래스를 예제로 사용해보자. `EchoServer`는 동시에 0개 혹은 다수의 포트를 실행할 수 있다. 이 코드는 다음 절에서 사용할 예정이므로, 간단히 하나의 포트를 실행하는 서버를 생성하고 클라이언트의 접속을 허용하며 무엇을 입력했는지 보여주는 단일 스레드를 설정하자. 여기서는 코드의 목적 외에 다른 설명 없이 코드만 보여주고, 다음 절에서 서비스에 대한 다수의 인스턴스를 생성하는 데 사용한다.

하나의 포트에 대해 서비스를 생성할 때(예제에서 `new EchoServer(1234)`를 호출할 때),
localhost의 1234 포트에 텔넷^{telnet} 접속이 가능하고 입력한 대로 내용을 출력한다.
스트림을 닫기 위해 **Ctrl +]**를 이용해서 close를 입력한다. 코드는 다음과 같다.

```
public class EchoServer implements Runnable {
  private ServerSocket socket;
  private boolean running = true;
  private Thread thread;
  public EchoServer(int port) throws IOException {
    this.socket = new ServerSocket(port);
    this.thread = new Thread(this);
    this.thread.setDaemon(true);
    this.thread.start();
  }
  public void run() {
    try {
      byte[] buffer = new byte[1024];
      while (running) {
        Socket client = null;
        try {
          client = socket.accept();
          InputStream in = client.getInputStream();
          OutputStream out = client.getOutputStream();
          int read;
          while (running && (read = in.read(buffer)) > 0) {
            out.write(buffer, 0, read);
            out.flush();
          }
        } catch (InterruptedIOException e) {
          running = false;
        } catch (Exception e) {
        } finally {
          safeClose(client);
        }
      }
```

```
    } finally {
      safeClose(socket);
    }
  }
  public void safeClose(Closeable closeable) {
    try {
      if (closeable != null) {
        closeable.close();
      }
    } catch (IOException e) {
    }
  }
  public void stop() {
    running = false;
    this.thread.interrupt();
  }
}
```

EchoServiceFactory 클래스 생성

ManagedServiceFactory를 구현한 EchoServiceFactory 클래스를 생성하고 앞에서 와 같이 Activator 클래스에서 서비스로 등록한다.

```
public void start(BundleContext context) throws Exception {
  …
  properties = new Hashtable<String, String>();
  properties.put(Constants.SERVICE_PID,
   EchoServiceFactory.class.getName());
  context.registerService(ManagedServiceFactory.class,
   new EchoServiceFactory(), properties);
}
```

EchoServiceFactory 클래스는 생성한 서비스를 관리하는 역할을 한다. 서비스들은 스레드를 사용하므로, 나중에 적절히 중지시켜줘야 한다. ManagedServiceFactory 인터페이스는 서비스의 이름을 반환하는 getName 메소드와 구성 정보가 있고 없을 때에 반응하는 updated와 delete 메소드를 갖는다. 서비스를 추적하기 위해

EchoServiceFactory 클래스에 echoServers라는 인스턴스 변수를 생성하고 pid를
map 키로 하여 EchoServer 인스턴스를 관리한다.

```java
public class EchoServiceFactory implements ManagedServiceFactory {
  private Map<String, EchoServer> echoServers =
   new TreeMap<String, EchoServer>();
  public String getName() {
    return "Echo service factory";
  }
  public void updated(String pid, Dictionary<String, ?> props)
   throws ConfigurationException {
  }
  public void deleted(String pid) {
  }
}
```

updated 메소드는 두 가지 역할을 한다. 속성에 port가 존재하는지를 결정하고, port
가 있으면 주어진 port에 대해 새로운 EchoServer 인스턴스를 생성한다. port가 없
으면, 서버 구성을 제거한다.

```java
public void updated(String pid, Dictionary<String, ?> properties)
 throws ConfigurationException {
  if (properties != null) {
    String portString = properties.get("port").toString();
    try {
      int port = Integer.parseInt(portString);
      System.out.println("Creating echo server on port " + port);
      echoServers.put(pid, new EchoServer(port));
    } catch (Exception e) {
      throw new ConfigurationException("port",
        "Cannot create a server on port " + portString, e);
    }
  } else if (echoServers.containsKey(pid)) {
    deleted(pid);
  }
}
```

포트 번호를 지정하지 않거나, 포트가 잘못됐거나, 포트를 이미 사용 중이어서 서비스를 생성할 때 오류가 발생하면 런타임 엔진에 예외가 전달된다. 이 예외는 적절히 로그에 기록된다.

delete 메소드는 포트가 존재할 경우 서비스를 제거하고 중지시킨다.

```
public void deleted(String pid) {
  System.out.println("Removing echo server with pid " + pid);
  EchoServer removed = echoServers.remove(pid);
  if (removed != null) {
    removed.stop();
  }
}
```

EchoService 구성

서비스가 생성되었다면, 서비스의 구성은 어떻게 할까? 싱글톤 서비스의 구성과 달리 ManagedServiceFactory는 이름의 접두사로 pid 값을 사용하고, 그 뒤에 대시(-)와 함께 사용자 정의 접미사를 붙여 사용한다.

feeds.ui 번들이 시작되고 EchoServiceFactory를 서비스로 등록해서 구성 데이터 제공을 기다리는지 확인한다.

```
osgi> ss | grep feeds.ui
27 ACTIVE com.packtpub.e4.advanced.feeds.ui_1.0.0.qualifier
osgi> start 27
osgi> bundle 27 | grep service.pid
{org.osgi.service.cm.ManagedService}={service.id=236,
 service.pid=com.packtpub.e4.advanced.feeds.ui}
{org.osgi.service.cm.ManagedService}={service.id=237,
 service.pid=com.packtpub.e4.advanced.feeds.ui.EmptyFeedParser}
{org.osgi.service.cm.ManagedServiceFactory}={service.id=238,
service.pid=com.packtpub.e4.advanced.feeds.ui.EchoServiceFactory}
```

펠릭스 설치 디렉터리에 port=1234를 내용으로 하는 구성 파일 /tmp/config/com.packtpub.e4.advanced.feeds.ui.EchoServiceFactory.cfg를 생성한다. 아무 일도 일어나지 않는다.

예를 들어 /tmp/config/com.packtpub.e4.advanced.feeds.ui.EchoService
Factory-1234.cfg의 -1234와 같이 끝에 -를 추가한 다른 이름으로 파일 명을 바꿔
보자. 접두사는 무엇이나 가능하지만 생성되는 인스턴스의 유형을 의미하는 이름(예
제의 경우 포트 1234에 접속을 기다리는 서비스)은 서비스를 추적하기 쉽게 도와준다. 파일
이름을 바꾸면 서비스가 생성될 것이다.

```
Creating new echo server on port 1234
```

텔넷을 통해 이 포트에 접속하면 다음과 같은 결과가 반환된다.

```
$ telnet localhost 1234
Connected to localhost.
Escape character is '^]'.
hello
hello
world
world
^]
telnet> close
Connection closed by foreign host.
```

새로운 서비스 PID를 생성해서 새로운 서비스를 시작한다. port=4242를 내용으로 하
는 /tmp/config/com.packtpub.e4.advanced.feeds.ui.EchoServiceFactory-4242.
cfg 파일을 새로 생성한다. 새로운 서비스가 생성되어야 한다.

```
Creating new echo server on port 4242
```

localhost 4242에 텔넷 접속을 시도해서 서비스를 테스트해보자. 콘텐츠가 되돌아오
는가?

마지막으로, 포트 1234에 대한 서비스 구성을 제거한다. 구성 파일을 삭제하거나 다
른 확장자로 파일 이름을 바꾸면 된다.

```
Removing echo server
```

서비스가 중지됐는지 확인한다.

```
$ telnet localhost 1234
Trying 127.0.0.1...
telnet: unable to connect to remote host
```

 파일인스톨은 *.cfg 파일만 검색하므로, 파일 명을 *.cfg.disabled로 바꾸면 파일을 삭제한 것과 동일한 효과가 있으면서도 나중에 복원하기가 쉽다.

정리

이번 장은 이클립스나 OSGi 애플리케이션에서 종속적인 서비스를 제공하는 다른 방법으로서 OSGi 서비스를 살펴봤다. 번들 시작 시 액티베이터에서 서비스를 등록하거나 선언적 서비스 중 하나를 사용함으로써 운영체제는 하나의 런타임 동안 서비스를 함께 연결할 수 있게 된다. 서비스 컴포넌트 문서에 값을 내장하거나 구성 관리자와 함께 외부의 속성이나 구성 파일로부터 값을 제공하여 서비스를 구성하는 다른 방법도 소개했다.

다음 장에서는 콘솔 셸의 동작 원리와 OSGi 런타임에 커맨드를 제공(기여)하는 방법에 대해 좀 더 자세히 살펴본다.

Gogo 셸과 커맨드 사용

OSGi 명세에 정의하지는 않았지만 모든 (내장되지 않은) OSGi 프레임워크는 프레임워크와 상호작용하는 수단으로 콘솔을 제공한다. 이퀴녹스^{Equinox}와 같이 기본 JAR에 콘솔을 내장하는 OSGi 프레임워크가 있고, 펠릭스^{Felix} 같이 별도의 번들로 콘솔 서비스를 제공하는 프레임워크도 있다.

이번 장에서는 펠릭스와 이퀴녹스에서 사용하는 Gogo 셸을 살펴보고, Gogo 셸과 자바에서 커맨드를 작성하는 방법을 배워본다.

이퀴녹스의 콘솔

이클립스 3.7까지의 이퀴녹스는 -console 인수로 org.eclipse.osgi JAR 파일을 실행해서 내장 콘솔을 사용할 수 있었다.

```
$ java -jar org.eclipse.osgi_3.7*.jar -console
Framework is launched.
osgi>
```

이클립스 4.2(주노^{Juno})가 릴리스된 후 더 이상 이 콘솔을 기본으로 사용할 수 없게 됐다.

```
$ java -jar org.eclipse.osgi_3.8*.jar -console
```

콘솔 제공자가 아파치 펠릭스 프로젝트에서 개발한 Gogo 셸로 변경됐기 때문이다.

이클립스 4.2와 4.3은 이전의 콘솔을 실행하는 *osgi.console.enable.builtin* 옵션을 제공했지만, 이클립스 4.4(루나)부터는 이것마저도 삭제됐다.

이쿼녹스 3.8(이클립스 주노 4.2 이후)부터는 콘솔을 제공하기 위해 애플리케이션 구동 시에 추가적인 번들을 설치해야 한다. 이와 관련된 사항은 이 장의 '커맨드 라인에서 이쿼녹스 실행' 부분에서 다룬다.

호스트 OSGi 콘솔

콘솔을 경험해보는 가장 쉬운 방법은 이클립스의 콘솔 뷰^{Console View}를 사용하는 것이다. 콘솔 뷰는 자바 프로그램의 결과를 확인할 때 주로 사용하지만, 사실 다른 형태의 많은 콘솔도 보여준다. 콘솔 뷰의 오른쪽 상단 끝에 있는 드롭다운 메뉴를 통해 다른 콘솔을 확인할 수 있다.

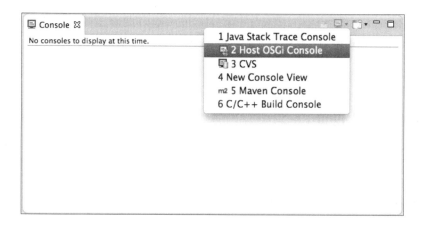

호스트 OSGi 콘솔^{Host OSGi Console}을 선택해서 새로운 Gogo 셸을 생성해보자. 실행 중인 이클립스 인스턴스에 콘솔이 연결돼 있다는 경고 메시지가 나타난다. 즉, `exit`를 입력하면 `System.exit`를 호출해서 이클립스와 JVM을 중단한다.

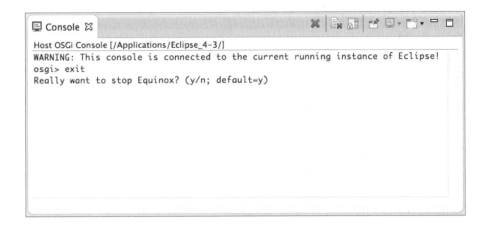

콘솔은 도움말 시스템을 내장하고 있어서, 어떤 커맨드가 사용 가능하고 커맨드가 어떤 기능을 제공하는지 알려준다. help 커맨드는 사용 가능한 모든 커맨드 목록을 제공하고, help command를 실행하면 더 많은 정보를 보여준다.

```
osgi> help getprop
getprop - displays the system properties with the given name, or all of
them
    scope: equinox
    parameters:
        String[] name of system property to display
osgi> getprop os.name
os.name=Mac OS X
```

커맨드 실행

모든 커맨드는 범위scope와 이름name을 가지며, 선택적으로 많은 매개변수를 필요로 하는 경우도 있다. 대부분의 커맨드는 인수가 없지만, 도움말 텍스트는 무엇이 필요한지 보여줘야 한다. 커맨드의 도움말이 충분하지 않은 경우도 있지만, 인수 없이 그 커맨드를 실행하면 부가적인 정보를 출력할 것이다.

커맨드는 모호함을 피하기 위해 커맨드의 접두어로 범위를 사용할 수 있다. 다음의 두 커맨드는 접두어가 다르지만 동일하다.

```
osgi> echo Hello World
Hello World
osgi> gogo:echo Hello World
Hello World
```

하나 이상의 범위에서 정의한 커맨드는 범위를 통해 명확히 구분해야 한다. 예를 들어, ls 커맨드는 equinox 범위(선언적 서비스 컴포넌트 목록을 출력한다.)와 felix 범위(현재 디렉터리의 콘텐츠를 나열한다.)에서 제공하는 기능이 다르므로 구분해서 사용해야한다.

```
osgi> felix:ls
/Applications/Eclipse.app/Contents/MacOS/eclipse
/Applications/Eclipse.app/Contents/MacOS/eclipse.ini
osgi> equinox:ls
All Components:
ID State Component Name
1 Registered org.eclipse.e4.core.services.preferences
2 Registered org.eclipse.e4.core.services.events
...
```

기본적으로 셸은 각 문장 다음에 값을 출력한다. 이런 형식을 비활성화하려면 .Gogo.format=false를 실행한다(대소문자를 구분하니 주의하라.).

```
osgi> 'Hello World'
Hello World
osgi> .Gogo.format=false
osgi> 'Hello World'
osgi> .Gogo.format=true
true
osgi> 'Hello World'
Hello World
```

형식을 비활성화시켰을 때는 echo나 format 커맨드를 사용해서 결과를 출력할 수 있다. format 커맨드는 결과를 출력할 뿐만 아니라 값도 반환하므로, 자동 서식을 사용하도록 설정된 상태에서 format을 실행하면 두 개의 값을 출력한다.

164

```
osgi> echo 'hello'
hello
osgi> format 'hello'
hello
hello
osgi>
```

변수와 파이프

셸은 변수를 설정하고 얻어오는 방법을 제공하므로, 번들 식별자나 이름으로 작업할 때 유용하게 사용할 수 있다. 등호(=)를 사용해서 변수에 값을 할당하고, 유닉스의 셸 스크립트와 마찬가지로 달러 기호(\$)를 이용해서 변수를 참조한다. 변수의 이름은 영문숫자alphanumeric characters 다음에 알파벳을 확장한 문자로 시작한다(밑줄 _ 포함).

```
osgi> name = Alex
Alex
osgi> echo Hello $name
Hello Alex
osgi> id = 0
0
osgi> headers $id
Bundle headers:
 Built-By = e4Build
 Bundle-Description = OSGi System Bundle
 Bundle-SymbolicName = org.eclipse.osgi; singleton:=true
...
```

특별한 변수 \$_는 마지막 커맨드의 결과를 저장하는 데 사용하며, 그 외 미리 정의된 다른 변수도 있다. exception은 마지막 예외의 결과를 저장하는 데 사용하고, e는 마지막 예외의 스택 트레이스를 출력한 함수다. set 커맨드는 현재 정의된 변수를 모두 출력한다.

```
osgi> 'hello'
hello
osgi> echo $_
hello
```

```
osgi> set
null 0 null
String SCOPE equinox:*
null _ null
Closure e $exception printStackTrace
HeapCharBuffer prompt osgi>
osgi> misteak
gogo: CommandNotFoundException: Command not found: misteak
osgi> $exception
Command misteak
Cause null
Message Command not found: misteak
osgi> e
  org.apache.felix.gogo.runtime.CommandNotFoundException:
  Command not found: misteak
  at org.apache.felix.gogo.runtime.Closure.executeCmd
  at org.apache.felix.gogo.runtime.Closure.executeStatement
```

커맨드 라인에서 문자 값을 변수에 할당하고, 커맨드의 실행 결과를 캡처해서 변수에 저장할 수도 있다. cat 커맨드는 소스의 결과를 콘솔에 복사하고, tac 커맨드는 반대로 콘솔의 내용을 소스에 복사한다.

```
osgi> contents = (felix:ls | tac)
/Applications/Eclipse.app/Contents/MacOS/eclipse /Applications/Eclipse.
app/Contents/MacOS/eclipse.ini
osgi> echo $contents
/Applications/Eclipse.app/Contents/MacOS/eclipse /Applications/Eclipse.
app/Contents/MacOS/eclipse.ini
```

다른 커맨드로부터 콘텐츠를 가져오는 일도 가능하다. 가장 잘 사용하는 커맨드는 grep이며, 특정 패턴을 검색할 때 사용한다.

```
osgi> lb -s | grep osgi
      0|Active  |0|org.eclipse.osgi (3.9.1.v20140110-1610)
  185|Resolved|4|org.eclipse.osgi.services (3.3.100.v20130513-1956)
  186|Resolved|4|org.eclipse.osgi.util (3.2.300.v20130513-1956)
1103|Resolved|4|osgi.enterprise (4.2.0.v201108120515)
```

grep 커맨드는 POSIX 인수의 전체 집합을 지원하지 않지만, 몇 가지 옵션을 제공한다. 내장된 도움말 문서는 이 옵션을 보여주지 않지만, 인수 없이 grep을 실행하면 유용한 정보를 볼 수 있다.

```
osgi> help grep
grep

    scope: gogo
    parameters:
        CommandSession
        String[]
osgi> grep
grep: no pattern supplied.
Usage: grep [OPTIONS] PATTERN [FILES]
  -? --help show help
  -i --ignore-case ignore case distinctions
  -n --line-number prefix each line with line number
  -q --quiet, --silent suppress all normal output
  -v --invert-match select non-matching lines
gogo: IllegalArgumentException: grep: no pattern supplied.
```

함수와 스크립트

콘솔은 대화식의 Read Evaluate Print Loop[REPL]를 제공할 뿐만 아니라, 함수[functions]와 스크립트[scripts]의 생성도 허용한다. 일반적인 함수는 영구적인 파일로 저장이 가능해서 세션 간에 함수를 재사용할 수 있다.

함수는 중괄호 안에 정의하고, 유닉스 셸의 $*나 윈도우의 %*와 같이 특별한 변수 $args나 $argv를 사용해서 인수를 참조한다. $1에서 $9를 이용해서 1부터 아홉 번째 인수까지를 참조할 수 있고, $it는 첫 번째 인수에 대한 별칭으로 사용한다. $it는 익명의 함수를 가진 each에서 주로 사용되며, 이 장의 'each로 목록 처리' 부분에서 다룬다.

```
osgi> pwd
gogo: CommandNotFoundException: Command not found: pwd
osgi> pwd = {getprop user.dir}
getprop user.dir
```

```
osgi> pwd
user.dir=/Applications/Eclipse.app/Contents/MacOS
osgi> greeting = {echo Hello $args}
echo Hello $args
osgi> greeting World
Hello World
```

함수를 외부 파일에 저장하고 Gogo 셸 세션 안으로 가져올 수 있다. 다음과 같이
임시 디렉터리(유닉스/맥 OS X에서는 /tmp, 윈도우에서는 c:\TEMP)에 fns라는 파일을 생성
한다.

```
# Lines beginning with # are comments

# Blank lines are also permitted
# v curly braces v
pwd = {getprop user.dir}
greeting = {echo Hello $args}
```

Gogo 셸로 가서 다음을 실행한다.

```
osgi> source /tmp/fns # 윈도우는 source file:///c:/TEMP/fns
Loaded file successfully
osgi> pwd
user.dir=/Applications/Eclipse.app/Contents/MacOS
osgi> greeting Alex
Hello Alex
```

리터럴과 객체

전달된 문자열은 문자열 리터럴로 해석된다. 큰따옴표로 둘러싼 문자열의 $는 변수
로 대체 가능하지만, 작은따옴표가 붙은 문자열의 $는 변수로 변환되지 않는다.

```
osgi> name=Alex
Alex
osgi> 'Hello $name'
Hello $name
osgi> "Hello $name"
Hello Alex
```

숫자는 부동소수점과 정수 모두 가능하며, 기본적으로 Double과 Long 인스턴스로 표현한다. Double과 Long 인스턴스를 float과 int 같은 작은 유형을 기대하는 메소드에 전달하면 자동으로 작은 유형으로 형변환된다. f와 d를 접미사로 사용하는 숫자는 부동소수점 값을 나타내지만, Double로 형변환된다.

```
osgi> lightspeed = 299792458
299792458
osgi> ncc = 1701d
1701.0
```

목록과 맵도 콘솔에서 리터럴 형태로 입력 가능하다. 목록의 값은 콤마(,) 대신 공백 문자로 구분하고, 맵에 대한 문법은 키를 갖는다는 점을 제외하면 목록과 거의 동일하다.

```
osgi> numbers = [ 1 2 3 ]
1
2
3
osgi> words = [ one=1 two=2 three=3 ]
one 1
two 2
three 3
osgi> echo $one
null
```

 예제의 one=1이라는 구문은 값을 할당하는 것이 아니라 맵의 키를 정의한 것이다. 키가 특정 문자나 공백 문자를 포함한 경우에는 따옴표를 지정해야 한다.

불리언 값 true와 false에 대한 명시적인 리터럴도 존재한다.

콘솔에서 new 커맨드와 함께 클래스의 전체 이름을 인수로 전달하면 객체의 인스턴스를 생성할 수 있다.

```
osgi> new java.util.ArrayList
osgi> random = new java.util.Random
java.util.Random@768c5708
```

메소드 호출과 연쇄처리법

콘솔에 표시되는 값은 실제로 자바 객체여서 true는 Boolean.TRUE에 대응되고, false는 Boolean.FALSE에 대응된다. 마찬가지로 정수 값은 실제 Long 인스턴스이고 문자열은 String 인스턴스다.

Gogo 셸은 도트(.) 연산을 사용해서 인스턴스의 임의 메소드를 호출한다. 하나의 도트 연산에 이어 다른 메소드를 호출함으로써 하나 이상의 메소드를 연속 처리할 수 있다.

```
osgi> "hello" . length
5
osgi> "hello" . getClass . getName
java.lang.String
```

Gogo 셸은 동적이며 메소드를 동적으로 찾기 때문에, 대소문자를 구분하지 않고 메소드를 지정할 수 있다.

```
osgi> "hello" . getclass . getname
java.lang.String
```

메소드는 대소문자를 구별하지 않지만, 변수 이름은 대소문자를 구별한다. 첫 번째 메소드 호출 시 도트(.) 연산은 생략 가능하며, 생략할 경우 모든 다른 항목은 인수로 해석된다.

```
osgi> $numbers . get 0
1
osgi> $words get one
1
```

다른 언어와 마찬가지로, 괄호를 사용해서 중첩된 표현도 가능하다.

```
osgi> ("hello" getClass) getName
```

```
java.lang.String
osgi> (("hello" getClass) getPackage) getName
java.lang
```

제어 흐름

Gogo 셸은 if와 each 같은 기본적인 제어 흐름을 지원한다.

```
osgi> if {true} {echo Yes}
Yes
osgi> if {false} {echo Yes}
osgi> if {false} {echo Yes} {echo No}
No
```

다수의 커맨드를 세미콜론(;)으로 구분해 중괄호 안에 넣을 수 있다.

```
osgi> if {true} {echo Yes; echo Still yes}
Yes
Still yes
```

불리언 식의 결과를 부정할 때 사용하는 not과 같은 다른 함수도 있다.

```
osgi> if {not {true}} {echo Yes} {echo No}
No
```

and와 or 같은 논리 연산을 위한 내장 함수는 없지만, 유사한 기능을 수행하는 함수를 생성하면 된다.

```
osgi> and = { if {$1} {if {$2} {true} {false}} {false}}
osgi> or = { if {$1} {true} {if {$2} {true} {false}}}
osgi> or true false
true
osgi> and true false
false
```

마지막으로, each 커맨드는 배열에 대한 반복 작업을 가능하게 한다.

```
osgi> directions = [ "Up" "Down" ]
osgi> each $directions { echo $it }
```

```
Up
Down
osgi> each $directions { echo "->$it<-" }
->Up<-
->Down<-
```

each 커맨드는 배열 값을 받는 map 함수를 제공하고, 모든 요소에 대해 함수를 호출하며 결과로 배열을 반환한다. 중첩된 연산도 할 수 있다.

```
osgi> (each [ "" 1 true ] { ($it getClass) getName }) get 0
java.lang.String
```

커맨드 라인에서 이퀴녹스 실행

Gogo 셸을 이용해 독립형 OSGi 애플리케이션으로 이퀴녹스를 실행하려면, 최소한 다음 번들에 대한 종속관계를 설정해야 한다.

- org.apache.felix.gogo.shell (I/O 처리와 분석 기능을 제공한다.)
- org.apache.felix.gogo.runtime (언어 런타임을 제공한다.)
- org.eclipse.osgi (이퀴녹스 커널이다.)

> org.apache.felix.gogo.command 번들은 ls와 start뿐만 아니라 저장소와 소통하는 수많은 내장 함수를 제공한다. 있으면 매우 유용한 함수들이지만, 기본 셸을 실행하는 데 꼭 필요하지는 않다.

이클립스에서 이퀴녹스를 런처 프로그램으로 실행하려면, Run 메뉴로 가서 Run Configurations...을 선택한다. OSGi Framework를 선택하고, 앞서 언급한 번들들을 설정한다(org.apache.felix.gogo.shell 번들을 추가한 다음 Include optional dependencies 옵션을 선택 해제하고, Add Required Bundles를 클릭하면 쉽다.). 다음은 작업을 마친 실행 구성 화면이다.

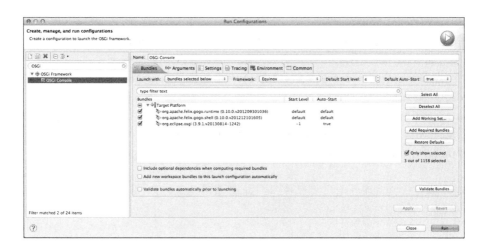

Run을 클릭하면 콘솔이 실행된다.

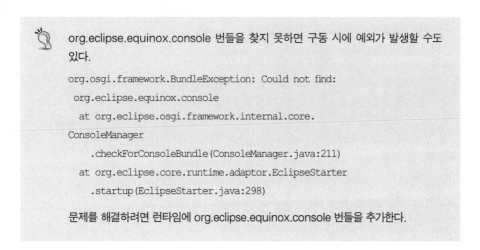

org.eclipse.equinox.console 번들을 찾지 못하면 구동 시에 예외가 발생할 수도 있다.

```
org.osgi.framework.BundleException: Could not find:
 org.eclipse.equinox.console
  at org.eclipse.osgi.framework.internal.core.
ConsoleManager
    .checkForConsoleBundle(ConsoleManager.java:211)
  at org.eclipse.core.runtime.adaptor.EclipseStarter
    .startup(EclipseStarter.java:298)
```

문제를 해결하려면 런타임에 org.eclipse.equinox.console 번들을 추가한다.

이클립스 실행 구성 대신 커맨드 라인에서 이퀴녹스를 실행하려면 관련된 파일이나 URL로 필요한 번들을 지정해야 한다. 이퀴녹스는 osgi.bundles 시스템 속성을 지원하므로, 프레임워크가 부팅 시에 로드해야 하는 JAR 파일을 콤마(,)로 구분해서 나열한다. org.eclipse.equinox.console 번들이 존재하지 않을 때 콘솔 번들을 가져오기 위해서는 @start가 필요하다.

```
$ java -Dosgi.bundles=
 org.apache.felix.gogo.runtime_0.10.0.v201209301036.jar@start,
 org.apache.felix.gogo.shell_0.10.0.v201212101605.jar@start
 -jar org.eclipse.osgi_3.9.1.v20140110-1610.jar -console
osgi> bundles
0|Active|0|org.eclipse.osgi (3.9.1.v20140110-1610)
1|Active|4|org.apache.felix.gogo.shell (0.10.0.v201212101605)
2|Active|4|org.apache.felix.gogo.runtime (0.10.0.v201209301036)
```

./나 file:./를 이용해서 상대 경로를 표시하고, 절대 경로는 /나 file:///를 이용해서 표현한다.

-jar 인수는 번들 내역서의 Main-Class를 이용해서 org.eclipse.osgi JAR을 실행한다(이퀴녹스에서는 org.eclipse.core.runtime.adaptor.EclipseStarter다.).

마지막의 -console 인수는 String[] args에 담겨 실행 중인 이클립스 인스턴스에 전달되며, 이퀴녹스가 콘솔을 시작하도록 지시한다.

> 예제는 케플러(Kepler) SR2를 기준으로 작성했으므로, 번들의 버전이 다를 수 있다.
> 이클립스 루나(4.4.0)는 진입점으로 org.eclipse.osgi_3.10.0.v20140606-1445.jar
> 을 사용한다.

scope equinox: 내에 있는 이퀴녹스 커맨드는 org.eclipse.osgi.console 번들이 제공한다. 이 번들을 추가하면 앞에서 강조됐던 예외가 사라지고, ss(short status)와 b(bundle)와 같은 커맨드를 사용할 수 있다.

osgi.bundles와 config.ini 이해

두 가지 방법으로 이퀴녹스 런타임을 구성할 수 있다. 한 가지 방법은 커맨드 라인에서 -Dosgi.* 매개변수로 시스템 속성을 정의하는 것이다(osgi라는 접두사에도 불구하고, -Dosgi.* 매개변수는 OSGi 명세 표준이 아니라 모두 이퀴녹스에 특화된 속성이다.).

커맨드 라인 인수가 길어지는 것을 막기 위해, 속성을 config.ini라는 파일에 지정할 수 있다. config.ini 파일은 이클립스의 구성 영역에 저장되며, 구성 영역^{configuration area}

은 이퀴녹스 런타임 정보를 저장하는 디렉터리다. 일반적으로 configuration 디렉터리가 기본 구성 영역이 된다. 이퀴녹스를 실행할 때 -config 인수로 다른 디렉터리를 구성 영역으로 지정할 수 있다.

config.ini 파일은 인스톨러가 업데이트할 수 있다는 장점이 있다. P2는 config.ini에 콘텐츠를 추가할 수 있어서, 이클립스 릴리스 간에 업데이트를 수행할 때 config.ini에 콘텐츠를 추가하고 내장된 버전 번호로 이전 파일의 이름을 변경한다. 이퀴녹스는 config.ini 파일을 읽어서 애플리케이션에 대한 시스템 속성을 설정한다.

스톡stock 이클립스 애플리케이션을 실행할 때, 즉 이퀴녹스 프레임워크(-jar 옵션으로 실행할 경우) 또는 실행 가능한 eclipse.exe가 클래스경로상의 프레임워크로 JVM을 구동할 때, 이퀴녹스는 osgi.bundles 속성(잠재적으로 config.ini 파일에 설정한)을 읽어 애플리케이션을 시작한다.

이클립스의 경우 org.eclipse.equinox.simpleconfigurator 번들을 시작해서 설치해야 할 번들 목록을 포함한 bundles.info 파일을 읽는다. bundles.info 파일의 한 줄이 하나의 번들을 표현하며, 콤마를 구분자로 하여 다음의 내용을 담는다.

- 번들 이름
- 번들 버전 번호
- 번들의 위치(상대 경로 혹은 완전히 정규화된 URL로 정의함)
- 플러그인의 시작 수준
- 번들을 시작할지 여부

예를 들어, Gogo 셸은 다음과 같이 등록된다(한 줄로).

```
org.apache.felix.gogo.shell,
0.10.0.v201212101605,
plugins/org.apache.felix.gogo.shell_0.10.0.v201212101605.jar,
4,
false
```

P2를 통해 번들을 설치할 때 시스템의 새로운 상태를 반영하기 위해 bundles.info 파일을 업데이트한다. 애플리케이션을 다시 시작하면 새로운 번들 집합을 사용한다. org.eclipse.equinox.simpleconfigurator.manipulator 내의 유틸리티로 파일을

작성하고, 번들 식별자의 알파벳 순서대로 번들을 정렬한 후 최신 번들 순서대로 정렬한다. 시스템 변경이 완료되면, 파일의 항목이 업데이트되고 정렬을 통해 콘텐츠에 대한 최소한의 변경을 보장한다.

 버전의 역순으로 번들을 정렬하면 가장 높은 버전이 처음 나타나게 된다.

원격 접속

Gogo 셸은 네트워크 접속을 감지할 수 있는 텔넷 데몬을 포함한다. 텔넷 데몬은 콘솔에서 `telnetd`를 입력해서 시작하거나, 커맨드 라인에서 `-console` 매개변수와 관련된 포트를 지정해서 시작할 수 있다.

```
$ java -Dosgi.bundles=… -jar org.eclipse.osgi_*.jar -console
osgi> telnetd --port=1234 start

$ java -Dosgi.bundles=… -jar org.eclipse.osgi_*.jar -console 1234
```

커맨드 라인에서 `console` 인수와 포트로 텔넷 데몬을 시작하려면 Gogo 셸뿐만 아니라 org.eclipse.equinox.console 번들을 설치해야 한다. 다른 방법으로는 시스템 속성 `-Dosgi.console=1234`를 커맨드 라인이나 config.ini 파일에 지정하는 방법이 있다.

데몬을 실행하고 나면 `telnet`을 통해 이퀴녹스 프로세스에 접속할 수 있다.

```
$ telnet localhost 1234
Trying ::1...
telnet: connect to address ::1: Connection refused
Trying 127.0.0.1...
Connected to localhost.
Escape character is '^]'.
osgi> bundles
org.eclipse.osgi_3.9.1.v20140110-1610 [0] Id=0, Status=ACTIVE
…
```

연결 보안

텔넷도 디버깅하기에 적합하지만 네트워크로 연결된 기계에 접속하기에 안전한 방법은 아니다. SSH는 원격의 기계에 안전하게 접속하는 방법을 제공한다.

이퀴녹스는 SSH 데몬을 실행할 수 있지만, 더 많은 번들을 추가해야 하고 사용자와 비밀번호를 확인하는 적절한 방법을 제공해야 한다. 커맨드 라인 콘솔이나 텔넷 데몬과 달리, SSH 서비스는 이퀴녹스 콘솔 구현도 필요하다. 다음이 SSH 데몬을 사용하기 위해 필요한 번들이다.

- org.apache.felix.gogo.shell (I/O 처리와 분석기를 제공한다.)
- org.apache.felix.gogo.runtime (언어 런타임을 제공한다.)
- org.eclipse.osgi (이퀴녹스 커널)
- org.eclipse.equinox.console (이퀴녹스 콘솔 서비스)
- org.eclipse.equinox.console.jaas.fragment (SSHD 서버에 JAAS 지원을 추가한다.)
- org.eclipse.equinox.console.ssh (SSHD 서버 지원)
- org.apache.sshd.core (SSHD 서버 라이브러리)
- org.apache.mina.core (SSH 라이브러리에서 필요한 번들이다.)
- slf4j-api (라이브러리가 사용하는 로깅 프레임워크)

앞의 번들은 이퀴녹스 다운로드 페이지(http://download.eclipse.org/equinox/)와 오르빗 Orbit 다운로드 페이지(http://download.eclipse.org/tools/orbit/downloads/)에서 얻을 수 있다. 이 책의 깃허브 저장소(https://github.com/alblue/com.packtpub.e4.advanced)에는 필요한 번들 집합과 함께 com.packtpub.e4.advanced.console.ssh라는 예제 런타임도 있다.

이퀴녹스에서 SSHD 서버를 실행하려고 할 때, 커맨드 라인에 많은 인수를 전달하는 방법보다 config.ini 파일을 사용하는 편이 더 쉽다(하지만 두 가지 방식 모두 동작하므로, 더 편리한 방법을 사용하면 된다.).

JAAS 구성 생성

JAAS는 사용자 아이디/비밀번호 인증 기능을 제공할 때 사용한다. JAAS를 이용해 사용자 인증을 하려면 equinox_console 항목으로 JASS 구성 파일^{configuration file}을 생성해야 한다. 다른 자바 프로그램과 마찬가지로, JAAS의 로그인 모듈은 시스템 속성 java.security.auth.login으로 설정한다.

다음을 내용으로 하는 jaas.config 파일을 configuration 디렉터리에 생성한다.

```
equinox_console {
  org.eclipse.equinox.console.jaas.SecureStorageLoginModule
    REQUIRED;
};
```

java.security.auth.login 속성은 필요한 번들 목록을 정의한 config.ini 파일에 설정하면 된다.

```
osgi.console.ssh=1234
osgi.console.ssh.useDefaultSecureStorage=true
org.eclipse.equinox.console.jaas.file=configuration/store
ssh.server.keystore=configuration/hostkey.ser
java.security.auth.login.config=configuration/jaas.config
osgi.bundles=\
  ./org.apache.felix.gogo.runtime_0.10.0.v201209301036.jar@start,\
  ./org.apache.felix.gogo.shell_0.10.0.v201212101605.jar@start,\
  ./org.apache.mina.core_2.0.2.v201108120515.jar,\
  ./org.apache.sshd.core_0.7.0.v201303101611.jar,\
  ./org.eclipse.equinox.console.ssh_1.0.0...jar@start,\
  ./org.eclipse.equinox.console.jaas.fragment_1.0.0...jar,\
  ./org.slf4j.api_1.7.2.v20121108-1250,\
  ./org.eclipse.equinox.console_1.0.100.v20130429-0953.jar
```

구성 옵션의 이해

osgi.console.ssh 포트 1234를 통해 SSH 서버를 시작한다. 이때 구성 정보가 없으면 SSH 서버는 시작하지 않는다.

SecureStorageLoginModule을 사용한다면 osgi.console.ssh.useDefault

178

SecureStorage 속성이 필요하다. 다른 LoginModules 모듈을 사용해도 되지만, 이 책에서는 다루지 않는다. 좀 더 자세한 사항은 자바 홈페이지의 JAAS 튜토리얼을 확인하라.

org.eclipse.equinox.console.jaas.file 속성은 SecureStorageLoginModule이 사용자/비밀번호 값을 작성한 위치를 지정한다. 이 속성을 설정하지 않으면 기본적으로 configuration/store를 사용한다.

 안전한 저장소 로그인 모듈은 해시된 비밀번호를 저장하기 위해 매우 단순한 방법을 사용한다. 먼저 비밀번호에 대해 MD5 해시를 생성해서 이 해시 값을 비밀번호에 연결하고, SHA1으로 해시한 결과를 저장한다. 그래서 password는 password5f4dcc3b5a a765d61d8327deb882cf99가 된 다음, 마지막에는 0d85584b3529eaac630d1b 7ddde2418308d563317이 된다.

ssh.server.keystore 파일은 호스트의 SSH 키를 직렬화한 자바 객체(java.security. KeyPair)를 포함한다. 직렬화 객체는 자동으로 생성되어 처음 실행할 때 저장되며, 기본적으로 hostkey.ser에 저장한다.

마지막으로 java.security.auth.login.config는 JAAS 모듈을 정의한 구성 파일을 나타내는 표준 JAAS 속성이다. 마지막 속성인 osgi.bundles는 필요한 번들과 시작해야 할 번들을 나열한다.

SSH 데몬 실행

이제 SSH를 통해 콘솔에 접속해보자.

```
$ ssh -p 1234 equinox@localhost
The authenticity of host '[localhost]:1234 ([::1]:1234)' can't be
established.
DSA key fingerprint is 0c:40:ff:ba:0a:c8:bc:3d:a9:72:9f:05:5f:c6:96:35.
Are you sure you want to continue connecting (yes/no)? Yes
Warning: Permanently added '[localhost]:1234' (DSA) to the list of known
hosts.
equinox@localhost's password:
```

```
Currently the default user is the only one; since it will be deleted
after first login, create a new user:
username: alex
password:
Confirm password:
roles:
osgi> ss
"Framework is launched."
id State Bundle
0 ACTIVE org.eclipse.osgi_3.9.1.v20140110-1610
1 ACTIVE org.apache.felix.gogo.runtime_0.10.0.v201209301036
2 ACTIVE org.apache.felix.gogo.shell_0.10.0.v201212101605
3 RESOLVED org.apache.mina.core_2.0.2.v201108120515
4 RESOLVED org.apache.sshd.core_0.7.0.v201303101611
  Fragments=6
5 ACTIVE org.eclipse.equinox.console.ssh_1.0.0...
6 RESOLVED org.eclipse.equinox.console.jaas.fragment_1.0.0...
  Master=4
7 RESOLVED org.slf4j.api_1.7.2.v20121108-1250
8 ACTIVE org.eclipse.equinox.console_1.0.100.v20130429-0953
```

jaas.fragment 번들이 org.apache.sshd.core 번들에 연결되어 있어서, sshd.core
번들이 SecureStorageLoginModule에 접속할 수 있다. 사실 jaas.fragment를 살펴
보면 거의 비어 있고 다음 내용을 포함한 내역서 파일만 있다.

```
DynamicImport-Package: org.eclipse.equinox.console.jaas
Fragment-Host: org.apache.sshd.core;bundle-version="0.5.0"
```

앞의 내용은 프래그먼트의 호스트 번들이 sshd.core이고 org.eclipse.equinox.
console.jaas 패키지를 DynamicImport-Package에 추가해야 한다는 것이다. 결과
적으로 org.apache.sshd.core 번들은 이퀴녹스의 안전한 저장소 모듈에 대해 아무
것도 모르지만, 프래그먼트가 주입되면 이퀴녹스 번들에 sshd.core 번들의 연결을
허용한다.

```
osgi> bundle 4 | grep equinox
org.eclipse.equinox.console.jaas; version="0.0.0"
```

```
<org.eclipse.equinox.console.ssh_1.0.0.v20130515-2026 [5]>
org.eclipse.equinox.console.jaas.fragment_1.0.0.v20130327-1442 [6]
```

프래그먼트는 5장 '네이티브 코드와 프래그먼트 번들'에서 자세히 다룬다.

셸 확장

셸을 확장하는 두 가지 다른 방법이 있다. 한 가지는 Gogo에서 제공하는 `osgi:addcommand` 함수를 사용하는 방법이다. 이 함수는 클래스의 하나 이상의 `static` 메소드를 콘솔의 함수로 정의하게 해준다. 다른 하나는 사용자 정의 자바 클래스를 작성하고 그것을 OSGi 서비스로 등록하는 방법이다.

기존 메소드를 커맨드로 추가

자바의 `Integer` 클래스에는 정수를 16진수로 변환하는 `toHexString`이라는 `static` 메소드가 있다. 메소드 호출로 메소드를 실행할 수 있지만, 콘솔의 커맨드로 추가하면 더 쉽다.

`osgi:addcommand` 커맨드는 접두어(범위)와 클래스 객체, 선택적으로 가져올 메소드를 매개변수로 받는다. 마지막 매개변수가 없으면 모든 `public static` 메소드를 커맨드로 추가한다.

 Gogo를 시작할 때, system 범위에 있는 System 클래스의 메소드를 추가하기 위해 osgi:addcommand 함수를 사용하는 gosh_profile 스크립트를 실행한다.

기존 인스턴스로부터 클래스 얻기

Gogo 셸에서 클래스를 가져오는 방법은 두 가지다. 첫 번째는 class 객체를 얻기 위해 인스턴스의 `getClass` 메소드를 사용하는 방법이고, 두 번째는 `loadClass`를 이용해서 동적으로 클래스를 로드하는 방법이다.

```
osgi> loadClass = (0 getClass)
osgi> addcommand number $loadClass toHexString
osgi> number:toHexString 255
ff
osgi> toHexString 255
ff
```

ClassLoader로 클래스 로드

즉시 사용할 수 없는 클래스는 ClassLoader를 통해 로드해야 한다. 표준 자바 패키지에 대해서는 시스템 ClassLoader 인스턴스를 사용해야 하지만, 번들의 클래스는 번들 자신의 ClassLoader 인스턴스를 사용해서 로드해야 한다.

번들의 ClassLoader 인스턴스는 번들로부터 획득 가능하며, 번들 컨텍스트 내에서만 사용해야 한다. 번들 0은 시스템 번들이고 표준 자바 패키지를 로드하는 데 사용해야 한다.

```
osgi> arraysClass = (context:bundle 0) loadClass java.util.Arrays
osgi> addcommand arrays $arraysClass
```

앞의 커맨드는 대부분의 OSGi 라이브러리가 배열을 반환하는데 Gogo 커맨드는 배열을 처리하지 못하기 때문에 필요하다. Arrays 클래스를 로드한 다음 arrays 접두어로 등록하면, 이제 번들 배열을 번들 목록으로 변환할 수 있다.

```
osgi> context:bundles
 0|Active|0|org.eclipse.osgi (3.9.1.v20140110-1610)
 1|Active|1|org.eclipse.equinox.simpleconfigurator (1.0.400)
 2|Active|4|com.ibm.icu (50.1.1.v201304230130)
...
osgi> (context:bundles) size
gogo: NumberFormatException: For input string: "size"
osgi> (arrays:asList (context:bundles)) size
820
```

자바로 커맨드 작성

커맨드는 Gogo 스크립트로 작성하거나 정적 메소드로부터 가져올 수 있지만, POJO 클래스를 사용하는 경우가 더 흔하다. Gogo 셸은 리플렉션을 처리하므로, 커맨드를 추가하는 데 필요한 특정 인터페이스나 특징은 없다. 셸을 시작할 때 등록할 커맨드만 구현하면 된다.

인터페이스가 없으면 무엇이 커맨드인지 셸이 어떻게 알까? 셸 프레임워크가 사용할 수 있는 서비스에 앞 장에서 설명한 몇 가지 서비스 속성^{service properties}을 설정해서 커맨드를 식별한다. 서비스를 커맨드로 인식하게 하는 속성은 다음 두 가지다.

- `osgi.command.scope`: equinox나 gogo 같은 커맨드의 접두사다.
- `osgi.command.function`: 커맨드 이름 배열로, 구현 클래스에 동일한 이름의 메소드가 있다.

선언적 서비스^{Declarative Services}나 블루프린트^{Blueprint}, 번들 액티베이션, `context.registerService`를 호출하는 다른 방법 등 지원하는 다양한 방법을 통해 서비스를 런타임에 등록할 수 있다. 예제에서는 이클립스에 기본적으로 내장된 선언적 서비스를 사용한다.

프로젝트 생성

`com.packtpub.e4.advanced.console`이라는 새로운 플러그인 프로젝트를 생성하고 `com.packtpub.e4.advanced.console.MathsCommand` 클래스를 생성한다. 클래스 안에는 Number 인스턴스를 조작하는 add와 subtract, divide, multiply 메소드를 생성한다. 인수가 부동소수점 값이고 Long 타입이면 Double로 형변환한다.

```
public class MathsCommand {
  public Number add(Number n1, Number n2) {
    if (n1 instanceof Double ||
        n1 instanceof Float ||
        n2 instanceof Double ||
        n2 instanceof Float) {
      return new Double(n1.doubleValue() + n2.doubleValue());
    } else {
      return new Long(n1.longValue() + n2.longValue());
```

```
      }
   }
   …
}
```

수학적 연산을 처리하는 메소드를 생성한 다음에는 셸 시작 시에 메소드를 프레임워
크에 등록하게 한다. MathsCommand 인스턴스를 OSGi 서비스로 등록하면 된다. 일반
적으로 서비스는 공통 인터페이스를 구현해서 등록하지만, MathsCommand 클래스는
명시적으로 구현한 인터페이스가 없으므로 java.lang.Object를 대신 사용한다.

 java.lang.Object를 사용하면 클라이언트가 실수로 클래스를 서비스로 등록하지 못하
거나 번들의 구현 클래스를 캐시에 저장해 다시 로드하지 못할 수 있다.

선언적 서비스로 커맨드 등록

선언적 서비스를 생성하기 위해 OSGI-INF 폴더를 생성하고, 다음을 내용으로 하는
maths.xml이라는 파일을 OSGI-INF 폴더에 둔다.

```xml
<?xml version="1.0" encoding="UTF-8"?>
<scr:component xmlns:scr="http://www.osgi.org/xmlns/scr/v1.1.0"
 immediate="true" name="MathsCommand">
  <implementation
   class="com.packtpub.e4.advanced.console.MathsCommand"/>
  <property name="osgi.command.scope" type="String"
   value="maths"/>
  <property name="osgi.command.function" type="String">
     add
     subtract
     divide
     multiply
  </property>
  <service>
    <provide interface="java.lang.Object"/>
  </service>
</scr:component>
```

implementation class 속성은 컴포넌트를 시작할 때 선언적 서비스가 인스턴스를 생성해야 할 클래스 이름을 지정한다. immediate="true"로 설정하면 OSGi 런타임이 선언적 서비스 구현체를 설치하고 시작하자마자 컴포넌트의 인스턴스를 생성한다.

property 요소로 정의한 속성은 콘솔이 서비스를 콘솔 함수로 인지하게 한다. 예제의 경우 maths:add 커맨드를 셸에 정의하며, 이 커맨드는 MathsCommand.add에 대응된다. 다수의 커맨드를 하나의 표현으로 추가할 수도 있다. 예제에서는 네 개의 문자열 배열을 사용했다(String 유형은 문자열 유형을 나타내기 위해 사용했고, 각 줄의 값은 하나의 값이 아닌 배열임을 의미한다.).

이제 MANIFEST.MF에 OSGI-INF 폴더를 추가해서 프레임워크가 컴포넌트 파일을 찾게 한다.

```
Service-Component: OSGI-INF/*.xml
```

플러그인을 생성할 때 혹은 티코^{Tycho}로 빌드할 때 이클립스가 플러그인을 올바르게 내보내도록 OSGI-INF 폴더를 build.properties에도 추가했는지 확인한다.

```
output.. = bin/
bin.includes = META-INF/,\
               OSGI-INF/,\
               .
source.. = src/
```

커맨드 테스트

이제 플러그인이 활성화된 이클립스 인스턴스를 실행하고 콘솔^{Console} 뷰에서 호스트 OSGi 콘솔^{Host OSGi Console}을 생성한다. 콘솔 내에서 다음과 같이 maths 커맨드를 실행한다.

```
osgi> maths:add 1 2
3
osgi> maths:subtract 3 4
-1
osgi> maths:multiply 3 4
```

```
12
osgi> maths:divide 3 4
0
osgi> maths:divide 3.0 4
0.75
```

두 개의 인수를 정수 값으로 제공하면 `maths:divide`는 정수를 반환한다. `divide` 메
소드의 구현은 필요에 따라 조정 가능하거나 부동소수점 상수를 사용할 수 있다(예를
들어, 3.0이나 3f).

 커맨드가 동작하지 않으면 type ➤ grep maths를 실행해서 maths:4가 나타나는지
확인한다. 여전히 동작하지 않으면, bundles ➤ grep com.packtpub.e4.advanced.
console을 실행해서 번들을 찾고, 123과 같은 맨 마지막의 숫자를 기록해둔 다음,
start 123을 실행해 번들을 시작한다. 결과를 확인하기 위해 type ➤ grep maths를 다
시 반복한다.

여전히 결과가 나타나지 않으면, headers 123 ➤ grep Service-Component를 실
행해 번들에서 참조하는 OSGI-INF 디렉터리를 확인한다. Service-Component:
OSGI-INF/*.xml과 같은 결과가 출력돼야 한다. OSGI-INF 디렉터리가 정상적으로
설정됐다면, ((context:bundle 123) getEntry 'OSGI-INF/maths.xml') content
커맨드를 사용해서 XML 파일의 내용을 확인한다.

콘솔 커맨드로 객체 처리

앞의 예제는 숫자를 사용했지만, 콘솔 커맨드는 어떤 유형의 객체도 받아서 처리하고
출력 스트림에 결과를 생성한다. 예제로 `context:bundles`가 생성하는 다음의 결과
를 살펴보자.

```
osgi> context:bundles
 0|Active|0|org.eclipse.osgi (3.9.1.v20140110-1610)
 1|Active|1|org.eclipse.equinox.simpleconfigurator (1.0.400)
 2|Active|4|com.ibm.icu (50.1.1.v201304230130)
...
```

BundleContext의 getBundles 메소드를 호출해서 이와 같은 결과를 생성할 수 있지만, 선언적 서비스를 사용하는 다른 방법이 필요하다. 여기서는 컴포넌트 액티베이션 메소드component activation method를 사용한다.

BundlesCommand 클래스를 생성하고 인수로 BundleContext 인스턴스를 받은 activate 메소드를 생성한다. 내역서에 org.osgi.framework 패키지를 가져온 패키지로 등록해야 한다.

```
import org.osgi.framework.BundleContext;
public class BundlesCommand {
  private BundleContext context;
  public void activate(BundleContext context) {
    this.context = context;
  }
}
```

 컴포넌트를 시작하고 BundleContext를 처리할 때 activate 메소드를 호출한다. 이 메소드에서 예외가 발생하면 컴포넌트를 시작하지 못한다. 컴포넌트를 중지했을 때 호출되는 deactivate 메소드도 있을 수 있다.

번들을 출력하는 커맨드 추가

이제 번들의 목록을 출력하는 커맨드를 추가해보자. 이 커맨드는 System.out에 번들의 상태와 상징적 이름을 출력한다. 커맨드 호출은 스트림이 올바른 콘솔에 연결됐음을 보장한다.

```
public void print() {
  Bundle[] bundles = context.getBundles();
  for (int i = 0; i < bundles.length; i++) {
    Bundle bundle = bundles[i];
    System.out.println(bundle.getBundleId() + " "
      + bundle.getSymbolicName());
  }
}
```

이제 OSGI-INF 디렉터리에 BundlesCommand에 대한 새로운 컴포넌트를 정의한 bundles.xml을 추가한다.

```xml
<?xml version="1.0" encoding="UTF-8"?>
<scr:component xmlns:scr="http://www.osgi.org/xmlns/scr/v1.1.0"
 immediate="true" name="BundlesCommand">
  <implementation
   class="com.packtpub.e4.advanced.console.BundlesCommand"/>
  <property name="osgi.command.scope" type="String"
   value="bundles"/>
  <property name="osgi.command.function"
  type="String">print</property>
  <service>
    <provide interface="java.lang.Object"/>
  </service>
</scr:component>
```

이제 이클립스를 재시작해서 bundles:print 커맨드를 실행한다.

```
osgi> bundles:print
0 org.eclipse.osgi
1 org.eclipse.equinox.simpleconfigurator
...
842 com.packtpub.e4.advanced.feeds.ui
847 com.packtpub.e4.advanced.feeds
851 com.packtpub.e4.advanced.console
```

 컴포넌트 정의의 immediate="true" 속성은 컴포넌트를 자동으로 시작하게 한다.

번들 목록 반환

실제 번들 인스턴스로 작업하려면 새로운 커맨드가 필요하다. 새로운 커맨드는 Bundle의 배열을 List로 반환한다(앞에서 했듯이 배열을 List로 변환해 저장한다.). list라는 새로운 메소드를 만들고 컴포넌트 bundles.xml 파일에 추가한다.

```
public List<Bundle> list() {
  return Arrays.asList(context.getBundles());
}

<property name="osgi.command.function" type="String">
    print
    list
</property>
```

이클립스 인스턴스를 재시작해서 bundles:list 커맨드가 예상대로 동작하는지 확인한다. 만약 예상과 다르게 동작한다면, 번들 ID를 찾아서 설치를 해제하고 번들을 다시 시작한다.

```
osgi> bundles:list
0|Active|0|org.eclipse.osgi (3.9.1.v20140110-1610)
1|Active|1|org.eclipse.equinox.simpleconfigurator (1.0.400)
```

bundles:list의 결과가 List이기 때문에, get을 통해 목록의 요소를 얻어올 수 있다. 요소는 0부터 인덱스가 부여되므로, 번들 ID와 반드시 일치하지는 않는다(ID로 요소를 찾고자 한다면 context:bundle을 사용하라.).

```
osgi> ((bundles:list) get 0) getSymbolicName
org.eclipse.osgi
```

each로 목록 처리

목록의 값에 대해 반복 연산을 수행하는 each로 목록을 처리할 수 있다. each 함수는 함수(람다lambda)를 인수로 받으며, $it나 $args를 통해 전달받은 함수에 인수를 전달한다. 따라서 다음과 같이 특정한 값으로 시작하는 모든 번들을 출력할 수 있다.

```
osgi> each (bundles:list) {
  if {($it getSymbolicName) startsWith "com.packtpub"}
    {echo ($it getSymbolicName) } }
com.packtpub.e4.advanced.feeds.ui
com.packtpub.e4.advanced.feeds
com.packtpub.e4.advanced.console
```

연산의 결과로 번들 목록이 출력되지만, 많은 번들이 null 값(번들마다 한 개)으로 출력됐음에 주목하자. each 함수가 처리한 모든 항목의 요소를 반환하기 때문이다. 출력 기능을 비활성화하려면 .Gogo.format=false를 설정하는 방법을 설명한 커맨드 실행 부분을 참조하라.

each로 값을 반환하는 기능을 이용해서 맵 연산도 수행할 수 있다. 예를 들어, List<Bundle> 객체를 String 이름의 List로 변환하기 위해 다음의 커맨드를 사용한다.

```
osgi> each (bundles:list) { $it getSymbolicName }
org.eclipse.osgi
org.eclipse.equinox.simpleconfigurator
...
```

목록을 처리하는 Gogo 셸의 능력을 개선한 결과로, 자바 8에서는 좀 더 효율적으로 목록을 필터링할 수 있다. 다음 절은 자바에서 filter 함수를 구현하는 방법을 설명한다.

커맨드로 함수 호출

함수를 다른 자바 커맨드에서 호출할 수 있게 하려면 Gogo에 특화된 클래스인 Function을 구현해야 한다. Function을 사용하려면 콘솔 번들의 내역서에 다음을 추가해야 한다.

```
Import-Package:
 org.apache.felix.service.command;status=provisional
 ;resolution:=optional
```

 임시 API라고 표시했기 때문에(내보내기를 할 때 OSGi 지시문 mandatory:=status 를 사용하고), 패키지 가져오기 문장에 status=provisional 속성을 추가해야 한다.

모든 커맨드가 org.apache.felix.service.command 패키지를 사용하지는 않으므로, resolution을 optional로 표시해서 이 패키지가 없어도 번들을 사용할 수 있게 한다. 결과적으로 Function 유형을 사용하는 메소드는 올바르게 동작하지 않을 수 있다.

com.packtpub.e4.advanced.console 패키지에 ListCommand라는 클래스를 생성하고, Function과 객체의 List를 받는 filter라는 메소드를 생성한다. filter 메소드는 CommandSession 인수도 매개변수로 받아야 한다. 내장 함수가 예외를 발생시킬 수 있으므로, 메소드 시그니처에 예외를 정의해서 예외를 호출자에게 전달한다.

```
package com.packtpub.e4.advanced.console;
import org.apache.felix.service.command.CommandSession;
import org.apache.felix.service.command.Function;
public class ListCommand {
  public List<Object> filter(CommandSession session, Function f,
    List<Object> list) throws Exception {
      ...
  }
}
```

filter 함수 내에 전달받은 목록의 모든 항목에 대해 반복 연산을 수행하는 메소드를 구현한다. 반복 연산은 목록의 요소에 대해 함수를 처리한 결과가 true이면 반환 목록에 요소를 추가한다.

```
List<Object> result = new ArrayList<Object>();
for (Object object : list) {
  List<Object> args = new ArrayList<Object>(1);
  args.add(object);
  if (Boolean.TRUE.equals(f.execute(session, args))) {
    result.add(object);
  }
}
return result;
```

서비스를 등록하기 위해 list.xml이라는 선언적 서비스 컴포넌트 XML 파일을 생성한다.

```
<?xml version="1.0" encoding="UTF-8"?>
<scr:component xmlns:scr="http://www.osgi.org/xmlns/scr/v1.1.0"
```

```
immediate="true" name="ListCommand">
  <implementation
   class="com.packtpub.e4.advanced.console.ListCommand"/>
  <property name="osgi.command.scope" type="String" value="list"/>
  <property name="osgi.command.function" type="String">
    filter
  </property>
  <service>
    <provide interface="java.lang.Object"/>
  </service>
</scr:component>
```

항상 true 혹은 false를 반환하는 함수를 이용해서 서비스를 테스트할 수 있다.

osgi> list:filter {true} [1 2 3]
1
2
3
osgi> list:filter {false} [1 2 3]
osgi>

좀 더 유용한 필터를 제공하기 위해, 비교 연산이 가능한 함수가 필요하다. 셸 스크
립트에는 동등식(혹은 부등식)의 개념이 없으므로, 이런 연산을 함수로 정의해야 한다.
CompareCommand 클래스와 대응하는 compare.xml이라는 컴포넌트 XML 파일을 이
용해서 함수를 정의해보자.

```
public class CompareCommand {
  public boolean eq(Object a, Object b) {
    return a.equals(b);
  }
  public boolean gt(Comparable<Object> a, Comparable<Object> b) {
    return a.compareTo(b) > 0;
  }
  public boolean lt(Comparable<Object> a, Comparable<Object> b) {
    return a.compareTo(b) < 0;
  }
  public int compare(Comparable<Object> a, Comparable<Object> b) {
```

```
        return a.compareTo(b);
    }
}

<?xml version="1.0" encoding="UTF-8"?>
<scr:component xmlns:scr="http://www.osgi.org/xmlns/scr/v1.1.0"
 immediate="true" name="CompareCommand">
  <implementation
    class="com.packtpub.e4.advanced.console.CompareCommand"/>
    <property name="osgi.command.scope" type="String"
     value="compare"/>
    <property name="osgi.command.function" type="String">
      eq
      compare
      gt
      lt
    </property>
    <service>
      <provide interface="java.lang.Object"/>
    </service>
</scr:component>
```

list:filter와 compare:gt 커맨드를 조합하면 목록을 처리할 수 있다.

```
osgi> list:filter {gt $it 2} [ 1 2 3 4 ]
3
4
```

마지막으로, 특정한 상태에 있는 번들의 목록만 제공하는 필터를 정의할 수 있다. 다음과 같이 구현하면 된다.

```
osgi> ACTIVE = 32
32
osgi> filter {eq $ACTIVE ($it getState)} (bundles:list)
osgi>
```

앞의 코드는 동작하지 않는다. 이유가 명확하지 않지만, 잠시 알아보고 넘어가자. 앞에서 구현한 compare:eq의 구현은 다음과 같다.

```
public boolean eq(Object a, Object b) {
  return a.equals(b);
}
```

콘솔의 31은 항상 Long(정수 값에 대해) 유형으로 표현되지만, Bundle.getState 메소드의 반환 값은 int여서 Integer로 변환된다. 한편 Long 클래스의 구현은 Long 값을 비교할 때 Long 값만 허용하고 다른 Number 유형은 허용하지 않는다.

osgi> ($ACTIVE getClass) getName
java.lang.Long
osgi> (new java.lang.Integer '1') equals (new java.lang.Long '1')
false

그래서 두 개의 인수 유형이 Number 인스턴스이면, 숫자 값으로 비교하도록 compare:eq 메소드를 변경해야 한다. 메소드를 다음과 같이 다시 구현하면 된다.

```
public boolean eq(Object a, Object b) {
  if (a instanceof Number && b instanceof Number) {
    if (a instanceof Double || a instanceof Float
      || b instanceof Double || b instanceof Float) {
      return ((Number)a).doubleValue()==((Number)b).doubleValue();
    } else {
      return ((Number)a).longValue()==((Number)b).longValue();
    }
  } else {
    return a.equals(b);
  }
}
```

이제 필터가 예상했던 대로 동작한다.

osgi> filter {eq $ACTIVE ($it getState)} (bundles:list)
   0|Active|0|org.eclipse.osgi (3.9.1.v20140110-1610)
   1|Active|1|org.eclipse.equinox.simpleconfigurator (1.0.400)
...
858|Active|4|com.packtpub.e4.advanced.console (1.0.0.qualifier)

double 값은 정확히 같지 않고 거의 동일한 수치로 반올림하기 때문에, 기술적으로 double 값을 비교할 때는 두 값의 차이가 엡실론보다 작아야 한다. 이런 이유로 Apache Commons Math와 같은 유틸리티는 Precision.equals(d1,d2,ulps)를 제공하고, JUnit은 assertEquals(d1,d2,epsilon)을 제공한다.

루프와 이터레이션

each 함수는 배열에 대한 이터레이션을 제공하지만, 정해진 수의 루프를 수행하는 게 더 적합한 경우가 있다. 셸에 내장된 while과 until 커맨드가 있지만, 루프 횟수를 유지하는 방법이 없어서 둘 다 유용하지 않다. 다행히 maths:subtract와 compare:gt 기능을 이용하면 루프 횟수를 유지하는 while 함수를 작성할 수 있다.

```
osgi> n = 5
osgi> while { gt $n 0 } { echo $n; n = (subtract $n 1); }
5
4
3
2
1
```

인수가 false에서 true로 바뀔 때 루프를 종료한다는 점을 제외하고는 until 루프도 같은 방식으로 동작한다.

```
osgi> n = 5
5
osgi> until { lt $n 1 } { echo $n; n = (subtract $n 1); }
5
4
3
2
1
```

정리

이번 장에서는 Gogo 셸과 이퀴녹스에서 셸을 확장하는 방법을 살펴봤다. 이퀴녹스에 특화된 SSHD 예제를 제외한 대부분의 예제는 펠릭스에서도 동작한다. 첫 번째 파트에서는 변수와 리터럴, 함수, 로컬 콘솔 혹은 원격 접속을 통한 콘솔 실행 방법 등 기본적인 Gogo 문법을 다뤘다.

두 번째 파트에서는 콘솔을 확장하는 방법을 설명했다. 가장 간단한 확장법은 내장 셸 함수를 이용하는 것으로, 내장 셸 함수는 반복적으로 개발하거나 외부 파일을 통해 생성할 수 있다. 하지만 좀 더 복잡한 커맨드를 위해 셸을 확장할 때는 자바 객체 형태로 제공하면 된다. 자바 객체를 선언적 서비스나 블루프린트로 통합할 때는 OSGi에 의존할 필요가 없다.

다음 장에서는 자바에서 네이티브 코드를 사용하는 방법과 번들 안으로 네이티브 라이브러리를 로드하는 방법을 알아본다.

5

네이티브 코드와
프래그먼트 번들

OSGi는 애플리케이션에서 네이티브^{native} 코드를 로드하는 기능을 제공한다. 보통 플랫폼에 특화된 기능에 접근하거나 성능상의 이유로 네이티브 코드를 사용한다. 이번 장에서는 자바 네이티브 인터페이스^{JNI, Java Native Interface}에 대해 간단히 소개하고, 네이티브 코드를 플러그인에 번들로 로드하는 방법을 설명한다. 더불어 네이티브 코드 라이브러리와 자바 패치 같이 OSGi 런타임에서 프래그먼트 번들^{fragment bundles}을 통해 번들을 확장하는 방법도 다룬다.

네이티브 코드와 이클립스

자바 네이티브 인터페이스는 자바 프로그램에서 네이티브 코드를 사용하는 표준 방법이다. 네이티브 코드로 작업하는 절차는 다음과 같이 요약된다.

1. 네이티브 메소드를 갖는 자바 클래스를 작성한다.

2. 표준 방법으로 자바 클래스를 컴파일한다.

3. 클래스 이름으로 javah를 실행해서 헤더 스텁^{header stub}을 생성한다.

4. 네이티브 C 함수를 작성하고 주어진 함수 시그니처^{signature}로 C 함수를 내보낸다.

5. 동적 연결 라이브러리^{dynamically linked library}로 코드를 컴파일한다.

6. `System.loadLibrary`를 통해 런타임으로 라이브러리를 로드한다.

7. 정상적으로 네이티브 메소드를 실행한다.

라이브러리의 이름은 운영체제에 따라 다르다. 어떤 운영체제에서는 라이브러리가
name.dll이고, 어떤 경우는 libname.so이며, libname.dylib인 경우도 있다. 하지만 자
바에서는 라이브러리의 본래 이름만 사용하므로, 세 가지의 플랫폼 모두에서 라이브
러리를 로드하는 자바 코드는 `System.loadLibrary("name")`으로 동일하다.

간단한 네이티브 라이브러리 생성

이번 장의 학습 목표는 두 숫자를 더하는 간단한 `Maths` 연산 클래스를 포함한 네이티
브 라이브러리를 생성하는 것이다. 자바로 쉽게 구현할 수 있지만, 네이티브 코드의
동작 원리를 설명하기 위해 이 예제를 사용한다.

`com.packtpub.e4.advanced.c`라는 새로운 플러그인 프로젝트를 생성하고, 프로젝
트와 동일한 이름의 패키지에 `Maths` 클래스를 생성한다. `Maths` 클래스에는 두 개
의 `int` 매개변수를 받아 하나의 `int`를 반환하는 `add`라는 `native` 메소드를 생성한
다. 네이티브 라이브러리를 확실히 로드하기 위해 `System.loadLibrary`를 호출하는
`static` 초기화 블록을 추가한다.

```
package com.packtpub.e4.advanced.c;
public class Maths {
  static {
    System.loadLibrary("maths");
  }
  public native static int add(int a, int b);
}
```

이제 클래스를 컴파일한 다음에 커맨드 라인에서 패키지 경로를 포함한 클래스 이름
을 지정하고 `javah`를 실행한다.

```
$ javah -d native -classpath bin com.packtpub.e4.advanced.c.Maths
$ ls native/
com_packtpub_e4_advanced_c_Maths.h
```

198

이제 헤더에 정의한 것처럼 동일한 시그니처를 가진 C 함수를 구현한다.

```
#include "com_packtpub_e4_advanced_c_Maths.h"
JNIEXPORT jint JNICALL Java_com_packtpub_e4_advanced_c_Maths_add
  (JNIEnv *env, jclass c, jint a, jint b) {
  return a + b;
}
```

 함수 시그니처는 javah가 생성하고 JNIEXPORT와 JNICALL 같은 매크로를 사용한
다. 이 매크로는 플랫폼에 특화된 #define 문장으로, 예제의 매크로는 내보낼 심볼로
함수를 등록하기 위해 추가적인 컴파일러나 플랫폼 플래그가 필요하다는 의미다. 함수
의 이름은 정규화된 클래스 전체 이름과 메소드 이름을 통해 생성하고, 도트(.) 대신 밑
줄을 사용한다. 모든 JNI 함수는 JVM에 대한 핸들인 JNIEnv 포인터와 jclass(정적
메소드의 경우) 또는 jobject(인스턴스 메소드의 경우)도 갖는다.

마지막으로 플랫폼에 특화된 동적 연결 라이브러리로 코드를 컴파일한다. 운영체제
마다 컴파일하는 절차는 다르다. 일반적으로 JNI 헤더 파일 경로와 결과 파일 명을 무
엇으로 할지를 나타내는 결과 플래그를 포함한다.

맥 OS X

맥 OS X 개발자 도구는 /Developer나 /Applications/Xcode.app/Contents/
Developer 밑에 위치하고, JNI 헤더는 JavaVM.framework/Headers 디렉터리에 위
치하므로, 경로 포함 옵션 -I로 파일의 위치를 지정해야 한다. 코드를 빌드할 때 필요
하면 경로를 조정하거나 SDK 폴더 위치를 찾는 xcrun --show-sdk-path를 사용
하라.

```
$ xcrun --show-sdk-path --sdk macosx10.9
/Applications/Xcode.app/Contents/Developer/Platforms
/MacOSX.platform/Developer/SDKs/MacOSX10.9.sdk
```

-dynamiclib 옵션을 사용해서 동적 연결 라이브러리를 생성하고, 자바 런타임으로
동적 연결 라이브러리를 로드한다.

생성된 동적 연결 라이브러리 파일의 이름은 -o로 선언하고, 자바 런타임으로 로드하려면 lib<name>.dylib의 형식을 따라야 한다.

-arch i386 -arch x86_64 컴파일 옵션은 동일한 라이브러리 안에 32비트와 64비트 코드를 모두 포함한 통합 라이브러리universal binary를 생성한다. OS X는 기본적으로 멀티 아키텍처로의 빌드를 지원하는 유일한 주요 운영체제다.

따라서 다음 명령으로 라이브러리를 빌드할 수 있다.

```
$ clang
  com_packtpub_e4_advanced_c_Maths.c
  -dynamiclib
  -o libmaths.dylib
  -I /Applications/Xcode.app/Contents/Developer/Platforms
     /MacOSX.platform/Developer/SDKs/MacOSX10.9.sdk
     /System/Library/Frameworks/JavaVM.framework/Headers
  -arch i386
  -arch x86_64
```

커맨드를 실행한 결과 libmaths.dylib 파일이 생성된다.

 OS X에서 dylib 확장자는 동적 라이브러리를 의미하며, 관습적으로 lib가 접두사로 붙는다.

리눅스

기본적으로 GCC가 설치되어 있지 않은 리눅스 배포판도 있지만, 리눅스에서는 보통 GCC를 사용한다. 만약 GCC가 없다면 운영체제의 패키지 관리자를 통해 어디에 어떻게 GCC를 설치하면 되는지 확인하라(우분투Ubuntu와 데비안Debian은 apt-get install gcc로 설치하고, 레드햇과 그 파생 리눅스는 yum install gcc를 통해 설치한다.).

gcc로 라이브러리를 빌드할 때, -I 옵션에는 포함할 파일의 위치를 지정하고, -shared는 라이브러리를 생성하라는 의미다. -o 플래그는 컴파일 결과 파일의 이름을 지정한다.

```
$ gcc
  com_packtpub_e4_advanced_c_Maths.c
  -shared
  -o libmaths.so
  -I /usr/include/java
```

컴파일 결과 파일의 이름은 libmaths.so다.

 리눅스에서 so 확장자는 공유된 객체 라이브러리를 의미하며, 통상 lib가 접두어로 붙는다.

운영체제에 따라 JDK 설치 위치가 다를 수 있다. 예를 들어 데비안에서 일반적인 JDK 설치 위치는 /usr/lib/jvm이다.

 정확한 위치를 찾기 위해 find /usr -name jni.h를 실행해서 디렉터리를 확인하라.
$ find /usr -name jni.h
/usr/lib/jvm/java-7-openjdk-i386/include/jni.h

윈도우

무료로 제공되는 비주얼 스튜디오 익스프레스^{Visual Studio Express} 버전이 있지만, 윈도우는 컴파일러를 기본으로 제공하지 않는다.

윈도우 스튜디오 익스프레스^{Windows Studio Express} 설치 파일에는 C 컴파일러와 cl이라는 링커가 포함돼 있다. 옵션은 /나 -를 이용해서 지정하며 기호에 따라 교체할 수 있다. -LD 옵션은 컴파일러가 동적 연결 라이브러리를 생성하게 하고 -F 옵션은 결과 파일의 이름을 지정할 때 사용한다(예제의 경우는 maths.dll이다.). 다른 컴파일러와 마찬가지로, -I는 설치된 JDK에서 라이브러리에 포함할 파일의 위치를 지정한다.

```
cl
  com_packtpub_e4_advanced_c_Maths.c
  -LD
```

```
-Femaths.dll
-IC:\Java\include
```

컴파일하면 maths.dll이라는 파일이 생성된다. 소문자 e는 -Fe 옵션의 일부로, 동적 연결 라이브러리의 이름이 아니다.[1]

 윈도우에서 dll 확장자는 동적 연결 라이브러리를 의미하며, 별도의 접두사는 없다.

네이티브 라이브러리 로딩

바이너리를 컴파일하고 나면, 간단한 테스트 프로그램을 통해 Maths 클래스의 기능을 시험해볼 수 있다.

```
package com.packtpub.e4.advanced.c;
public class MathsTest {
  public static void main(String[] args) {
    System.out.println(Maths.add(1,2));
  }
}
```

---

1 이클립스를 활용해 윈도우 환경에서 dll 생성하기
   본문에서 소개한 비주얼 스튜디오를 설치해 C 함수를 컴파일할 수 있으나, 이클립스에서 gcc를 이용해 C 함수를 컴파일하는 방법을 소개한다.

   1. 윈도우 환경에서 gcc로 컴파일할 수 있도록 MinGW(http://www.mingw.org/)를 다운로드해 설치한다.
   2. MinGW의 설치 경로를 윈도우 환경변수 Path에 추가한다.
      정상적으로 gcc가 설치됐는지 확인하기 위해 다음을 실행해본다.
      〉gcc --version
   3. 이클립스에 C/C++ 개발 도구(플러그인)를 설치한다.
      http://download.eclipse.org/tools/cdt/releases/8.5/ 페이지를 참조한다.
   4. Shared Library 〉 MinGW GCC 유형의 C 프로젝트를 생성한다.
   5. 예제에서 생성한 헤더 파일과 C 파일을 C 프로젝트에 복사해 옮긴다.
   6. JNI를 참조해야 하므로, 프로젝트의 C/C++ 빌드 속성에 JNI 관련 헤더 파일이 있는 위치를 등록한다.
      프로젝트 Properties 〉 C/C++ Build 〉 Settings를 선택한다. Tool Settings 탭에서 GCC C Complier 〉 Includes
      를 선택한 후 JDK 설치 디렉터리 밑의 include 폴더와 include\win32 폴더를 추가한다. 다음으로 MinGW Linker 〉
      Libraries의 Library search path에 JDK 설치 디렉터리 밑의 lib 폴더를 추가한다.
   7. C 프로젝트에서 오른쪽 클릭해서 Make targets 〉 Create를 선택한다.
   8. C 프로젝트에서 오른쪽 클릭해서 Make targets 〉 Build를 선택한다.
   9. 프로젝트의 Debug 폴더에 dll 파일이 생성된다.
   - 옮긴이

앞의 테스트 코드를 실행하면 3이 출력돼야 한다.

네이티브 라이브러리를 찾을 수 없으면, 다음과 같은 예외가 출력된다.

```
Exception in thread "main" java.lang.UnsatisfiedLinkError:
 no maths in java.library.path
   at java.lang.ClassLoader.loadLibrary(ClassLoader.java:1886)
   at java.lang.Runtime.loadLibrary0(Runtime.java:849)
   at java.lang.System.loadLibrary(System.java:1088)
   at com.packtpub.e4.advanced.c.Maths.<clinit>(Maths.java:13)
   at com.packtpub.e4.advanced.c.MathsTest.main(MathsTest.java:14)
```

 스택 트레이스상의 〈clinit〉 메소드(클래스 초기화 메소드를 의미한다.)는 static 초기화 메소드에 부여되는 특별한 이름으로, 예제의 Maths 클래스인 경우 static 블록이다. 〈clinit〉 메소드는 static 변수에 기본값이 아닌 값을 설정한 경우에도 생성된다.

인스턴스 생성자는 〈init〉라 부르고, 인스턴스 변수를 할당할 때마다 혹은 생성자를 제공할 때마다 생성된다.

클래스의 메소드를 호출하기 전에 클래스의 `static` 초기화 블록을 실행하지 않아서, `MathsTest`에서 `Maths` 클래스를 처음 사용할 때 예외가 발생한다.

`System` 클래스가 클래스와 관련된 라이브러리를 찾지 못하면 시스템 속성 `java.library.path`에 정의한 디렉터리 목록을 참조한다. 참조한 디렉터리에서 네이티브 라이브러리를 찾으면 라이브러리를 반환하지만, 그렇지 않으면 예외가 발생한다.

앞의 오류를 해결하기 위해 자바 런타임에 디렉터리(상대 혹은 절대 경로)를 추가하고 적절한 시스템 속성과 함께 프로그램을 실행한다.

```
$ java -classpath . -Djava.library.path=/path/to/dir
   com.packtpub.e4.advanced.c.MathsTest
```

라이브러리는 JAR 파일에 내장된 소스보다는 파일 형태로 로드해야 한다. 다시 말하면, `InputStream` 객체를 사용해서 JAR 콘텐츠를 로드할 수 없다. 이퀴녹스와 펠릭스 같은 OSGi 런타임은 필요할 때 네이티브 라이브러리를 임시 파일로 추출해서 운영체제가 로드하게 한다.

라이브러리 종속성

한 가지 주의해야 할 점은 자바에 의해 로드된 라이브러리와 비교해서 네이티브 라이브러리는 약간 다른 방식으로 처리한다는 것이다. JNI 라이브러리가 외부 라이브러리에 종속관계를 갖는다면 운영체제가 자동으로 해당 라이브러리를 로드하지만, 운영체제는 java.library.path를 모르므로 필요한 종속관계의 네이티브 라이브러리를 찾지 못한다.

윈도우 시스템의 경우 라이브러리를 찾을 수 없을 때 항상 현재 디렉터리를 참조해서 로드할 수 있는 라이브러리를 로드한다. PATH 변수에서 라이브러리를 찾지 못하면 기본적으로 윈도우 시스템 디렉터리(C:\Windows\System32 혹은 이와 유사한 디렉터리)를 참조한다.

리눅스와 OS X에서는 LD_LIBRARY_PATH 변수나 DYLD_LIBRARY_PATH 변수의 값을 참조한다. 일반적으로 이 변수의 값은 /usr/lib와 /lib를 기본적으로 포함하므로, libc와 libssl 같은 표준 라이브러리를 항상 로드할 수 있다.

동작에서의 문제를 확인하기 위해 다음 한 가지 함수를 정의한 other라는 새로운 동적 라이브러리를 생성한다.

```
// other.h
int otherAdd(int a, int b);
// other.c
#include "other.h"
int otherAdd(int a, int b) { return a+b; }
```

other라는 동적 연결 라이브러리로 컴파일한 다음, other 라이브러리를 사용하도록 maths 라이브러리를 수정한다.

```
#include "com_packtpub_e4_advanced_c_Maths.h"
#include "other.h"
JNIEXPORT jint JNICALL Java_com_packtpub_e4_advanced_c_Maths_add
  (JNIEnv *env, jclass c, jint a, jint b) {
   return otherAdd(a,b);
}
```

유닉스에서 -L, -lother 같은 인수를 사용하거나 윈도우에서 cl 커맨드 라인에 라이브러리 이름을 전달하듯이, maths 라이브러리뿐만 아니라 이에 다른 네이티브 라이브러리를 연결하는 인수를 전달해야 한다.

자바 가상 머신이 시작할 때 other 라이브러리가 현재 디렉터리에 있다면 MathsTest 클래스가 예상대로 동작한다. 하지만 other 라이브러리를 다른 디렉터리로 옮겼다면, 테스트는 실패한다.

```
$ java -Djava.library.path=native
  com.packtpub.e4.advanced.c.MathsTest
Exception in thread "main" java.lang.UnsatisfiedLinkError:
  com.packtpub.e4.advanced/com.packtpub.e4.advanced.c/
  native/libmaths.dylib:
  dlopen(com.packtpub.e4.advanced/com.packtpub.e4.advanced.c/
  native/libmaths.dylib, 1):
Library not loaded: libother.dylib
Referenced from:
  com.packtpub.e4.advanced/com.packtpub.e4.advanced.c/
  native/libmaths.dylib
Reason: image not found
  at java.lang.ClassLoader$NativeLibrary.load(Native Method)
```

문제는 java.library.path의 값을 자바 런타임만 안다는 점이다. 자바는 첫 번째 라이브러리를 어디서 찾아야 할지 알지만 라이브러리가 다른 라이브러리를 필요로 하고 네이티브 운영체제가 이 라이브러리를 처리해야 할 때, 종속관계의 라이브러리를 찾기 위해 운영체제의 네이티브 처리 방식을 이용한다.

 자바는 런타임 시에 환경변수를 변경하는 방법을 제공하지 않으며, 운영체제의 라이브러리 로더는 효율성을 이유로 어떤 경우라도 시작 프로세스를 수행한 후에는 환경변수를 다시 조회하지 않는다.

윈도우에서는 System.loadLibrary를 구분해서 호출함으로써 종속된 라이브러리를 로드하고 메모리에 캐시를 저장한다. Maths 클래스를 다음과 같이 수정한다.

```
static {
  System.loadLibrary("other");
  System.loadLibrary("maths");
}
```

이제 윈도우에서 프로그램을 실행하면, 예상한 대로 동작한다. 윈도우 플랫폼이 첫 번째 라이브러리에서 심볼을 로드하고 분석한 다음, 두 번째 라이브러리의 심볼을 로드해 분석하기 때문이다.

맥 OS X와 리눅스 같은 유닉스 플랫폼에서는 라이브러리가 종속 라이브러리에 대한 참조를 내장하기 때문에 이런 방식이 동작하지 않는다. 라이브러리를 이미 로드했음에도 네이티브 로더는 동적 연결 라이브러리가 조건을 만족하지 못했다고 보고한다. 유닉스에서 함수를 처음 호출할 때 네이티브 라이브러리를 뒤늦게 로드(분석하지 않은 상태)하고, 필요할 때 라이브러리를 분석하기 때문이다.

문제를 해결하기 위해 다음 절차를 수행한다.

- /usr/lib나 이와 유사한 디렉터리에 있는 시스템 라이브러리에만 의존하도록 네이티브 코드를 작성한다.
- 정적으로 종속된 코드를 연결한다.
- 구동하기 전에 모든 종속관계의 라이브러리를 포함한 위치를 적당한 환경변수로 설정한다.
- 운영 시스템에 연결고리를 제공하기 위해 JNI 라이브러리의 사용을 피한다.
- POSIX 호환 계층을 포함한 jnr(https://github.com/jnr)과 같은 다른 라이브러리를 사용하라.

네이티브 코드 패턴

자바에서 네이티브 코드 메소드를 작성하는 경우에 메소드 시그니처가 변경될 때마다 메소드를 다시 컴파일하고 재연결해야 하므로, 자바 개발자에게는 매우 불편할 것이다. 특히 여러 플랫폼 기반으로 개발할 경우는 더욱 그렇다.

모든 native 메소드를 private으로 표시함으로써 네이티브 종속성을 내면화하는 것이 가장 좋은 방법이다.

호출자에 native 메소드를 직접 노출시키지 않고, private으로 네이티브 메소드를 정의하고, native 호출을 대신하는 자바 public 메소드를 제공한다.

```
private native static int nativeAdd(int a, int b);
public static int add(int a, int b) {
  return nativeAdd(a,b);
}
```

이렇게 하면 시그니처 변경이나 예외 추가 같은 향후 발생 가능한 자바 코드의 변경으로부터 네이티브 라이브러리를 분리시키는 효과가 있다. 수정이 필요한 경우에도 네이티브 계층 대신 자바 계층에서 구현하면 된다. 예를 들어 앞의 예제에서 long 값을 더하도록 메소드를 변경해야 하는 경우 네이티브 계층은 여전히 일반적인 경우로 사용 가능하지만, long 값이 네이티브 계층에서 처리할 수 있는 범위를 넘어서면 자바 코드에서 처리하도록 한다.

```
public static long add(long a, long b) {
  if (a < Integer.MAX_VALUE / 2 && a > Integer.MIN_VALUE / 2
  && b < Integer.MAX_VALUE / 2 && b > Integer.MIN_VALUE / 2) {
    return nativeAdd((int)a, (int)b);
  } else {
    return a+b;
  }
}
```

결과 값이 int 범위 내에 있고 오버플로우가 발생하지 않는지를 확인하기 위해 테스트할 범위의 값을 인수로 입력한다. native 메소드로 값을 전달하기 전에 다른 유형에 대해서도 인수 값 테스트를 수행할 수 있다. 특정 값이 문제를 일으킨다면, 이 값은 자바 계층에서 적절히 처리하면 된다.

자바 래퍼 클래스를 사용하는 다른 이유는 네이티브 계층보다 자바에서 컴파일할 때 예외를 발생시키기 쉽고 메시지를 업데이트하기 더 쉽다는 데 있다. JNI는 (*env)->ThrowNew 메소드를 통해 예외를 발생시키는 방법을 제공하지만, 자바 래퍼 클래스를 사용하면 예외 객체에 전달할 정보를 갱신해야 할 경우 플랫폼마다 정보를 변경하는 대신 자바 코드에 한 번만 정보를 변경하면 되므로 더 쉽다.

가능한 일대일에 가깝게 모든 native 메소드에 대응하는 가벼운 자바 바인딩을 제공하는 방법도 있다. SWT는 자바 클래스를 이용해서 운영체제 자원을 조작하는 방법을 제공한다. 예를 들어, 맥 OS X의 경우 org.eclipse.swt.internal.cocoa 패키지는 NSView와 id 같은 하부의 네이티브 자원에 일대일로 대응되는 객체를 제공한다. 그래서 AWT가 자바를 위한 본래의 GUI 툴킷에서 네이티브 라이브러리를 추상화는 방식과 매우 유사하게 SWT 라이브러리는 자바 래퍼 클래스를 조작해서 구성한다.

 AWT와 다르게 SWT는 JVM 업그레이드 없이도 업그레이드 가능하다. AWT를 더 이상 사용하지 않는 다른 이유는 AWT 구현이 최소한의 공통 기능의 시연을 목적으로 하므로, 항상 운영체제 업그레이드에 뒤처진다는 점이다. 터치와 제스처, GTK3 같은 새로운 UI를 제공하는 등 SWT는 운영체제의 새로운 기능을 제공한다. 가능한 어디에서나 네이티브 객체를 반환해서 애플리케이션에 맞는 룩앤필과 동작을 제공한다. 하지만 특정 요소를 지원하지 않는 운영체제에 대해서는 자바로 구현한 솔루션을 사용한다.

OSGi 번들 안의 네이티브 라이브러리

OSGi 번들에서 네이티브 코드를 로드하려면 Bundle-NativeCode라는 특별한 헤더를 정의해야 한다. 이 헤더는 System.loadLibrary를 호출해야 라이브러리를 번들에서 사용할 수 있음을 의미한다.

Bundle-NativeCode는 하나 이상의 라이브러리를 정의할 수 있으며, 절을 추가해서 라이브러리마다 어떤 운영체제와 프로세서 아키텍처에서 유효한지를 기술한다. System.loadLibrary 호출은 헤더에 정의한 라이브러리 목록을 찾고, 해당하는 아키텍처에 맞는 라이브러리만 사용한다. 사실 Bundle-NativeCode 헤더는 java.library.path 속성을 대체한다.

앞의 예제에서 연산을 수행하기 위해 maths 라이브러리를 사용했다. OSGi 번들에서 라이브러리는 번들 내에 포함되고 내역서 헤더를 통해 참조된다.

```
Bundle-NativeCode: native/maths.dll
```

윈도우에서 System.loadLibrary("maths")를 호출할 때, native/maths.dll 라이브러리를 자동으로 파일시스템상의 적절한 위치에 추출하고, 운영체제에 전달해서 로드한다.

 번들에서 라이브러리 디렉터리는 의미가 없고 라이브러리를 로드할 때 참조하지 않는다는 점을 유의하자.

여러 운영체제를 지원하는 번들을 설계했다면, 라이브러리를 그에 맞게 정의해야 한다. 라이브러리를 실행할 수 있는 운영체제를 정의하기 위해 osname 절을 네이티브 라이브러리에 추가한다.

```
Bundle-NativeCode:
 native/maths.dll;osname=win32,
 native/libmaths.dylib;osname=macosx,
 native/libmaths.so;osname=linux
```

이제 윈도우 플랫폼에서 애플리케이션을 실행하면 System.loadLibrary("maths")가 native/maths.dll 라이브러리를 로드한다. 리눅스 플랫폼에서는 native/libmaths.so를 로드하고 맥 OS X에서는 native/libmaths.dylib를 사용한다.

 OSGi R6 명세는 Bundle-NativeCode 헤더의 요구사항을 osgi.native 네임스페이스상의 일반적인 요구 조건 집합으로 해석한다. 예를 들어, osname=win32 절을 자동으로 Require-Capability: osgi.native.osname~=win32로 해석한다. 그래서 분석기가 자동으로 올바른 종속관계의 라이브러리를 선택하게 한다. 이클립스 루나는 OSGi R6와 호환성을 가진 이퀴녹스를 기반으로 한다.

모든 운영체제는 자신만의 명명 규칙이 있지만(그래서 인스턴스의 동일한 디렉터리에 모든 라이브러리가 존재한다.), 이런 방식은 하나의 운영체제에 다수의 라이브러리를 제공할 때는 동작하지 않는다. 맥 OS X는 멀티 아키텍처 번들을 생성하지만, 다른 운영체제는 라이브러리마다 하나의 프로세스 아키텍처를 지원하도록 제한한다.

번들이 32비트와 64비트 운영체제를 지원해야 한다면, 라이브러리를 두 개의 버전으로 제공하고 processor 속성으로 두 라이브러리를 구분해야 한다.

```
Bundle-NativeCode:
 native/x86/maths.dll;osname=win32;processor=x86,
 native/x86_64/maths.dll;osname=win32;processor=x86_64,
 native/libmaths.dylib;osname=macosx,
 native/x86/libmaths.so;osname=linux;processor=x86,
 native/x86_64/libmaths.so;osname=linux;processor=x86_64
```

운영체제가 32비트(x86) 프로세서인지 64비트(x86_64) 프로세서인지에 따라 maths 라이브러리의 올바른 버전을 로드한다.

 이와 같이 네이티브 라이브러리를 찾을 때 디렉터리를 참조하지 않으므로, 디렉터리는 큰 의미가 없다. 디렉터리는 논리적인 런타임에 영향을 주지 않도록 네이티브 라이브러리를 분할하기 위해 사용한다.

네이티브 코드의 선택적 해석

Bundle-NativeCode 헤더의 문제는 헤더를 정의했다면 운영체제에 맞는 항목을 정의했어야 한다는 점이다. 만약 운영체제에 맞는 정의가 없으면, 번들을 처리하지 못한다.

다음과 같이 헤더를 정의하면 맥 OS X 외에 다른 플랫폼에서는 번들을 실행할 수 없다.

```
Bundle-NativeCode: native/libmaths.dylib;osname=macosx
```

Cocoa.framework에 대한 종속성과 같이 운영체제의 특정 프레임워크에 종속성이 있는 경우에 더 적합하지만, 다른 경우에는 네이티브 라이브러리 없이 잘 동작하고 특정 액션을 가속할 때만 네이티브 라이브러리를 사용할 수도 있다.

네이티브 라이브러리를 선택사항으로 선언하려면 Bundle-NativeCode 헤더에 다른 옵션처럼 별표(*)를 입력한다.

```
Bundle-NativeCode: native/libmaths.dylib;osname=macosx,*
```

이런 특별한 문법은 운영체제가 맥 OS X가 아니어도 번들을 정상적으로 처리해야하고 맥 OS X 플랫폼에서 실행 중일 때만 System.loadLibrary를 호출한다는 의미다. 혹은 메소드를 호출할 때 UnsatisifedLinkError를 처리할 수 있다는 의미이기도 하다.

동일 플랫폼에 대한 다수의 라이브러리

하나의 플랫폼에 여러 라이브러리를 제공할 때, 모든 라이브러리에 동일하게 운영체제에 대한 절을 추가해야 한다. OSGi는 Bundle-NativeCode에 정의한 순서대로 항목을 검사해서 현재 환경과 일치하는 첫 번째 라이브러리를 발견하면 멈춘다. 그래서 다음의 경우 maths 라이브러리를 로드하지 않는다.

```
Bundle-NativeCode:
 native/libother.dylib;osname=macosx,
 native/libmaths.dylib;osname=macosx
```

앞의 코드는 잘 동작할 것 같아 보이지만, System.loadLibrary("other") 호출은 예상대로 동작하고 System.loadLibrary("maths") 호출은 실패한다.

하나의 플랫폼에 다수의 라이브러리를 정의하려면, 동일한 절에 라이브러리를 연결해서 정의해야 한다.

```
Bundle-NativeCode:
 native/libother.dylib;native/libmaths.dylib;osname=macosx
```

이제 other과 maths 모두 macosx 플랫폼에서 로드되고 분석된다.

동일한 이름의 여러 라이브러리

Bundle-NativeCode의 동일한 절 안에 같은 이름을 가진 여러 라이브러리가 있으면 첫 번째 라이브러리만 로드한다. 예를 들어, maths 라이브러리를 디버그하기 위한 다른 버전의 번들을 다른 디렉터리에 분리해도 디버그 번들을 로드할 방법이 없다.

```
Bundle-NativeCode:
 native/libmaths.dylib;debug/libmaths.dylib;osname=macosx
```

폴더는 무시되어 System.loadLibrary 호출의 부분으로 인식할 수 없기 때문에, maths에 대한 어떠한 참조도 항상 첫 번째 native/libmaths.dylib 라이브러리만 호출하게 된다.

libmaths-debug.dylib와 같이 둘 중 하나의 라이브러리 이름을 변경하거나 다음 장에서 배울 필터나 프래그먼트 같은 다른 메커니즘을 사용하는 방법이 좋은 해결책이다.

필터와 제약사항 추가

OSGi 번들에서 네이티브 라이브러리를 로드할 때 필터나 제약사항을 추가할 수 있으며, 일반 필터로 지정할 수 있는 표준 속성이 많다.

- osname: 운영체제 이름(win32나 macosx, linux)
- osversion: 운영체제 버전 번호(8.1이나 10.9, 3.2)
- processor: 프로세스 유형(x86, x86_64)
- language: DLL이 텍스트 콘텐츠를 가질 경우 ISO 언어 코드
- selection-filter: 다른 시스템 속성에 적용 가능한 OSGi LDAP 필터

지원하는 값의 전체 목록은 OSGi 명세나 OSGi 웹사이트(http://www.osgi.org/Specifications/Reference)를 참조하라.

사용 가능한 라이브러리의 특정 디버그 변수를 제공하기 위해 자바 VM에 대한 시스템 속성을 지정하고 selection-filter를 사용할 수 있다. 예를 들어, 라이브러리의 두 가지 버전이 필요하다면, 디버그 기호를 통해 다음과 같이 필터를 정의할 수 있다.

```
Bundle-NativeCode:
 native/libmaths.dylib;selection-filter=(!(debug=true))
 debug/libmaths.dylib;selection-filter=(debug=true)
```

-Ddebug=true 옵션과 함께 VM을 실행하면 System.loadLibrary는 디버그 라이브러리를 로드하고, 다른 값을 설정하거나 값을 설정하지 않으면 정상적인 라이브러리를 사용한다.

다음과 같이 다른 조건을 테스트할 때도 selection-filter를 사용한다.

```
Bundle-NativeCode:
 native/libmaths.dylib;selection-filter=(file.encoding=UTF-8)
```

설치된 윈도우 시스템에 따라 다른 라이브러리를 선택적으로 로드할 때도 사용할 수
있다.

```
Bundle-NativeCode:
 native/libgtk.so;selection-filter=(osgi.ws=gtk),
 native/libcocoa.dylib;selection-filter=(osgi.ws=cocoa),
 native/mfc.dll;selection-filter=(osgi.ws=win32)
```

네이티브 라이브러리 다시 로딩

JVM에 네이티브 라이브러리를 로드할 때, 한 번에 하나의 번들에서만 라이브러리를
로드할 수 있다. 번들을 재시작하거나 업데이트할 때 기존의 네이티브 라이브러리를
새로운 버전의 번들이 재사용한다. JVM은 네이티브 라이브러리의 완전한 경로가 하
나의 ClassLoader 인스턴스에 연결됐다고 간주하기 때문에 이어지는 네이티브 라이
브러리 로드는 실패한다.

번들을 완전히 삭제한 경우 네이티브 라이브러리는 언로드 대상이다. 라이브러리 언
로드는 번들과 연관된 ClassLoader 인스턴스가 가비지 컬렉션을 수행할 때만 발생
한다. 그래서 번들 중지 후 약간의 시간이 지난 다음 라이브러리가 언로드될 수 있다.

이 장의 초반부에서 언급했듯이 OSGi 명세는 전이되는 네이티브 종속성을 가지지
않는 네이티브 라이브러리만 지원한다. 이런 제약은 자바에서 전이 종속성 로드를 지
원하는 데 주요한 한계점이다.

OSGi 프래그먼트 번들

OSGi 런타임은 관리 환경에서 실행할 번들의 집합으로 구성된다. 이런 번들은 클
래스와 자원, 다른 번들로 내보낼 수 있는 집합을 제공한다. 모든 번들은 자신의
ClassLoader가 제공하는 클래스 공간을 갖는다. 클래스 공간 내에서 종속성과 내보
낼 자원을 적절히 연결한다.

OSGi는 프래그먼트 번들^{fragment bundles}이나 간단한 프래그먼트^{fragments}도 관리한다. 프래그먼트 번들은 생명주기가 없는 번들과 같지만, 런타임 시에 호스트 번들^{host bundle}에 클래스와 패키지 종속성을 제공한다.

프래그먼트 번들과 호스트 번들의 차이는 Bundle-SymbolicName을 지정하고 선택적으로 첨부할 번들의 bundle-version 속성을 지정하는 Fragment-Host 헤더의 존재 여부다. Bundle-Activator를 제외한 다른 모든 OSGi 헤더는 프래그먼트에서도 유효하다. 액티베이터가 없는 이유는 프래그먼트는 자신만의 생명주기가 없기 때문이다. 프래그먼트 번들은 부모 번들의 생명주기를 따르며 혼자서 활성화되지 못한다.

Fragment-Host 헤더에 다른 번들에서와 동일한 문법으로 번들의 버전 범위를 지정한다. 예를 들어 bundle-version="[1.0,2.0)"은 1.0(포함)과 2.0(불포함) 사이의 버전을 정의한다.

 프래그먼트를 올바르게 해석해서 활성화하려면 이퀴녹스에서 Bundle-ManifestVersion 값이 적어도 2여야 한다.

프래그먼트로 네이티브 코드 추가

번들에 네이티브 라이브러리와 다른 자원을 제공하는 데 프래그먼트를 사용할 수 있다. 프래그먼트에 네이티브 라이브러리를 내장하고 Fragment-Host에 프래그먼트를 첨부해서 호스트 번들이 평소와 같이 네이티브 자원을 찾을 수 있게 한다.

이전처럼 Bundle-NativeCode 헤더를 사용하고 필터 옵션을 지정해서 특정 프래그먼트만 정확히 처리되도록 할 수 있다.

```
Bundle-ManifestVersion: 2
Bundle-SymbolicName: com.packtpub.e4.advanced.c.win32.x86
Bundle-Version: 1.0.0
Bundle-NativeCode: win32/x86/maths.dll;processor=x86;osname=win32
Fragment-Host: com.packtpub.e4.advanced.c
```

네이티브 코드와 프래그먼트 옵션과 관련해서 주목할 만한 몇 가지 사항을 살펴보자.

- 호스트 번들이 프래그먼트를 분석하기 전에 프래그먼트를 설치해야 한다. 그렇지 않으면 원하는 대로 호스트 번들에 프래그먼트가 연결되지 않아서, 네이티브 라이브러리가 필요한 경우 혼동을 일으킬 수 있다.

- 플랫폼에 특화된 프래그먼트와 번들은 같은 클래스 공간(즉, 같은 ClassLoader)을 공유하기 때문에 고유한 이름의 폴더에 네이티브 라이브러리를 두고 적절히 참조하게 해야 한다. 유일성을 유지하기 위해 processor와 osname 값을 폴더 이름으로 사용하는 방법이 있다. 그렇지 않으면 원하는 이름보다 패키지 이름에 더 가깝게 프래그먼트 이름을 연결해서, 원하는 패키지를 로드하지 못하게 할 수 있다. 선택적으로 플랫폼에 연결할 때 특히 이런 문제가 발생한다.

- 프래그먼트를 누락했거나 전혀 실행할 수 없더라도 번들 자체는 여전히 실행 가능하므로, 번들이 정확히 연산을 수행하는 데 네이티브 라이브러리가 반드시 필요한 경우 문제가 생길지 모른다.

일반적으로 정확한 연산을 위해 네이티브 라이브러리가 필요하다면 지원하는 모든 플랫폼에 대한 자바 코드를 작성해서 동일한 번들 내에 라이브러리를 저장하는 방법을 권장한다. 번들의 크기가 커짐으로써 발생하는 문제를 감안해도 번들을 설치할 때 예상대로 동작하는 이점이 매우 크다.

> 이클립스는 호스트 번들에 첨부할 프래그먼트로 네이티브 라이브러리를 제공한다. SWT와 이퀴녹스 런처는 자바 번들로부터 로드한 네이티브 코드를 갖는다.
>
> 자바 번들은 특정 플랫폼 번들 프래그먼트를 로드하지만, OSGi 명세 관점에서 SWT(혹은 이퀴녹스) 번들은 네이티브 코드의 존재 여부와 상관없이 실행된다. 일반적으로 번들의 모든 필수 종속성이 존재할 때까지 OSGi 번들을 실행하지 않으면 더 좋다.

번들에 클래스 추가

프래그먼트는 번들의 클래스경로에 클래스와 자원을 제공할 수 있다. 호스트 번들이 Bundle-ClassPath를 설정하지 않았다면, 기본적으로 번들 콘텐츠가 있는 점(.)이 클

래스경로다. 그래서 프래그먼트 번들 루트에 하나 이상의 클래스가 있는 프래그먼트
는 호스트 번들에서 실행 중인 클래스를 사용할 수 있고, 그 반대도 가능하다. 결과적
으로 class.forName으로 클래스를 로드하면 기여한 프래그먼트 번들에서 클래스를
로드할 수 있다.

프래그먼트도 자신만의 Bundle-ClassPath를 가지며, 번들 검색 경로 뒤에 추가할
수 있다. 자체적으로 프래그먼트가 번들 콘텐츠를 교체할 수는 없지만, 데이터베이스
드라이버와 같이 번들의 검색 경로에 코드를 추가하는 방법을 제공한다.

```
Bundle-ManifestVersion: 2
Bundle-SymbolicName: com.packtpub.e4.advanced.db.client
Bundle-Version: 1.0.0
Bundle-ManifestVersion: 2
Bundle-SymbolicName: com.packtpub.e4.advanced.db.client.h2
Bundle-Version: 1.0.0
Bundle-ClassPath: h2.jar
Fragment-Host: com.packtpub.e4.advanced.db.client
```

com.packtpub.e4.advanced.db.client.h2 프래그먼트를 설치하고 com.packtpub.
e4.advanced.db.client에 추가되면 클라이언트 번들은 h2 드라이버를 로드할 수
있다.

프래그먼트로 번들 패치

프래그먼트 번들의 다른 일반적인 사용 사례는 기존의 OSGi 번들 소스를 수정하거
나 교체하지 않고 패치를 제공하는 것이다. 호스트 번들의 클래스경로 앞에 프래그먼
트 클래스를 주입함으로써 패치를 제공하게 된다.

프래그먼트의 Bundle-ClassPath는 호스트 번들의 Bundle-ClassPath 뒤에 덧붙여
지기 때문에, 프래그먼트만으로는 런타임 번들을 수정하기에 충분하지 않다. 클래스
나 자원을 찾는 순서는 Bundle-ClassPath에 정의한 항목 순서를 따르며, 첫 번째 번
들을 찾으면 검색을 중단하기 때문이다.

호스트 번들에서 누락시켰지만 프래그먼트 번들에서 제공할 수 있는 패치 JAR 파일
을 제공함으로써 이후에 패치를 허용하도록 호스트 번들을 구현하는 것이 해결책이

다. 런타임은 패치 JAR을 찾지 못하면 JAR을 무시하고 패치 JAR을 제공(기여)한 프래그먼트를 참조해서 클래스 검색을 수행한다.

패치를 제공하는 프래그먼트를 구현하려면, 번들 루트(.) 전에 patch.jar이 위치하도록 호스트 번들에 Bundle-ClassPath를 정의한다.

```
Bundle-ManifestVersion: 2
Bundle-SymbolicName: com.packtpub.e4.advanced.host
Bundle-Version: 1.0.0
Bundle-ClassPath: patch.jar,.
Bundle-ManifestVersion: 2
Bundle-SymbolicName: com.packtpub.e4.advanced.host.fragment
Bundle-Version: 1.0.0
Fragment-Host: com.packtpub.e4.advanced.host
Comment: Provides the patch.jar file in the fragment
```

이제 프래그먼트를 설치하고 호스트 번들에 연결하면, 프래그먼트에 있는 클래스가 우선권을 받고 호스트 번들의 클래스를 대체한다.

프래그먼트로 패키지 내보내고 가져오기

프래그먼트는 번들에 가져온 패키지나 내보낸 패키지를 추가할 때도 사용 가능하다. Import-Package와 Export-Package 문장의 조합을 제공함으로써 본래의 호스트 번들을 확장하거나 적절히 노출시킬 수 있다.

번들은 우연히 Import-Package 문장에 표현하거나 노출시키지 못하는 런타임 요구 사항을 가지는 경우가 있다. 이런 경우 프래그먼트를 제공해 본래의 번들 소스를 변경하지 않고 번들을 수정할 수 있다. 패키지를 내보내지 않으면 확인할 수 없는 특별한 드라이버 클래스(사용자 정의 log4j 어펜더와 같이)의 구현을 번들이 확인할 수 있도록 하기 위해 프래그먼트를 사용하기도 한다.

```
Bundle-ManifestVersion: 2
Bundle-SymbolicName: com.packtpub.e4.advanced.log4j
Bundle-Version: 1.0.0
Fragment-Host: org.apache.log4j
Import-Package: com.packtpub.e4.advanced.log4j.custom
```

비슷한 작업이 Export-Package를 통해서도 가능하다.

```
Bundle-ManifestVersion: 2
Bundle-SymbolicName: com.packtpub.e4.advanced.log4j.export
Bundle-Version: 1.0.0
Fragment-Host: org.apache.log4j
Export-Package: org.apache.log4j;version="1.2.0"
```

이 프래그먼트는 기존 번들에 덧붙여져 패키지를 다시 내보내지만, 현재보다 낮은 버전으로 내보낸다. 내보내기 절이 예상했던 것보다 높은 버전을 포함하거나 필수 번들에 강력한 제약 조건을 정의한 경우에 이 방식이 유용하다.

호스트 번들이 이미 정확한 패치를 제공했다면 Import-Package와 Export-Package 모두에 대해 필수 종속성을 무시한다(필수 종속성을 추가해서 아무것도 변하지 않기 때문이다.). 패키지가 충돌하면, 프래그먼트를 실행하지 못한다. 이런 오류를 진단하고 해결하는 일은 까다로워서, 클래스 공간의 일관성을 유지하기 위해 가져오고/내보내는 패키지의 uses 지시문의 변경이 종종 필요하다. uses 제한 조건이 실패했을 때 펠릭스는 이퀴녹스보다 좀 더 나은 진단 정보를 제공한다.

 uses 지시문은 내보낸 패키지의 클래스가 어떤 패키지를 사용하는지 정의한다. 이 지시문은 클라이언트가 종속관계의 클래스를 제공하지 않아도 분석기가 전이 종속성을 올바르게 파악하도록 도와준다.

예를 들어, Gogo 런타임에서 org.apache.felix.gogo.api 패키지는 org.apache.felix.service.command 패키지를 사용한다고 선언한다. API 패키지의 사용자는 Command 패키지에 대한 호환성도 필요하다는 의미다.

Export-Package: org.apache.felix.gogo.api;

  uses:="org.apache.felix.service.command"

bnd는 자동으로 uses 제약 조건을 계산하고, maven-bundle-plugin과 그래들^{Gradle} osgi 플러그인이 사용 가능한 플러그인으로 프로젝트를 작성할 때 bnd를 사용한다. uses 제약 조건을 직접 관리하는 방식은 권장하지 않는다.

확장 번들

시스템 번들에 연결되는 프래그먼트를 확장 번들^{extension bundles}이라고 한다. 시스템 번들의 ID는 0이고 system.bundle이라는 상징적인 이름을 사용하거나, 프래그먼트가 하나의 프레임워크를 따를 경우 org.apache.felix.framework 또는 org.eclipse.osgi와 같은 특정 프레임워크 구현체를 갖는다.

확장 번들을 사용하는 한 가지 방법은 JVM 안에 포함돼 있지만 내보내지지 않은 패키지에 접근하는 방법을 제공하는 것이다. 기본적으로 펠릭스와 이퀴녹스 모두가 사용 가능한 javax.* 패키지를 내보내지만, OSGi 프레임워크는 기본적으로 java.* 패키지 안의 패키지만 내보낸다.

내부 클래스 sun.misc.BASE64Decoder에 의존하는 번들을 고려해보자. 프레임워크가 그 패키지를 내보내지 않기 때문에 Import-Package: sun.misc를 가진 번들은 표준 OSGi 프레임워크에서는 실행할 수 없다.

 sun.misc 패키지는 미래의 자바 버전에서는 제거될지 모르므로, sun.misc에 대한 종속성은 사용하지 않는 편이 좋다. Base64 인코딩/디코딩을 하려면 Apache Commons Codec 클래스를 사용하거나 자바 6 이상에서는 javax.xml.bind.DatatypeConverter 클래스를 사용하면 된다. 자바 8은 개발자가 sun.misc를 사용하지 않도록 하기 위해 java.util.Base64를 제공한다. OpenJDK 8은 내부 클래스에 대한 종속성이 있는지를 확인할 수 있는 jdeps 도구를 포함한다. jdeps -jdkinternals를 실행하면 클래스경로상에서 사용하는 모든 내부 클래스를 보여준다.

시스템 속성 org.osgi.framework.system.packages.extra를 설정해서 OSGi 프레임워크가 노출하는 기본 패키지를 수정할 수 있지만, 패키지를 내보내는 시스템 번들 확장을 생성하고 프레임워크에 추가하는 방법도 있다.

```
Bundle-ManifestVersion: 2
Bundle-SymbolicName: com.packtpub.e4.advanced.export.sun.misc
Bundle-Version: 1.0.0
Fragment-Host: system.bundle
Export-Package: sun.misc
```

빈 프래그먼트 번들을 생성해서 프레임워크에 설치하면 시스템 번들은 sun.misc 패키지를 노출하게 되어서, sun.misc가 필요한 번들은 정상적으로 클래스를 연결할 수 있다.

시스템 번들 외부의 번들에서 표준 OSGi 서비스를 제공할 때도 프래그먼트를 사용한다. 펠릭스는 조건에 따라 PermissionAdmin 프레임워크의 구현을 제공하기 위해 프래그먼트를 사용한다. 이런 용도로 프래그먼트를 구현할 때는 extension:=framework 속성을 사용해야 한다.

```
Bundle-ManifestVersion: 2
Bundle-SymbolicName: org.apache.felix.framework.security
Fragment-Host: system.bundle; extension:=framework
```

 OSGi R6는 프레임워크 확장이 프레임워크 시작과 종료 시점에 이뤄지도록 특별히 프레임워크 확장을 위한 Extension-BundleActivator 헤더를 추가했다.

마지막으로, 확장 번들로 JVM의 부트클래스경로^{bootclasspath}에 클래스를 추가하기 위해 프래그먼트를 사용한다. 자바 에이전트를 시작해야 할 경우 필요하지만, OSGi 프레임워크는 bootclasspath를 변경하는 방법을 전혀 제공하지 않는다. 부트클래스경로를 수정하려면, 속성 org.osgi.supports.bootclasspath.extension이 true여야 한다. bootclasspath 확장으로 정의한 프래그먼트는 다음과 같이 정의한다.

```
Bundle-ManifestVersion: 2
Bundle-SymbolicName: com.packtpub.e4.advanced.bootclasspath
Fragment-Host: system.bundle;extension:=bootclasspath
```

이퀴녹스와 펠릭스에서 org.osgi.supports.bootclasspath.extension 속성은 현재 null로, 부트클래스경로 변경을 지원하지 않는다.

```
osgi> getProperty org.osgi.supports.bootclasspath.extension
osgi>
```

그래서 펠릭스에 bootclasspath 확장을 포함한 번들을 설치하면 오류가 발생한다.

```
org.osgi.framework.BundleException:
 Unsupported Extension Bundle type: bootclasspath java.lang.
UnsupportedOperationException:
 Unsupported Extension Bundle type!
```

이퀴녹스도 마찬가지다.

```
org.osgi.framework.BundleException:
 Boot classpath extensions are not supported.
```

독립형 프로그램에 대해 OpenJDK에서는 bootclasspath 확장 변경을 직접적으로 지원하지 않는다(하지만 에이전트로 모니터링되는 JVM은 부트클래스경로를 변경하는 권한을 가진 Instrumentation 클래스를 얻을 수 있다.). 그래서 이퀴녹스와 펠릭스에서 bootclasspath의 변경은 OpenJDK VM에서 직접적으로 지원하지 않는다.

하지만 프로그램적으로 시스템 클래스로더가 사용하는 URLClassLoader의 addURL 메소드를 호출하는 리플렉션을 사용해서 bootclasspath에 클래스를 추가할 수 있다.

정리

이번 장에서는 자바 코드에서 네이티브 코드를 호출하는 방법을 소개했다. 다양한 운영체제에 대한 예제와 자바 애플리케이션에서 네이티브 코드를 로드하는 방법을 보여줬다. 패키지를 내보내고 프레임워크에 무언가를 추가하는 다른 종류의 확장 메커니즘과 함께 프래그먼트 번들을 통해 이런 기술을 시연해봤다.

다음 장에서는 OSGi 컨텍스트의 서비스로더와 스레드 컨텍스트 클래스로더^{Thread Context ClassLoaders}에 대해 자세히 살펴본다.

6 클래스로더 이해

이번 장에서는 OSGi가 클래스로더^{ClassLoader}를 사용해서 번들을 분리하는 방법을 살펴보고, JVM마다 하나의 클래스로더만 있다고 잘못 생각했을 때 라이브러리에 어떤 영향을 주는지 알아본다. 이어서 자바 서비스로더^{ServiceLoader}를 설명하고, OSGi 프레임워크에 존재하는 문제점과 해결방법을 살펴본다. 마지막으로 라이브러리가 OSGi와 호환되도록 업그레이드하는 방법도 알아본다.

클래스로더 개요

JVM이 런타임 로딩에 가장 크게 기여한 사항 중에 하나는 클래스로더의 설계와 기반 구조다. 클래스로더는 JVM이 임의의 위치에서 바이트코드^{bytecode}를 로드하거나 필요할 때 바이트코드를 생성하게 해준다. 클래스로더는 애플릿^{Applets}과 원격 메소드 호출^{RMI, Remote Method Invocation}을 가능하게 한 기반 구조로, 애플릿과 RMI는 1990년대 후반에 자바를 기업용으로 사용하게 이끈 핵심적인 기술이다.

클래스로더의 목적은 com.example.Test와 같은 클래스 이름을 전달받아서 인스턴스화된 Class 객체를 반환하는 것이다. 여기에는 일반적으로 클래스의 이름을 com/example/Test.class와 같은 파일 참조로 변환하고, 그 파일의 내용을 로드하며 Class를 정의한 JVM에 전달하는 과정을 포함한다. 클래스로더는 필요할 때 클래스를 합성하거나 로드 시점에 클래스에 추가적인 데이터를 연결하는 데도 사용한다.

자바에서 가장 일반적으로 사용하는 클래스로더는 URLClassLoader다. URLClass

Loader는 JAR이나 디렉터리 루트를 가리키는 URL 배열을 받으며, 클래스를 요청할 때 URL 배열을 차례대로 검사하면서 요청한 클래스를 처리하려고 시도한다. URL이 JAR이나 ZIP과 같이 아카이브 파일처럼 보이면, 아카이브 파일의 내역서를 로드하고 내용을 검사한다. 그렇지 않으면 기본 URL에 파일 참조를 연결한다. 클래스로더는 JVM이 로컬 파일시스템(예: 커맨드 라인에서 시작하는 소스)과 원격의 네트워크 소스(예: 애플릿과 자바 웹스타트가 사용하는 http)로부터 클래스를 로드하게 해준다.

마지막으로, 클래스로더는 자원을 로드할 때도 사용한다. class.getResource나 class.getResourceAsStream 같은 메소드를 사용할 때 동일한 집합의 ClassLoader가 클래스를 로드할 때와 같은 절차로 자원을 로드하기 때문에 같은 위치에서 코드와 자원을 로드할 수 있다.

클래스로더와 상속

자바 프로그램을 실행하는 동안 실제로 JVM은 여러 클래스로더를 사용한다. 대부분의 연산은 ClassLoader.getSystemClassLoader 메소드를 통해 획득할 수 있는 시스템 클래스로더system ClassLoader를 사용한다. 시스템 클래스로더는 구동 시 커맨드 라인이나 CLASSPATH 환경변수에 설정한 클래스경로에 해당하는 URL 집합을 가진 URLClassLoader의 인스턴스다.

일반적으로 ClassLoader는 null이 아닌 부모 클래스로더parent ClassLoader를 갖는다. 내부적으로 처리할 수 없는 요청과 java.* 네임스페이스 내의 패키지(부트 클래스경로에서만 제공해야 한다.)에 대한 처리를 위임할 때 부모 클래스로더를 사용한다. 표준 런처는 $JAVA_HOME/jre/lib/ext 디렉터리에 있는 라이브러리의 로딩을 책임지는 확장 클래스로더extension ClassLoader도 갖는다.

결과적으로 파일이나 자원을 찾을 때 다음 위치를 검색한다.

- 클래스가 java.* 네임스페이스 내에 있으면 부트 ClassLoader만 검색한다.
- -classpath 커맨드 라인 인수나 CLASSPATH 환경변수에서 지정한 위치 또는 JAR (AppClassLoader가 로드한다.)
- $JAVA_HOME/jre/lib/ext 안의 라이브러리 (ExtClassLoader가 로드한다.)
- 부트 ClassLoader로 돌아간다.

이런 클래스로더의 조합이 시스템 클래스로더이며, 다음은 시스템 클래스로더를 도식화한 그림이다.

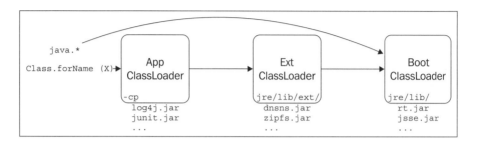

웹 애플리케이션 서버의 클래스로더

톰캣^{Tomcat}과 글래스피쉬^{GlassFish}, 제티^{Jetty} 같은 웹 애플리케이션 서버(상용 제품 포함)는 클래스로더를 많이 사용한다. 서버에 설치된 모든 웹 아카이브^{WAR, Web ARchive}는 웹앱의 클래스와 자원을 로드하고, 애플리케이션 서버와 궁극적으로는 시스템 ClassLoader에 처리를 위임하는 자신만의 WebappClassLoader를 갖는다. 그래서 두 개의 웹 애플리케이션은 독립적인 자원과 클래스를 가지며 서로 영향을 주지 않는다. 다음 그림의 log4j와 같이 버전이 다른 공통 라이브러리를 두 개의 웹 애플리케이션에서 사용해도 문제가 없다.

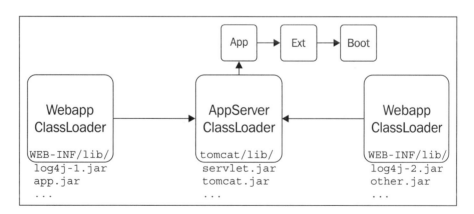

표준 자바 플랫폼은 부모 클래스로더에서부터 클래스를 찾지만, 웹과 기업용 애플리케이션 서버에서는 자식 클래스로더부터 클래스를 검색한다. 그렇기 때문에 독립된 웹 애플리케이션이 다른 버전의 라이브러리를 로드할 수 있다.

웹 애플리케이션 컨텍스트에서 클래스와 자원은 웹 애플리케이션의 클래스로더를 통해 제공하고 다른 클래스로더가 제공하는 클래스와는 구별된다.

 클래스 이름이 JVM 내에서 유일해야 한다고 잘못 생각하는 개발자도 있지만, JVM 명세(5.3절)는 클래스 이름과 ClassLoader 인스턴스로 유일성을 보장한다고 정의한다. 이런 기능이 없었다면 자바 웹 애플리케이션 서버는 존재하지 않을 것이고, 1990년대 후반에 자바가 서버 사이드의 큰 변화를 이끌지 못했을 것이다.

클래스로더와 가비지 컬렉션

ClassLoader의 주요한 특징 중 하나는 클래스로더가 정의한 Class 인스턴스와 양방향 관계를 갖는다는 점이다. 다시 말하면, 다음과 같이 인스턴스 집합과 인스턴스를 로드한 ClassLoader 사이에 트리 관계를 형성하면서 모든 클래스의 인스턴스가 Class를 참조한다는 의미다.

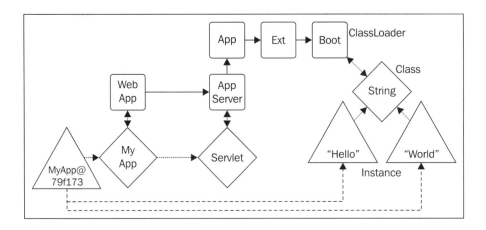

예제에서 MyApp은 Servlet의 하위 클래스이고, MyApp의 toString 메소드는 MyApp@79f173을 반환하며, MyApp@79f173은 "Hello"와 "World"라는 두 개의 문자열을 참조한다. 그림이 다소 복잡해 보이지만, 이런 관계는 모든 웹 애플리케이션 서버에서 흔하게 발생한다.

WebappClassLoader는 웹앱 서버 런타임의 소유이고, WebappClassLoader가 정의한 모든 클래스는 가비지 컬렉션되지 않도록 메모리에 보관된다. 런타임은 MyApp 서블릿도 참조하므로 가비지 컬렉션되지 않는다.

하지만 웹앱 서버가 애플리케이션을 중단해야 한다고 판단하면(관리자 명령이나 파일시스템에서 WAR 파일을 삭제한 경우), 관련된 WebappClassLoader를 해제하고 이어서 가비지 컬렉션이 발생하게 된다. 마찬가지로 WebappClassLoader가 로드한 클래스를 더 이상 참조하지 않으므로 메모리에서 제거한다.

예를 들어 새로운 버전을 설치한 경우와 같이 웹앱 서버가 웹앱을 다시 시작한다면, 새로운 WebappClassLoader 인스턴스를 생성하고 콘텐츠를 로드하는 데 사용한다. 웹앱 서버는 새로운 MyApp 서블릿 인스턴스로 URL 요청을 연결하기 때문에, 웹앱을 효율적으로 로드하게 된다.

 다시 로딩하는 기능을 가진 모든 자바 애플리케이션은 컨텍스트 ClassLoader를 사용해서 애플리케이션을 지우고 새로운 애플리케이션의 인스턴스를 생성한다. 허드슨/젠킨스(Hudson/Jenkins)와 게릿(Gerrit), 웹앱스(Webapps), OSGi와 다른 플러그인 시스템 모두 이런 기술을 사용한다.

JRebel과 같은 클래스 재정의 도구도 있지만, 이런 도구는 클래스를 재정의하기 위해 하위 수준의 JVM API를 사용한다.

OSGi와 클래스로더

OSGi는 모듈 수준의 분리가 가능하도록 다수의 ClassLoader 인스턴스를 사용하는 동적 모듈 시스템이다. 웹앱 간의 분리를 강제화하는 웹앱 서버와 같이, OSGi 런타임은 번들 간의 분리를 강제화한다.

OSGi 런타임에 번들을 로드하고 활성화시킬 때 새로운 번들 클래스로더를 생성한다. 그 번들 내의 모든 클래스와 클래스가 찾는 자원을 로드하는 데 이 번들 클래스로더를 사용한다.

웹앱과 다르게 OSGi 번들은 번들 간의 통신을 허용한다. 그래서 번들 간의 검색이 가능하도록 클래스로더는 방향 그래프를 형성한다. 다음 그림과 같이 클래스로더 그래프를 정렬하는 프레임워크가 번들 엮기^{Bundle wiring}를 처리한다.

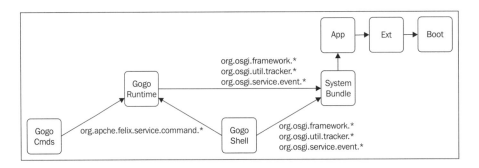

다른 자바 애플리케이션과 동일한 방법으로 번들을 다시 로드한다. 즉, ClassLoader를 해제하고 관련된 인스턴스를 가비지 컬렉트한 다음, 번들을 다시 로드하면 새로운 ClassLoader를 생성한다.

OSGi ClassLoader 검색은 표준 자바 검색보다 강력하다. 표준 자바 검색은 하나의 부모 계층만 갖지만, OSGi의 클래스로더 관계는 방향 그래프를 형성한다. 클래스를 로드하라는 요청이 발생하면, 하나의 부모 클래스로더가 아니라 다수의 부모 번들에 요청을 전달한다. 일반적인 Require-Bundle 종속성에 모든 요청을 전달할지 모르지만, 일반적으로 Import-Package에 정의한 패키지 이름을 사용해서 요청을 걸러낸다.

앞의 다이어그램에서 Gogo 셸은 시스템 번들의 org.osgi.framework 패키지의 클래스를 참조하지만 org.apache.felix.service.command 클래스는 Gogo 런타임 번들의 클래스다.

OSGi 서비스와 클래스로더

ClassLoader가 Class를 로드하고 나면 이후의 참조를 편리하게 하기 위해 클래스를 캐시에 보관한다. class.forName으로 클래스를 찾을 때 구현 클래스는 요청한 번들의 ClassLoader에 고정되어 번들의 수명을 따른다.

 class.forName은 호출자의 ClassLoader에 로드한 Class를 캐시해 둔다. 캐시에 보관된 클래스를 사용하는 호출자는 로드한 Class의 생명주기와 호출자 컨텍스트의 생명주기를 연결한다.

OSGi 서비스 참조에서 API/인터페이스 클래스는 그 서비스를 사용하는 번들의 생명주기에 연결된다. 하지만 서비스 API가 구현 클래스를 제공하고 공급된 서비스의 생명주기(수명)에 클래스를 연결한다. 그 결과, 서비스를 제공하는 번들을 중지하고 (새로운 ClassLoader와 Class로) 다시 로드할 수 있으며, 번들의 다음 번 서비스 요청 시 새로운 구현 클래스를 반환한다.

웹앱 서버가 API/인터페이스로 javax.servlet.http.HttpServlet을 사용하고 웹앱이 직접 구현 클래스를 제공하는 방식과 유사하다. 구현 클래스를 찾는 일을 웹앱의 개별 ClassLoader에서 위임함으로써, 서버는 참조의 누락 없이 동일한 인터페이스를 구현한 다른 클래스를 바꿔가며 사용할 수 있다.

OSGi 서비스 검색 결과 반환된 인스턴스는 Class와 번들의 ClassLoader에 강하게 결합된다. 서비스 인스턴스를 캐시에 저장하면 번들이나 서비스가 중단(혹은 시스템에서 제거)됐다 하더라도 번들이 메모리에 고정된다. 이런 이유로 OSGi는 서비스를 영구적으로 저장해서 getService 팩토리 메소드를 통해 올바른 서비스 인스턴스를 반환하는 ServiceReference 클래스를 제공한다.

 번들은 서비스를 참조하는 ServiceReference만 캐시에 저장하고 실제 서비스 인스턴스는 캐시에 저장하면 안 된다. 서비스는 getService를 통해 필요할 때 불러서 사용하거나 3장 'OSGi 서비스를 이용한 애플리케이션 동적 연결'에서 다룬 선언적 서비스(Declarative Services) 등의 다른 기술을 통해 사용할 수 있다.

스레드 컨텍스트 클래스로더

클래스를 요청할 때(클래스 참조를 통한 묵시적 요청 혹은 class.forName을 통한 명시적인 요청), 호출하는 class의 ClassLoader를 사용한다. 그렇기 때문에 애플릿이나 RMI 기반 애플리케이션이 원격 장소에서 획득한 다른 클래스를 참조할 수 있고 동일한 위치에서 다른 클래스를 다운로드할 수 있다.

하지만 하나의 ClassLoader에서 로드한 라이브러리는 다른 ClassLoader가 로드한 클래스를 볼 수 없어야 한다.

다른 클래스로더가 로드한 클래스를 참조하는 일은 클래스 이름을 알아오기 위해 구성 파일을 사용하는 하이버네이트^{Hibernate}와 같은 객체 관계 맵핑^{ORM, Object Relational Mapping} 도구에서 자주 발생한다. 클래스를 로드하기 위해 애플리케이션과 연관된 ClassLoader가 클래스 이름을 분석해야 한다.

하이버네이트 라이브러리를 웹앱 WAR에 설치했다면, 라이브러리를 자동으로 로드한다. 하지만 하이버네이트 라이브러리는 웹앱 서버의 전역 클래스경로 혹은 확장 위치에 저장했다면, 웹앱의 ClassLoader는 하이버네이트 라이브러리를 찾을 수 없다.

자바 1.2에서는 클래스의 추가적인 소스로 사용 가능한 ClassLoader인 ThreadContextClassLoader^{TCCL}를 제공하는 Thread 클래스에 메소드를 추가해서 이 문제를 해결했다. 모든 스레드는 자신만의 유일한 인스턴스를 가지며, getContextClassLoader로 접근하고 setContextClassLoader로 설정한다. 하이버네이트^{Hibernate} 같은 라이브러리는 스레드를 이용해서 필요할 때 추가적인 클래스를 처리한다. 그렇지 않으면 자신만의 ClassLoader로는 클래스를 처리할 수 없다.

새로 생성한 스레드는 컨텍스트 ClassLoader를 상속하므로, 실행 중인 클래스에서 암묵적으로 컨텍스트 ClassLoader를 사용할 수 있다. 하지만 초기화하는 Thread가 나중에 로드해야 할 스레드와 같은 경우가 아니기 때문에 Executors를 사용하거나 다른 멀티 스레드 환경을 사용하는 동안에는 문제가 발생한다.

보통 스레드 컨텍스트^{Thread Context} ClassLoader를 설정하는 코드는 다음과 같다.

```
public void runWith(Runnable runnable, ClassLoader other) {
  final Thread current = Thread.currentThread();
```

```
final ClassLoader tccl = current.getContextClassLoader();
try {
  current.setContextClassLoader(other);
  runnable.run();
} finally {
  current.setContextClassLoader(tccl);
}
}
```

앞의 코드는 단일 스레드이거나 호출하는 동안 멀티 스레드 풀의 인스턴스를 생성하는 runnable을 기대한다(그래서 컨텍스트 ClassLoader를 상속한다.). 일반적으로 스레드 컨텍스트 ClassLoader는 스레드를 소유하고 애플리케이션 생명주기 전체를 제어하는 권한을 가지기 때문에 웹앱과 기업용 자바 서버 등의 제한된 환경에서 동작하고, OSGi 같은 동적 환경에서는 동작하지 않는다.

정상적으로 동작하기 위해 스레드 컨텍스트 ClassLoader를 사용해야 하는 오픈소스 라이브러리도 있다. 하지만 대부분 컨텍스트 로더를 통해 모든 것을 로드하기보다 명시적인 ClassLoader를 받도록 업그레이드한다.

아니면 맵핑 도구에 명시적인 Class 인스턴스를 전달해서, 첫 번째 위치에서 Class 처리 시 발생하는 문제를 피할 수 있다. 예를 들어, JSON 표현식으로 클래스를 역직렬화하는 데 Gson을 사용할 때 클래스의 이름 대신 Class 인스턴스를 전달한다.

 하이버네이트 4.2 버전부터 OSGi를 지원하도록 업그레이드했고 OSGi 서비스로 EntityManagerFactory를 제공한다.

자바 서비스로더

자바 1.6에 추가된 java.util 패키지의 ServiceLoader 클래스는 인터페이스나 추상 클래스의 인스턴스를 획득하는 방법을 제공한다. JDK의 매우 다양한 부분에서 서비스로더를 사용하며, JDBC 드라이버와 같이 미리 알 수 없는 하나의 구현 클래스가 필요하다.

ServiceLoader 클래스는 ServiceLoader를 반환하는 load라는 정적 메소드를 제공하고, 사용 가능한 모든 서비스를 찾는 Iterator를 제공한다.

```
ServiceLoader<Driver> sl = ServiceLoader.load(Driver.class);
Iterator<Driver> it = sl.iterator();
while (it.hasNext()) {
  Driver driver = (Driver) it.next();
  // 드라이버로 작업한다.
}
```

드라이버 구현 클래스는 META-INF/services/ 디렉터리 밑에 위치한 텍스트 파일을 참조해서 찾는다. java.sql.Driver 클래스에 대한 구현체를 찾을 때, 서비스로더는 META-INF/services/java.sql.Driver라는 파일을 찾으려고 한다. 이 파일의 내용은 특정 인터페이스를 구현한 서비스의 클래스 전체 경로를 포함한다.

파일은 주석과 공백 문자 혹은 # 뒤에 있어서 주석 처리되는 콘텐츠도 포함한다.

```
# File is META-INF/services/java.sql.Driver
org.h2.Driver # H2 database driver
org.mariadb.jdbc.Driver # Maria DB driver
org.apache.derby.jdbc.ClientDriver # Apache Derby driver
```

Driver.class를 인수로 하여 ServiceLoader.load를 호출할 때, 파일에 정의된 순서대로 세 개의 클래스 인스턴스를 생성하고 이터레이터 안에 반환한다. 해당 파일이나 다른 연결된 파일에서 클래스 중복이 있어도 목록에는 하나만 존재한다.

서비스로더와 OSGi, Eclipse의 문제

ServiceLoader는 클래스의 인터페이스 유형을 기반으로 클래스의 인스턴스를 반환하는 일반적인 메커니즘을 제공하지만, OSGi를 정상적으로 사용하지 못하게 하는 세 가지 문제가 있다.

- 구현 클래스를 class.forName으로 로드해서 호출자의 ClassLoader에 클래스를 캐시해 두므로, 서비스 구현체를 다시 로드할 수 없게 한다.
- META-INF/services/ 폴더는 패키지가 아니므로, 정상적인 Import-Package

OSGi 문법으로는 참조가 불가능하다. 게다가 하나의 번들만 패키지 이름(디렉터리)을 내보낼 수 있어서 패키지를 내보낸다 하더라도 하나 이상의 제공자를 연결할 수 없다.

- 일반적으로 서비스를 위한 로더는 현재의 스레드 컨텍스트 ClassLoader로부터 획득하고, OSGi에서 호출하는 클래스는 구현 패키지를 확인하기 어렵다(그리고 명시적으로 구현 클래스를 가져오면 로드 시간까지 알 수 없는 클래스가 있다는 사실을 알지 못하는 경우도 있다.).

이런 문제를 해결하기 위해, OSGi 기업 명세 릴리스^{Enterprise Specification Release} 5는 아파치 에리즈^{Apache Aries} SPI-Fly 번들에서 구현한 서비스 로더 조정자^{Service Loader Mediator}를 제공한다. 서비스 로더 조정자는 다음 두 가지의 기능을 제공한다.

- 서비스 소비자를 위해, 좀더 OSGi에 맞게 동적으로 ServiceLoader.load 호출을 재작성할 수 있는 바이트코드 위빙^{weaving}을 사용한다.
- 서비스 제공자를 위해, META-INF/services 파일에 OSGi 서비스로 정의한 구현 클래스를 자동으로 등록한다.

두 경우 모두, 서비스 소비자와 생산자는 필요할 때 번들 연결(연결 해제)을 보장하기 위해 MANIFEST.MF의 항목을 사용한다는 데 명시적으로 사전 동의해야 한다. 위빙 번들 org.apache.aries.spifly.dynamic.bundle도 설치하고 소비자가 시작하기 전에 시작해야 한다.

 org.apache.aries.spifly.dynamic.bundle은 번들 분석을 위해 org.apache.aries. util이 필요하고, 바이트코드 위빙을 위해 org.objectweb.asm-all이 필요하다. 홈페이지 문서(http://aries.apache.org/modules/spi-fly.html)에 따르면 org.apache. aries.spifly.static.bundle을 사용하면 사전 위빙 처리도 가능하다.

서비스 생산자 생성

com.packtpub.e4.advanced.loader.producer라는 플러그인 프로젝트를 생성한다. Activator는 필요 없고, 표준 OSGi를 목표 런타임으로 하는 표준 OSGi 번들로 생성한다.

Runnable을 구현한 HelloWorldRunnable 클래스를 com.packtpub.e4.advanced. loader.producer 패키지에 생성한다.

```
package com.packtpub.e4.advanced.loader.producer;
public class HelloWorldRunnable implements Runnable {
  public void run() {
    System.out.println("Hello World");
  }
}
```

ServiceLoader를 위한 서비스로 클래스를 등록하기 위해 다음을 내용으로 하는 META-INF/services/java.lang.Runnable 파일을 생성한다.

```
com.packtpub.e4.advanced.loader.producer.HelloWorldRunnable
```

ServiceLoader가 ServiceLoader.load를 통해 클래스를 찾으면 되지만, OSGi 런 타임에서 동작하게 하려면 번들에 추가적인 OSGi 메타데이터를 설정해야 한다. META-INF/MANIFEST.MF 파일에 다음 내용을 추가한다.

```
Require-Capability:
 osgi.extender;
  filter:="(osgi.extender=osgi.serviceloader.registrar)"
```

앞의 내용은 SPI-Fly가 제공하는 OSGi 서비스 로더 중재자^{OSGi Service Loader Mediator}에 대한 종속성을 표현한다. 서비스 로더 중재자에 대한 종속성을 누락시키면, 번들을 제대로 처리하지 못한다.

기본적으로 META-INF/services/ 디렉터리 밑의 모든 서비스는 사용 가능해진다. 하나의 서비스 유형을 내보내야 한다면 osgi.serviceloader에 Provide-Capability를 표현하면 된다.

```
Provide-Capability:
 osgi.serviceloader;osgi.serviceloader=java.lang.Runnable
```

같은 인터페이스를 구현한 여러 인스턴스에 대해서는 추가적인 구성이 필요 없다. java.lang.Runnable 파일 내의 모든 인스턴스가 내보내진다. 파일에 여러 유형의 서비스가 있으면(다시 말해 META-INF/services/ 디렉터리 밑에 여러 파일이 있으면), 다음과 같이 표현한다.

```
Provide-Capability:
 osgi.serviceloader;osgi.serviceloader=java.lang.Runnable,
 osgi.serviceloader;osgi.serviceloader=java.util.Comparator
```

필수 번들 다운로드

서비스 생산자를 실행하려면, 몇 가지 필수 번들을 미리 획득해야 한다. 필수 번들은 메이븐 센트럴^{Maven Central}이나 이 책의 깃허브 저장소(https://github.com/alblue/com.packtpub.e4.advanced/)에서 다운로드할 수 있다.

필수 번들은 다음과 같다.

- `asm`(바이트코드 위빙을 위한 번들): https://repo1.maven.org/maven2/org/ow2/asm/asm-all/4.0/asm-all-4.0.jar에서 다운로드할 수 있다.

- `aries.util`(spifly 번들이 의존하는 번들): https://repo1.maven.org/maven2/org/apache/aries/org.apache.aries.util/1.0.0/org.apache.aries.util-1.0.0.jar에서 다운로드할 수 있다.

- `aries.spifly.dynamic`(서비스 로더 중재자를 제공하는 번들): https://repo1.maven.org/maven2/org/apache/aries/spifly/org.apache.aries.spifly.dynamic.bundle/1.0.0/org.apache.aries.spifly.dynamic.bundle-1.0.0.jar에서 다운로드할 수 있다..

다음 그림과 같이 File > Import > Plug-in Development > Plug-ins and Fragments를 실행한 다음, 다운로드한 필수 번들이 있는 디렉터리를 선택해서 이클립스 작업공간으로 번들을 가져온다.

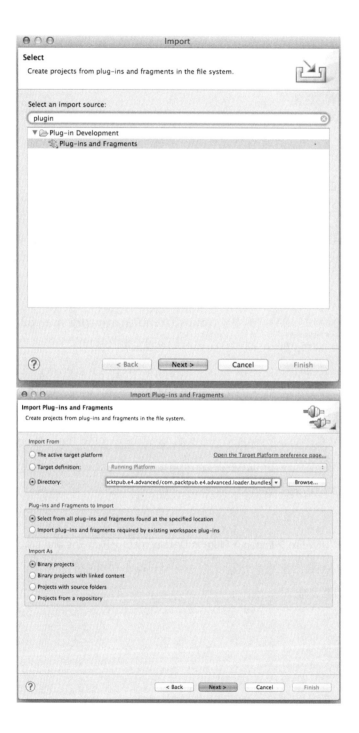

236

Next를 클릭하고 Add All을 선택해서 사용 가능한 모든 번들을 선택한 후 Finish를 클릭한다.

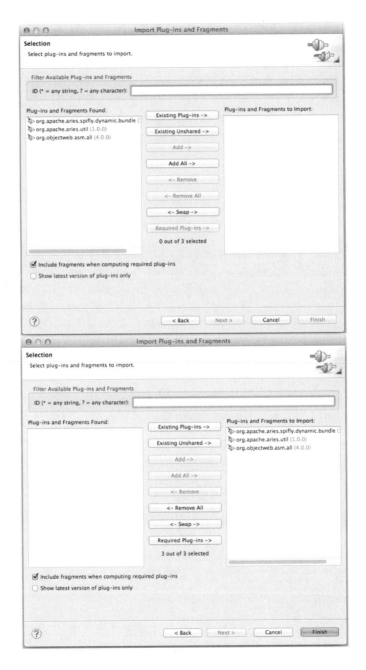

서비스 생산자 실행

서비스 생산자를 실행하기 위해 **Run ➤ Run Configurations**··· 메뉴를 통해 새로운 실행 구성^{Launch Configuration}을 생성한다. **OSGi 프레임워크**^{OSGi Framework}를 클릭하고 **New** 버튼을 클릭해 ServiceLoader Producer Only라는 새로운 구성을 생성한다.

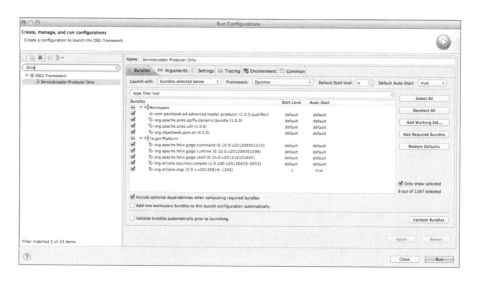

작업공간에 있는 다음 번들을 추가한다.

- com.packtpub.e4.advanced.loader.producer

- org.apache.aries.spifly.dynamic.bundle

- org.apache.aries.util

- org.objectweb.asm

목표 플랫폼에 있는 다음 번들을 추가한다.

- org.apache.felix.gogo.command

- org.apache.felix.gogo.runtime

- org.apache.felix.gogo.shell

- org.eclipse.equinox.console

- org.eclipse.osgi

Run을 클릭해서 프레임워크를 실행한다.

콘솔을 이용해서 생산자 번들을 살펴보자. Runnable 인스턴스를 OSGi 서비스로 등록하도록 선언해야 한다.

```
osgi> ss | grep producer
4 ACTIVE com.packtpub.e4.advanced.loader.producer_1.0.0.qualifier
osgi> bundle 4
com.packtpub.e4.advanced.loader.producer_1.0.0.qualifier [4]
 Id=4, Status=ACTIVE
 "Registered Services"
 {java.lang.Runnable}={
  .org.apache.aries.spifly.provider.implclass=
  com.packtpub.e4.advanced.loader.producer.HelloWorldRunnable,
  serviceloader.mediator=7, service.id=46}
```

예제의 경우 serviceloader.mediator 속성은 7이고 번들 7은 SPI-Fly 구현체다.

```
osgi> bundle 7
org.apache.aries.spifly.dynamic.bundle_1.0.0 [7]
```

서비스 소비자 생성

com.packtpub.e4.advanced.consumer라는 플러그인 프로젝트를 생성한다. 이때 Activator는 다음 코드와 같이 구현한다.

```
package com.packtpub.e4.advanced.loader.consumer;
import java.util.ServiceLoader;
import org.osgi.framework.BundleActivator;
import org.osgi.framework.BundleContext;
public class Activator implements BundleActivator {
  public void start(BundleContext context) throws Exception {
    ServiceLoader<Runnable> sl=ServiceLoader.load(Runnable.class);
    Runnable runnable = sl.iterator().next();
    runnable.run();
  }
  public void stop(BundleContext context) throws Exception {
  }
}
```

번들을 시작하면 Activator가 Runnable 인터페이스를 구현한 클래스를 찾아서 run 한다. 만약 Runnable 인터페이스를 구현한 클래스가 없으면 iterator.next 메소드 는 실패하게 되므로, Runnable 인스턴스를 찾을 수 없을 때 서비스 소비자가 번들이 시작되는 일을 막는다.

클라이언트가 OSGi의 특정 서비스를 찾는 ServiceLoader.load를 호출하지 않기 때 문에 run을 실행하면 번들은 실패한다.

문제를 해결하기 위해 소비자 번들의 META-INF/MANIFEST.MF 파일에 일반적인 기능으로 다음을 등록해야 한다.

```
Require-Capability:
 osgi.extender;
  filter:="(osgi.extender=osgi.serviceloader.processor)"
```

앞의 설정은 프로세서가 존재하고, ServiceLoader.load에 대한 호출이 적절한 OSGi 핸들러 루틴에 대한 호출로 교체됨을 보장한다. 이제 클라이언트 번들을 시작 하면 프레임워크가 시작될 때 Hello World가 출력되어야 한다.

서비스 생산자와 마찬가지로 특정 인터페이스의 구현체만 찾도록 서비스 소비자에 제약 조건을 설정할 수 있다.

```
Require-Capability:
 osgi.extender;
  filter:="(osgi.extender=osgi.serviceloader.processor)",
 osgi.serviceloader;
  filter:="(osgi.serviceloader=java.lang.Runnable)";
  cardinality:=multiple
```

다수의 서비스가 필요할 때 생산자처럼 osgi.serviceloader 기능 요청을 추가함으 로써 서비스를 추가할 수 있다.

"X, Y 둘 중 하나를 만족하는 인스턴스" 또는 "X와 Y를 모두 만족하는 인스턴스"와 같이 필터는 필터의 차이나 조합을 표현하는 데 사용하면 안 된다.

대신 번들은 X가 필요하고 번들은 Y가 필요하다와 같이, 별도의 두 가지 요구 제약 조건이 필요하다. 예를 들어 Runnable과 List를 모두 필요로 하는 경우에 다음과 같이 표현한다.

```
Require-Capability:
 osgi.extender;
  filter:="(osgi.extender=osgi.serviceloader.processor)",
 osgi.serviceloader;
  filter:="(osgi.serviceloader=java.lang.Runnable)";
  cardinality:=multiple
 osgi.serviceloader;
  filter:="(osgi.serviceloader=java.util.List)";
  cardinality:=multiple
```

 번들이 모든 서비스에 대한 개별적인 제약사항을 내보내고 가져와야 할까? 이렇게 하려면 번들 내역서가 너무 복잡해지고 서비스를 추가할 때 내역서도 업데이트해야 한다는 문제가 있다.

반면에 항목을 추가하면 이 코드가 Runnable 인스턴스를 필요로 하는지 분석 도구가 결정할 수 있고, Runnable 인스턴스를 명시적으로 제공하는 번들을 찾게 한다.

노출된 서비스가 단 하나이거나 번들에서 사용한다면 추가적인 요구 제약사항을 가짐으로써 사용 가능한 서비스를 문서화하는 데 좋은 방법이 된다.

서비스 소비자 실행

서비스 소비자를 실행하려면, Run > Run Configurations … 메뉴를 통해 새로운 실행 구성Launch Configuration을 생성한다. OSGi 프레임워크OSGi Framework를 선택하고 New 버튼을 클릭해서 ServiceLoader Producer And Consumer라는 구성을 생성한다.

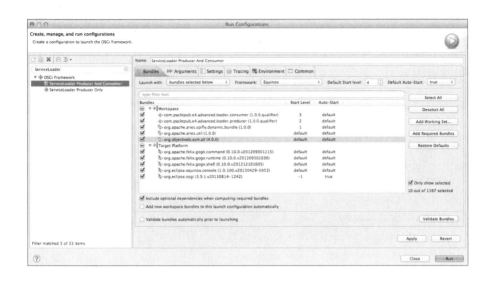

작업공간에 있는 다음 번들을 추가한다.

- com.packtpub.e4.advanced.loader.consumer (시작 수준 3)

- com.packtpub.e4.advanced.loader.producer (시작 수준 2)

- org.apache.aries.spifly.dynamic.bundle (시작 수준 1)

- org.apache.aries.util

- org.objectweb.asm

 예제의 경우, 서비스 생산자를 먼저 시작해서 서비스 소비자를 시작했을 때 Runnable 인스턴스가 존재한다. ServiceLoader에 대한 호출을 적절한 OSGi 호출로 교체함으로써 소비자의 로딩을 다시 작성하는 기회를 갖기 위해 spifly 번들은 소비자를 시작하기 전에 시작해야 한다.

목표 플랫폼^{Target Platform}에 있는 다음 번들을 추가한다.

- org.apache.felix.gogo.command

- org.apache.felix.gogo.runtime

- org.apache.felix.gogo.shell

- org.eclipse.equinox.console
- org.eclipse.osgi

Run을 클릭해서 프레임워크를 실행한다. 클라이언트 번들이 활성화되고 등록한 생산자 서비스를 획득했을 때 콘솔에 Hello World를 출력해야 한다.

```
Hello World
osgi>
```

 소비자가 번들을 시작할 때 Activator 클래스에서 서비스로더 코드를 실행하기 때문에 독립적인 생산자 서비스와 다른 시작 수준이 필요하다.

OSGi 런타임에서 시작 순서를 명시적으로 정의하는 방법은 좋지 않고, 일반적으로 이런 방식은 코드 스멜(code smell)을 나타낸다.

OSGi 업그레이드 전략

많은 오픈소스 라이브러리가 이미 OSGi를 지원하지만, 기본적으로 추가해야 할 필수 메타데이터를 가지지 않는 라이브러리도 있다. 하지만 다행히 이클립스 같은 OSGi 런타임이나 올바른 번들을 포함하고 있는 이클립스 오르빗^{Orbit}(http://eclipse.org/orbit/)과 같이 OSGi 저장소에서 라이브러리를 사용할 수 있도록 활성화하는 많은 전략이 있다.

직접 라이브러리 포함시키기

하나의 번들에서만 필요한 라이브러리라면 대부분의 경우 번들 안으로 JAR(s)을 포함시킨다. 번들 내의 모든 라이브러리는 같은 클래스경로를 공유하기 때문에, OSGi 환경에서 실행 중이라는 사실을 모르고도 라이브러리를 실행할 수 있다. 번들 안에 JAR을 포함시키고 라이브러리를 참조하도록 Bundle-ClassPath 헤더를 설정하면 된다.

```
Bundle-ClassPath: .,lib/example.jar
```

번들 자체가 클래스를 포함하거나 로드해야 할 다른 자원이 있을 경우 점(.)을 반드시 Bundle-ClassPath에 포함해야 한다. 이 방식은 하이버네이트(4.2 이전 버전)나 다수의 클래스로더로는 동작하지 않는 다른 ORM 도구에서 잘 동작한다.

라이브러리를 포함시킴으로써 라이브러리 자체의 패키지 일부를 외부에 노출시켜 가시화할 수도 있다. 이때 공개된 public API만 노출되고 내부 API는 사용자에 노출되지 않는다.

 라이브러리를 번들에 포함하면 JAR을 재빌드할 필요 없이 번들을 테스트할 수 있다. 서명된 JAR은 이클립스 런타임에서 문제가 발생하므로, 서명된 라이브러리이거나 라이브러리의 변경이 불가능한 경우 유용한 방법이다.

자원을 로드하려면 런타임 시에 라이브러리 JAR의 압축을 해제하고 파일시스템에 가용한 상태로 만들어야 하기 때문에 포함된 JAR은 다소 성능의 지연을 발생시킨다. 그래서 문제를 해결하는 데 선호하는 방법은 아니다.

bnd로 라이브러리 래핑

단순히 라이브러리를 내장하는 방법 외에 라이브러리를 처리하기 위해 라이브러리를 래핑wrapping해서 Export-Package와 Import-Package 헤더를 추가하는 방법도 있다. 이 방법은 라이브러리 번들이 노출시킬 패키지를 다른 번들이 가져가서 표준 라이브러리로 사용할 수 있게 한다.

라이브러리가 작으면 번들 내역서를 직접 작성하면 되지만, bnd와 같은 자동화 도구를 사용하면 더 효율적이다. bnd는 메이븐 센트럴(https://repo1.maven.org/maven2/biz/aQute/bnd/ bnd/2.2.0/bnd-2.2.0.jar)에서 다운로드할 수 있다.

bnd 도구는 JAR을 분석하고 클래스의 내용을 기반으로 사용하는 Import-Package와 Export-Package에 대한 항목을 처리한다. 유효한 OSGi 메타데이터를 생성하기 위해 대부분의 빌드 도구가 bnd를 간접적으로 사용한다.

https://repo1.maven.org/maven2/commons-logging/commons-logging/1.0.4/ commons-logging-1.0.4.jar에서 다운로드 가능한 commons-logging-1.0.4를 업그레이드하는 예를 살펴보자.

commons-logging 버전 1.1 이후부터 이미 OSGi 지원 기능을 제공하므로, 자바 애플리케이션을 위한 라이브러리 대신 이 라이브러리를 사용해야 한다. 여기에서는 OSGi 지원 기능이 없는 공개 라이브러리에 OSGi 메타데이터를 추가하는 방법을 설명 하기 위해 오래된 버전을 사용한다.

bnd 도구는 기존의 JAR 내역서를 출력하는 방법을 제공한다.

```
$ java -jar bnd-2.2.0.jar commons-logging-1.0.4.jar
[MANIFEST commons-logging-1.0.4]
Ant-Version                    Apache Ant 1.5.3
Created-By                     Blackdown-1.3.1_02b-FCS
Extension-Name                 org.apache.commons.logging
Implementation-Vendor     Apache Software Foundation
Implementation-Version    1.0.4
Manifest-Version               1.0
Specification-Vendor          Apache Software Foundation
Specification-Version         1.0
```

앞의 내용을 보면 라이브러리가 OSGi 데이터를 가지고 있지 않음을 알 수 있다. Bundle-SymbolicName이나 Bundle-ManifestVersion이 없다.

bnd 도구는 wrap 커맨드를 통해 필요한 종속관계의 라이브러리 집합을 계산한다.

```
$ java -jar bnd-2.2.0.jar wrap
  --output commons-logging-1.0.4.osgi.jar
  --bsn commons-logging
  commons-logging-1.0.4.jar
-----------------
Warnings
000: Using defaults for wrap, which means no export versions
$ java -jar bnd-2.2.0.jar print commons-logging-1.0.4.osgi.jar
[MANIFEST commons-logging-1.0.4.osgi]
Ant-Version                    Apache Ant 1.5.3
Bnd-LastModified               1390176259029
Bundle-ManifestVersion    2
Bundle-Name                    commons-logging
```

```
Bundle-SymbolicName        commons-logging
Bundle-Version             0
Created-By                 1.7.0_45
Export-Package
 org.apache.commons.logging,
 org.apache.commons.logging.impl;
  uses:="org.apache.avalon.framework.logger,
    org.apache.commons.logging,org.apache.log,org.apache.log4j"
Extension-Name             org.apache.commons.logging
Implementation-Vendor      Apache Software Foundation
Implementation-Version     1.0.4
Import-Package
 org.apache.avalon.framework.logger;resolution:=optional,
 org.apache.log;resolution:=optional,
 org.apache.log4j;resolution:=optional
Manifest-Version           1.0
Originally-Created-By       Blackdown-1.3.1_02b-FCS
Specification-Vendor       Apache Software Foundation
Specification-Version      1.0
Tool                       Bnd-2.2.0.20130927-173453
```

이제 생성된 번들을 OSGi 환경에 설치할 수 있다. OSGi 번들이 아닌 라이브러리를 래 핑하는 방법을 제공하지만, 일반적으로 내역서를 추가적으로 조정해야 한다. 예제의 경 우 org.apache.log4j 패키지가 commons-logging 인터페이스의 선택적인 종속관 계를 갖지 않으므로 변경해야 하고, JAR의 원래 버전에 대응하는 Bundle-Version은 실제 1.0.4다. 추가적인 작업은 bnd 커맨드 라인에서 제공하거나 추가적인 .bnd 구성 파일을 제공함으로써 처리할 수 있다. bnd 홈페이지(http://www.aqute.biz/Bnd/ Bnd)에서 자세한 설명을 확인해보라.

bnd는 선언적 서비스Declarative Services(3장 'OSGi 서비스를 이용한 애플리케이션 동적 연결'에 서 다뤘다.)나 서비스 중재자 요구사항(이 장의 '자바 서비스로더'에서 살펴봤다.)을 활성화 하는 헤더와 같은 추가적인 메타데이터를 번들에 첨가하는 데도 사용한다.

서비스를 사용하도록 라이브러리 업그레이드

대부분의 라이브러리는 순수한 라이브러리 코드다. 즉, 라이브러리는 소비자를 위한 구현이나 서비스를 제공하지 않는다. 하지만 의존관계에 있는 다른 번들에게 패키지를 제공하기 위해 라이브러리를 래핑하거나 내보내기하기도 한다.

라이브러리를 서비스로 제공하고 싶으면 OSGi 서비스로 라이브러리를 노출시키는 방법이 더 좋다. 이 방법을 사용하면 다른 OSGi 번들이 서비스의 특정 제공자보다 서비스 자체에 의존할 수 있다.

라이브러리를 서비스로 공개하는 가장 쉬운 방법은 선언적 서비스나 블루프린트(3장 'OSGi 서비스를 이용한 애플리케이션 동적 연결'에서 다뤘다.)를 사용하는 것이다. 알맞은 서비스 XML 파일을 추가하고 올바른 내역서 헤더를 추가함으로써 코드 작성 없이 자동으로 라이브러리가 서비스를 공개할 수 있다. 구성 관리자^{Config Admin}와 조합해서 사용하면, 라이브러리는 공개된 새 서비스를 갖게 되거나 코드를 작성하지 않고 구성 데이터 변경만으로 업데이트할 수 있다.

클래스 확인 문제 해결

대부분의 라이브러리는 직접적으로 클래스 이름을 참조할 필요가 없다. 하지만 일반적으로 역직렬화를 수행하거나 데이터베이스나 스트림으로부터 데이터를 분석할 때 일부 라이브러리 집합은 클래스 검색이 필요하다. 이런 문제를 해결하는 방법은 네 가지다.

- 라이브러리에 클래스 이름 대신 Class 인스턴스를 전달한다. 문제를 해결하는 가장 이식 가능한 방법으로, 많은 API에 대해 동작하며 특히 정보 노출을 위해 어노테이션을 사용하는 경우에 유용하다.
- 호출하는 번들의 컨텍스트로부터 클래스를 얻을 수 있도록 클래스 이름과 함께 ClassLoader를 전달한다. 라이브러리가 올바른 ClassLoader로부터 클래스를 획득할 수 있다.
- 적절한 threadContextClassLoader 집합으로 라이브러리 호출을 래핑한다. 덜 효율적인 방법처럼 보이지만 적어도 몇몇 상황의 라이브러리에서는 동작한다.

- 라이브러리에 `DynamicImport-Package:*`를 추가한다. 그러면 라이브러리가 클래스를 찾으려고 할 때 종속관계를 연결하게 하고, 라이브러리에 클라이언트의 버전을 고정시킬 때 번들이 같은 VM에서 재로딩되는 일도 막는다. 일반적인 경우에는 추천하지 않는 방법이므로, 최후의 수단으로만 사용하라.

앞의 방법 중 어느 것으로도 문제가 해결되지 않으면 다른 라이브러리 사용을 고려하라. 이클립스나 OSGi와 같은 동적 환경에서 사용할 수 없는 라이브러리도 있기 때문이다. 웹 애플리케이션 서버와 같은 다수의 다른 `ClassLoader`를 사용하는 환경에서도 동일한 문제를 일으키는 라이브러리가 존재한다.

정리

이번 장에서는 OSGi가 `ClassLoader`를 사용해서 번들을 분리하는 방법과 JVM마다 하나의 `ClassLoader`만 있다고 가정했을 때 라이브러리에 미치는 영향을 살펴봤다. OSGi 기반이 아닌 라이브러리를 OSGi 환경에서 실행하기 위해 업그레이드하는 방법과 처음부터 이러한 문제를 예방하는 방법도 살펴봤다.

다음 장에서는 지금까지 살펴본 내용을 기반으로 모듈 형태의 애플리케이션을 설계하는 방법을 알아본다.

7

모듈형 애플리케이션 설계

이번 장은 OSGi로 모듈형 애플리케이션을 개발하는 데 사용하는 일반적인 기술과 디자인 패턴을 다룬다. 번들과 패키지의 버전을 부여하는 데 핵심인 시맨틱 버저닝 Semantic versioning의 개념을 먼저 소개하고, 자동으로 버전을 증가시키기 위해 기준선 설정baselining을 사용하는 방법을 설명한다. 이어서 OSGi 애플리케이션에서 일반적으로 사용하는 디자인 패턴design patterns을 몇 가지 소개하고, 디자인 패턴을 사용했을 때의 장점도 설명한다. 마지막으로 OSGi에서 디자인 패턴을 적용한 모범 사례를 소개하고 마친다.

시맨틱 버저닝

OSGi 번들과 패키지의 중요한 부분 중 하나가 시맨틱 버저닝을 사용해서 버전을 관리한다는 점이다. 시맨틱 버저닝은 버전 번호로 호환성을 표현해서 클라이언트가 적당한 버전의 컴포넌트 기반으로 빌드하거나 컴포넌트를 연결하게 해준다.

시맨틱 버전은 1.2.3.RELEASE와 같이 다음 네 가지 부분으로 나뉜다.

- 메이저Major 버전: 메이저 릴리스(1)를 나타내는 번호
- 마이너Minor 버전: 마이너 릴리스(2)를 의미하는 번호
- 마이크로Micro(또는 패치Patch) 버전: 마이크로(패치) 릴리스(3)를 표시하는 번호
- 퀄리파이어Qualifier: 패키지(RELEASE)를 나타내는 텍스트 문자열

이와 같은 버전 번호 문법은 메이븐 센트럴의 모든 자바 JAR이 사용하며, 최신 버전으로 업그레이드할 때 호환성을 지원하는지 판단하는 데 사용한다. 버전을 지정하지 않으면 기본으로 숫자 0이 버전이 되고 퀄리파이어는 빈 문자열이 된다. OSGi에서 숫자는 숫자 순서대로 정렬하고 퀄리파이어는 알파벳 순으로 정렬한다.

메이저 버전 번호의 변경은 하위 호환성을 지원하지 않음을 의미한다. 그래서 commons-collections-1.0을 사용하던 클라이언트는 바로 2.0으로 업그레이드할 수 없다. 전체 패키지의 이름을 변경하거나 기존에 사용하던 메소드 또는 클래스를 제거하는 등의 주요한 변경 시에 하위 호환성 문제가 발생할 수 있다.

마이너 버전의 변경은 하위 호환성을 지원하면서 새로운 기능을 제공한다. 예를 들어 commonscollections-2.0을 기반으로 작성하고 테스트된 클라이언트는 다시 컴파일하지 않고 commons-collections-2.1로 업그레이드 가능하다. 새로운 클래스나 패키지 추가 혹은 설계되지 않은 인터페이스나 클래스의 구현 또는 하위 클래스 생성, 새로운 메소드 추가 등이 하위 호환성을 지원하는 변화에 해당한다.

마이크로 버전 변경은 API의 변경 없이 하위 호환성을 지원함을 의미한다. 일반적으로 버그를 수정했을 때 마이크로 버전을 증가시킨다. 정의에 의하면 버그 수정은 사용자에게 보여지는 요소를 포함하지만, API나 규약의 변경을 의미하지는 않는다. 버그를 수정하기 위해 규약이나 API를 변경하면 해당 버전 번호를 증가시켜야 한다.

마지막으로, 퀄리파이어는 상태나 릴리스 품질(예: M1, RC2, RELEASE) 혹은 날짜나 타임스탬프(예: 201408171400)와 같은 선택적인 메타데이터를 표시하는 데 사용한다.

시맨틱 버저닝에서 개발 초기의 메이저 버전은 0으로 시작하고, 메이저 버전이 1이 될 때까지 내용은 유동적이다. OSGi가 엄밀히 정하지는 않았지만, 다른 프레임워크에서도 사용하는 일반적인 관습이다.

 M1은 Milestone 1을 의미하고, RC2는 Release Candidate 2를 의미한다. Mx < RCx < RELEASE의 관계를 가지므로, 릴리스 순서를 비교할 수 있다.

공개 API와 버전 범위

번들을 변경할 때 적절하게 버전 번호를 증가시켜야 한다. API를 변경하지 않으면 마이크로 버전만 업데이트해도 되지만, 새로운 기능이 있다면 마이너 버전을 업데이트해야 하고, 하위 호환성을 지원하지 않는 변경사항이면 메이저 버전을 업데이트해야 한다.

하위 호환성을 지원하지 않는 변경은 무엇일까? 변경사항이 무엇이냐에 따라 다르다. 예를 들어, 클라이언트가 호출하는 인터페이스의 새로운 메소드는 새로운 기능이고, 인터페이스는 이전 버전의 일부이므로 마이너 변경이다. 하지만 클라이언트가 인터페이스를 구현하려고 한다면, 인터페이스를 구현한 클래스가 더 이상 컴파일되지 않기 때문에 새로운 메소드 추가는 클라이언트의 오류를 발생시킨다.

이런 문제는 자바에서 주기적으로 발생한다. 예를 들어, JDBC `Connection` 인터페이스에는 자바 1.6에서 추가된 `createBlob` 메소드와 자바 1.7에서 추가한 `getSchema` 메소드가 있다. `Connection` 클래스를 호출하는 클라이언트를 위해 동작은 동일하게 유지되지만, 클래스를 구현해야 하는 제공자는 변경을 처리해야 한다.

 클라이언트가 인터페이스의 소비자(consumer)라면 [1.2,2)와 같이 다음 메이저 버전 번호까지 가져오도록 설정해야 한다. 클라이언트가 인터페이스의 제공자(provider)라면 다음 마이너 버전 [1.2,1.3)까지 가져오도록 설정해야 한다. 그렇게 하면 소비자가 새로운 기능을 수용하며, 마이너 버전이 변경됐을 때 인터페이스 구현체가 검증하고 다시 빌드하게 한다.

기준선 설정과 자동 버전 관리

자동으로 버전 번호를 증가시키는 여러 가지 구현체가 있다. 가장 간단하게는 `maven-release-plugin`이 마이크로 버전을 매 릴리스마다 증가시킨다. 개발팀은 마이너 버전과 메이저 버전 번호만 적절히 신경을 쓰면 된다.

자동화된 시맨틱 버전을 지원하려면 공개 API를 많이 변경했는지 알아내기 위해 이전 버전과 비교하는 방법이 있어야 한다. 버전을 비교하는 방법은 두 가지다. 빌드할 버전을 '마지막으로 알려진' JAR과 비교하거나 저장소에서 자동으로 최신 버전을 알아내는 방법이다.

앞의 두 가지 버전을 기준선이라고 하고, 기준선을 알아내거나 참조하는 메커니즘은 도구에 따라 다르다. 하지만 일반적인 원칙은 기준선을 설정하고 매 빌드 후에 API의 변경에 대해 기준선의 빌드와 비교하는 것이다.

 생명주기의 시작 시점에 버전 번호를 결정/계획하도록 강제화하는 프로세스는 결함이 있다. 일반적으로 마이크로나 마이너, 메이저 버전을 증가시켜 패키지를 릴리스해야 하는지는 생명주기의 끝에 이르러서야 안다. 마이크로 릴리스만 계획했지만, API 확장을 포함한다면 마이너 릴리스를 수행해야 한다. 그러므로 생명주기 시작 시에 버전을 강제화하면 절차는 설계상의 결함을 유발하고 강권에 의한 시맨틱 버저닝 위반을 초래한다.

이클립스 API 기준선

프로젝트의 공개적으로 노출된 API를 근거로 버전을 자동으로 관리하게 도와주는 도구가 존재한다. 이클립스는 번들의 집합이 있는 디렉터리로부터 생성 가능한 API 기준선^{Baseline}이라는 개념을 갖는다.

File > Export > Plug-in Development > Deployable plug-ins and fragments를 이용해서 com.packtpub.e4.advanced.feeds와 ui 프로젝트에서 번들을 파일시스템상의 위치로 내보낸다. 내보낸 번들은 기준선을 기록하는 데 사용한다.

API 기준선은 Preferences > Plug-in Development > API Baselines를 실행한 다음 Add Baseline 버튼을 클릭해서 생성한다. 이 메뉴를 실행하면 다음 그림과 같이 앞서 번들을 내보낸 디렉터리를 묻는다.

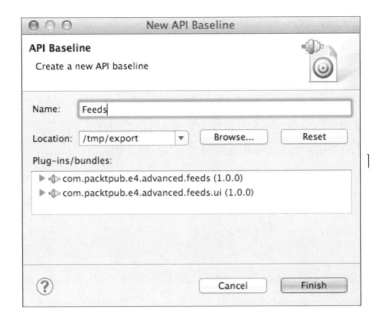

디렉터리 검색을 위해 Reset을 클릭한 다음 Finish를 눌러 기준선을 설정한다.

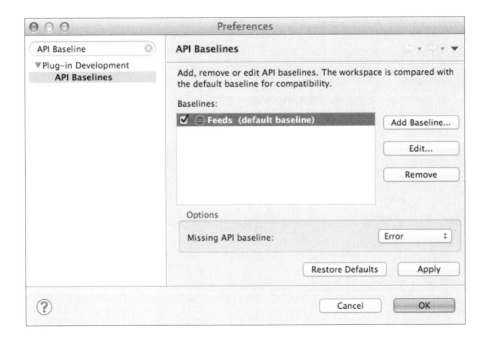

기준선을 설정하고 나면 프로젝트에 기준선을 연결할 수 있다. `feeds`와 `feeds.ui` 프로젝트에서 오른쪽 클릭하고 **Plug-in Tools ➤ API Tools Setup** 메뉴를 선택한다. 기준선 자체는 개발자의 작업공간에 저장되지만 `org.eclipse.pde.api.tools.apiAnalysisNature/Builder`는 .project 파일에 추가된다.

이제 이미 존재하는 클래스나 인터페이스에 메소드를 추가하면, API 도구가 `@since` 문서 태그를 추가하도록 제안하고 번들 버전을 업데이트한다.

`FeedParserFactory` 클래스에 `newMethod`를 추가하듯이 메소드를 클래스에 추가하면 다음 그림과 같이 API 기준선은 마이너 버전을 증가시켜야 한다고 제안한다.

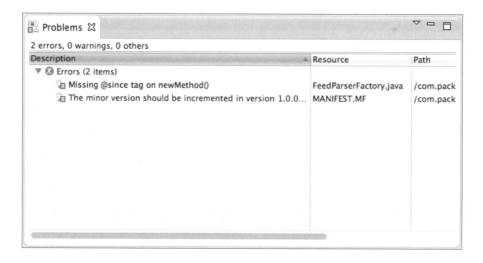

`IFeedParser` 인터페이스에 메소드를 추가하면 인터페이스를 구현한 클래스가 있는 경우에 메이저 버전 번호를 증가시키라고 제안한다.

Problems ⊠			▽ ▭ ▭ ⊟
3 errors, 0 warnings, 0 others			
Description ▲	Resource	Path	
▼ ⊗ Errors (3 items)			
⟲ Missing @since tag on newMethod()	IFeedParser.java	/com.pack	
⟲ The major version should be incremented in version 1.0.0...	MANIFEST.MF	/com.pack	
⟲ The method com.packtpub.e4.advanced.feeds.IFeedParser...	IFeedParser.java	/com.pack	

> 💡 인터페이스가 클라이언트가 구현할 수 있는 클래스가 아닌 API라면, 이클립스에 특화된 @noimplement JavaDoc 태그를 추가해서 메이저 버전 변경 대신 마이너 버전 변경을 제안하게 한다.

bnd 기준선

bnd 도구는 피터 크리엔스[Peter Kriens]가 고안한 번들 처리 도구로, 런타임 클래스와 내장된 라이브러리로 사용할 수 있다. bnd 도구는 두 JAR을 비교하고 공개적으로 가시화된 API가 변경됐는지 판단해서 기준선을 설정하는 방법을 제공한다. bnd 도구는 주어진 이전 버전과 JAR 버전을 비교한다.

```
$ java -jar bnd-2.2.0.jar baseline <newjar> <oldjar>
  Package                              Delta   New    Old    Suggest
* com.packtpub.e4.advanced.feeds      MINOR 0.0.0  0.0.0  0.1.0
* com.packtpub.e4.advanced.feeds.ui MAJOR 0.0.0  0.0.0  1.0.0
```

bnd는 번들 수준의 버전이 아니라 패키지 수준의 버전에 대한 정보를 제공한다. 패키지의 메이저 버전을 변경하면 번들의 메이저 버전을 증가시키고, 패키지의 마이너 버전을 변경하면 번들의 마이너 버전을 증가시키므로 일반적으로 번들 버전을 증가시켜야 한다. 마이크로 버전은 변경이 발생할 때마다 증가시킨다.

 bnd에 대한 좀 더 자세한 정보는 프로젝트 홈페이지(http://www.aqute.biz/Bnd/)
와 소스 저장소(https://github.com/bnd/)를 참조한다. baseline-maven-plugin과
maven-bundle-plugin에서도 bnd의 기준선 연산을 사용한다.

Bndtools

http://bndtools.org에서 제공하는 Bndtools는 bnd 형식으로 빌드하는 이클립스를
위한 IDE 플러그인이다. Bndtools는 이클립스 사용자에게 친숙한 방법으로 프로젝
트를 생성하고 종속관계를 연결하지만, .classpath나 MANIFEST.MF 파일 대신 .bnd
파일을 사용해서 종속성을 연결한다.

Bndtools는 번들을 컴파일할 뿐만 아니라 내부 저장소를 기반으로 번들의 기준선을
자동으로 설정한다. Bndtools는 구성을 저장하고 로컬 작업공간을 위한 저장소로 사
용하기 위해 cnf(configuration의 약어)라는 프로젝트를 생성한다.

Bndtools 릴리스를 실행하면, .bnd 파일에 지정한 버전이나 저장소의 가장 최근에
릴리스한 버전 중 하나를 근거로 번들에 대한 업데이트를 권장한다. 권장할 제안사항
이 있으면 릴리스를 수행할 때 대화상자를 통해 제공한다.

메이븐 기준선 설정

가장 최근에 릴리스한 버전에 근거해서 프로젝트의 버전 번호를 증가시키는 일을 도
와주기 위해 많은 메이븐^{Maven} 플러그인이 생성됐다. 메이븐 플러그인은 pom.xml에

추가해서 메이븐에 전달하고, 코드에 오류가 있는 경우 실행해서 실패를 발생시키는 JUnit 테스트를 사용하는 방법과 마찬가지로 메이븐은 자동으로 버전 번호를 증가시켜야 할지 검사하기 위해 빌드를 수행한다.

메이븐으로 번들을 빌드하는 표준인 maven-bundle-plugin은 버전 2.5.0부터 기준선 설정과 관련된 리포트를 제공한다. 가장 최근에 공개된 빌드와 비교해서 버전 번호를 증가시켜야 할 경우 빌드 실패를 유발하기 위해 baseline 목적^{goal}을 추가한다. 무엇을 업데이트해야 하는지 보여주기 위해 baseline-report 목적도 제공한다.

앞서 설명한 플러그인을 메이븐 프로젝트에 추가하기 위해 다음을 pom.xml 파일에 추가한다.

```
<plugin>
  <groupId>org.apache.felix</groupId>
  <artifactId>maven-bundle-plugin</artifactId>
  <version>2.5.0</version>
  <extensions>true</extensions>
  <executions>
    <execution>
      <id>bundle</id>
      <phase>package</phase>
      <goals>
        <goal>bundle</goal>
      </goals>
    </execution>
    <execution>
      <id>baseline</id>
      <phase>package</phase>
      <goals>
        <goal>baseline</goal>
      </goals>
    </execution>
  </executions>
</plugin>
```

메이븐 프로젝트를 빌드하면 저장소에서 사용 가능한 이전 버전과 비교해 발견한 오류를 리포트한다.

```
$ mvn install
$ mvn versions:set -DnewVersion=1.0.1
... make changes to Java files ...
$ mvn package
```

기본적으로 적당한 버전 번호의 변경 없이 기준선을 변경하면 오류가 발생해서 빌드가 실패하고, 다음과 같은 결과를 출력한다.

```
[INFO] --- maven-bundle-plugin:2.5.0:baseline (baseline) @ example
[INFO] Baseline Report - Generated by Apache Felix Maven Bundle Plugin
on 2014-07-06T20:43Z based on Bnd - see http://www.aqute.biz/Bnd/Bnd
[INFO] Comparing bundle example version 1.0.1 to version (,1.0.1)
[INFO]
[INFO] * com.packtpub.e4.advanced.baseline
 Delta    Current    Base   Recommended    Warnings
 =====   =======   ====   ==========   ========
 minor   1.0.0            1.0.0   1.1.0                      Version increase
required
[INFO]           < class com.packtpub.e4.advanced.baseline.Example
[INFO]               + method newMethod()
[ERROR] com.packtpub.e4.advanced.baseline:
 Version increase required; detected 1.0.0, suggested 1.1.0
[INFO] Baseline analysis complete, 1 error(s), 0 warning(s)
```

클래스 변경은 버전 번호를 변경하라는 권장사항과 함께 빌드 실패를 유발한다. failOnError 플러그인 구성 요소나 baselining.failOnError라는 자바 시스템 속성으로 실패를 비활성화시킬 수 있다.

디자인 패턴

디자인 패턴은 다른 환경에 적용 가능한 소프트웨어 아키텍처상의 재사용 가능한 요소다. 이번 절에서는 OSGi에 특화된 가장 일반적인 두 가지 디자인 패턴, 화이트보드whiteboard와 익스텐더extender를 살펴본다.

화이트보드 패턴

OSGi 화이트보드 패턴whiteboard pattern은 번들이 변경을 주고받는 중앙에 위치한 보드다. 이 접근법은 다음의 다이어그램과 같이 직접적인 연결이나 둘 사이의 결합 없이 누군가 화이트보드의 항목을 업데이트하고 다른 누군가는 보드에 접근해서 항목을 살펴볼 수 있는 공유된 화이트보드로 비교될 수 있다.

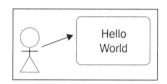

각각의 참여자는 공유된 화이트보드에 대한 참조를 가지므로 보드에 항목을 추가할 수 있고, 항목을 생성한 자와의 직접적인 관계 없이도 메시지를 가져올 수 있다.

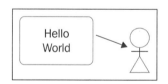

OSGi 서비스 저장소Service Registry와 OSGi 이벤트 관리자Event Admin(8장 'EventAdmin을 통한 이벤트 기반 애플리케이션'에서 다룬다.) 모두 화이트보드 패턴의 예다. 번들이 공유된 서비스(화이트보드)와 통신하고 이벤트를 전달하거나 받으면, 다른 번들은 응답을 받거나 전달하지만 서로 강하게 결합하지는 않는다.

화이트보드 패턴의 한 가지 속성은 패턴이 이벤트 기반event-driven일 수 있다는 점이다. 이벤트가 발생하면, 이벤트는 여러 가지 다른 동작을 발생시킨다. 화이트보드 패턴은 다대다의 관계를 정의할 수도 있다. 즉, 많은 생산자가 콘텐츠를 제공하고 또 많은 사용자가 콘텐츠를 받을 수 있다.

공유된 화이트보드를 브로커broker라고 부르는 대부분의 메시지 기반 시스템에서 화이트보드 패턴을 볼 수 있지만, 다른 종류의 패턴도 적용 가능하다. 평범한 자바에서는 JDBC Driver 클래스가 화이트보드 패턴의 한 예가 된다. 드라이버 클래스를 화이트보드에 등록하고 코드는 이해하기 힘든 문자열을 기반으로 드라이버를 검색한다.

 화이트보드가 반드시 싱글톤일 필요는 없다. Driver 예제는 전역의 싱글톤이지만, BundleContext는 인스턴스에 특화되게 할 수 있으며 사용 가능한 서비스에 대한 필터 뷰를 제공한다.

익스텐더 패턴

OSGi 익스텐더 패턴extender pattern은 런타임 시에 번들에 부가적인 데이터나 기능, 다른 번들 처리를 추가할 수 있는 패턴이다. 이 패턴은 일반적으로 어떤 종류의 액션을 수행해야 하는지 지시하는 헤더를 번들의 내역서manifest에 추가해서 구현한다.

3장 'OSGi 서비스를 이용한 애플리케이션 동적 연결'에서 살펴본 선언적 서비스 Declarative Services가 익스텐더 패턴의 예다. 번들을 런타임에 설치할 때 선언적 서비스 번들은 특정 헤더가 존재하는지 확인한다.

```
Service-Component: OSGI-INF/example.xml
```

선언적 서비스 번들이 앞의 헤더를 발견하면 추가적인 액션을 수행하고, 헤더가 없으면 추가적인 액션은 발생하지 않는다. 선언적 서비스를 사용하면 클라이언트 번들이 선언적 서비스 번들 자체에 직접적인 관계 없이 기능을 확장한다.

그 외 많은 다른 번들에서 익스텐더 패턴을 사용한다. 원격 서비스^{Remote Services} 명세는 웹 서비스나 다른 방법을 이용해서 원격의 API로 서비스의 집합을 노출시킨다. 번들 자체가 원격 API를 노출시키는 메커니즘을 제공하는 대신, 익스텐더가 서비스에 대한 원격 프록시를 생성하고 원격 호스트에서 접근할 수 있게 만든다.

엔티티 지속성^{entity persistence}에도 익스텐더 패턴을 사용한다. 이클립스링크^{EclipseLink}나 아파치 에리즈^{Apache Aries} 같은 JPA 제공자는 설치된 번들 중 `Meta-Persistence` 헤더가 있는 번들들을 찾는다. 그 헤더가 있는 번들들을 찾으면 파일을 로드한 다음, 자동으로 퍼시스턴스 서비스를 제공하는 프록시 객체로 연결한다. 이때 익스텐더 번들은 동적으로 클래스를 생성하고 프래그먼트나 다른 위임된 클래스로더를 사용해서 목표 번들에 클래스를 주입한다.

익스텐더 패턴은 특정 제공자에 대한 종속성을 명시적으로 선언하지 않아도 된다는 장점이 있다. 하지만 익스텐더 없이 프레임워크에 번들을 설치하면, 번들이 예상과 다르게 동작할지도 모른다는 단점이 있다.

2015년에 릴리스될 예정인 OSGi R6 엔터프라이즈^{Enterprise} 명세는 번들을 활성화하기 전에 익스텐더가 존재함을 보장하는 `Require-Capability` 제약사항을 사용하는 방법을 제공한다. 선언적 서비스를 필요로 하는 번들은 다음과 같이 요구사항을 표현할 수 있다.

```
Require-Capability: osgi.extender;
  filter:="(osgi.extender=osgi.service.component)"
```

`osgi.extender` 네임스페이스의 문법은 변경될 수 있으므로 OSGi R6 엔터프라이즈 명세와 올바른 요구 조건 설정을 위해 선언적 서비스와 관련된 사항을 확인해보라.

익스텐더 패턴을 구현하는 애플리케이션을 설계할 때는 익스텐더 처리에 사용할 수 있는 내역서상의 헤더를 찾아라. 그리고 **/*.xml과 같은 값을 기본값으로 설정하지 마라. **/*.xml은 번들에 기능이 있든 없든 상관없이 모든 번들을 검색하기 때문에 성능 상의 문제가 발생한다. 블루프린트(Blueprint)가 이와 같은 문제를 갖고 있다. 블루프린트를 OSGi 런타임에 설치할 때 설치한 모든 번들의 블루프린트 구성 파일을 검색하므로, 부팅 시간이 느려진다. 내역서를 이미 로드해서 분석했기 때문에 내역서에 헤더가 존재하면 좀 더 빨라지고, 익스텐더가 필요한 번들에서는 좀 더 과도한 연산이 발생할 수 있다

모범 사례

이번 절에서는 모듈형 시스템을 설계할 때, 특히 OSGi나 표준 이클립스 확장 메커니즘을 기반으로 구성한 모듈형 애플리케이션을 설계할 때 적용 가능한 몇 가지 모범 사례를 살펴본다.

API와 구현의 분리

API와 구현을 분리하는 일은 OSGi 애플리케이션에서 매우 흔하다. 둘을 분리하면 API를 따르는 구현에 상관없이 독립적으로 API의 버전을 관리할 수 있다.

API와 구현을 분리하기 위해 대부분의 API를 순수한 자바 인터페이스로 정의하지만 클래스로 정의하는 경우도 있다. 예외exception는 일반적인 POJO 데이터 구조이기 때문에, 클래스로 표시되어야 한다.

이클립스는 구현할 수 없는 인터페이스와 상속해서 하위 클래스를 생성하기에 적합하지 않은 POJO를 표시하기 위해 @noimplement와 @noextend JavaDoc 태그를 사용한다. 이 태그는 인터페이스가 API 외부에서 사용하도록 구현되지 않았고 클래스도 상속하도록 설계되지 않았음을 의미한다. 주석이 런타임에 연결되지는 않지만, 클라이언트에 가이드 문서를 제공해서 클라이언트가 하고자 하는 작업이 지원되는지 그렇지 않은지를 판단하게 해준다.

인터페이스와 구현을 분리하는 방법 중 하나가 모든 공개된 유형을 하나의 패키지에 두고 다른 패키지에는 상세한 구현 클래스를 두는 방법이다. 그런 다음, OSGi의 `Export-Package` 내역서 헤더를 사용해서 구현 패키지만 노출시킨다. 자바 라이브러리(특히 AWT)에서 사용하는 방법으로, 내부의 구현 클래스는 `com.sun` 패키지에 두고 최종 사용자가 사용하는 API는 `java.*`나 `javax.*` 패키지에 둔다. 하지만 이 방식은 클라이언트가 구현 번들에 강하게 결합해서 클라이언트 번들을 새로 고치거나 재시작하지 않으면 교체할 수 없다는 단점이 있다.

앞의 문제는 클라이언트가 API와 강하게 결합^{tightly bound}되기 때문에 발생한다. 클라이언트 번들은 API 클래스에 패키지 의존성을 가지며 번들을 새로 고치기(중지/시작 주기를 의미한다) 전까지 릴리스되지 않는다. 그래서 API 번들이 그때그때 교체되지 못하게 막는다.

문제를 해결하는 방법은 API 클래스와 인터페이스를 별도의 번들에 두는 것이다. 이 방법은 클라이언트가 API 번들에만 의존하게 하고, OSGi 서비스를 찾는 것과 같이 다른 방법을 통해 구현체를 찾게 한다. 클라이언트는 API에만 강하게 결합하게 해서 런타임 시에 구현체를 동적으로 교체할 수 있다.

이와 같은 방식은 JDBC 드라이버에서도 사용한다. 클라이언트는 `java.sql` 패키지에 의존하고 구현체는 별도의 다른 라이브러리를 통해 제공한다. OSGi 프레임워크에 접근할 때도 이 방법을 사용한다. 클라이언트는 `org.osgi.framework.*` 패키지에 의존하고, 프레임워크 자체가 제공하는 특정 구현체에는 의존하지 않는다.

 편의를 위해 2장 '사용자 정의 확장점 생성'과 3장 'OSGi 서비스를 이용한 애플리케이션 동적 연결'에서 구현한 FeedParserFactoy와 같이 API 번들에서 팩토리 인스턴스를 제공하는 경우도 있다. 이때 클라이언트에 구현의 세부사항을 노출시키지 않도록 주의해야 한다. 그렇지 않으면 API 번들이 구현 번들에 강하게 결합하게 된다. API 번들이 구현 번들에 엮이지 않게 하는 일반적인 방법은 구현 번들이 API 번들에 의존하도록 보장해서 순환 참조가 발생하지 않게 하는 것이다.

많이 사용하는 로깅 프레임워크, Simple Logging Facade for Java^{SLF4J}는 구현과 분리된 버전의 API를 제공한다. 컴파일 시점에 클라이언트는 API에만 의존하고 상세한 구현체에는 의존하지 않으며, 런타임 시에는 적당한 구현체를 사용하고 필요하면 구현체를 변경해서 사용한다.

패키지 분리

패키지 종속성만 있는 애플리케이션은 모듈화되어 보이지만, 모듈 방식에 여전히 문제가 있다. 처음에는 동일한 번들에 있는 다수의 패키지는 서로서로 참조할 수 있으므로 패키지는 느슨하게 결합하는 듯하지만, 여전히 패키지 간에 종속성의 누락이 존재한다.

다수의 분리된 모듈을 사용해서 시스템을 구성하는 방법이 구현의 분리를 강제하는 유일한 방법이다. 추가적인 필터/구현체 숨기기를 제공하는 OSGi를 사용하면 좀 더 쉽게 구현과 API를 분리할 수 있다.

극단적으로는 번들마다 하나의 공개 패키지만 갖게 해서 OSGi 런타임이 종속성 집합이 완전함을 확인하게 할 수 있다. 대부분의 경우에 이런 접근법이 적절하지 않지만, 공개 패키지의 수를 적게 하는 방법이 하나의 번들에 모든 공개 패키지를 두는 방법보다 더 적합하다.

 OSGi를 인지하는 빌드 시스템을 사용하면 비공개(private) 구현 클래스를 누락했을 때를 감지해서 컴파일을 못하게 막을 수 있다. 내부 구현 패키지를 숨기고 번들 외부에서의 사용을 막는 능력은 OSGi의 강력한 기능 중 하나이며, 유지보수를 편리하게 한다.

서비스 분리

순수하게 패키지 수준의 분리를 가능하게 하는 좀 더 나은 방법은 서비스 수준의 분리다. 서비스 수준에서 분리하는 접근법은 번들 자체에 대한 고정된 수명을 갖는 대신 런타임 시에 구현체를 변경할 수 있게 한다.

톰캣^Tomcat 엔진이 서비스를 분리한 대표적인 예다. 웹 애플리케이션을 webapps 폴더에 옮겨두면 애플리케이션을 자동으로 디플로이하고, 웹 애플리케이션을

webapps 폴더에서 제거하면 웹 애플리케이션을 중단한다. 서버를 재시작할 필요 없이 새로운 버전의 웹 애플리케이션을 webapps 폴더에 내려놓기만 하면 웹 애플리케이션을 업데이트할 수 있다.

`javax.servlet.Servlet` API와 `javax.servlet.Servlet` 서비스의 제공자로서 웹 애플리케이션과 같이 서비스 분리는 구현체와 API의 분리를 제공한다.

 OSGi HTTP 서비스는 Servlets를 공개할 때를 알리고 들어오는 요청에 대해 서블릿을 연결하기 위해 익스텐더 패턴과 함께 서비스 분리 기법을 사용한다.

동적 서비스^{Dynamic Services}를 사용하려면 OSGi와 같은 동적 프레임워크가 필요하고 클라이언트가 서비스의 생성과 삭제를 인지할 수 있어야 한다. 클라이언트가 서비스의 생성과 삭제를 인지하기 위해 일반적으로 서비스트래커^{ServiceTracker}와 같은 헬퍼 클래스를 사용하거나 선언적 서비스^{Declarative Services}와 같은 익스텐터 패턴을 사용한다.

서비스 분리 개념은 자바에서 두루 사용되고 있다. JDBC는 구현체를 등록하고 드라이버 종류를 표시하는 문자열을 기반으로 구현체를 찾는 `Driver`라는 개념을 갖는다. 좀 더 일반적으로는 자바 1.6에 추가된 서비스로더^{ServiceLoader}가 인터페이스 이름을 기반으로 하나 이상의 구현체 위치를 찾는 방법을 제공한다. 이 방법은 사용자와 제공자를 분리시키는 방법을 제공할 때 사용한다. 사용자는 특정 인터페이스의 구현체가 필요하고 제공자는 특정 인터페이스의 구현체를 제공한다.

 6장, '클래스로더 이해'에서 다뤘듯이, 필요할 때 클래스를 로드해서 연결함으로써 서비스로더(ServiceLoader)에 대한 참조를 다시 작성할 수 있지만, ServiceLoader 클래스는 동적인 환경에 잘 맞지 않는다.

이런 패턴은 원하는 유형의 인터페이스를 사용하고 Factory나 ServiceLoader, 서비스 레지스트리^{Service registry} 같은 써드파티를 사용해서 인터페이스에 대한 인스턴스를 획득하고 반환하는 팩토리 패턴^{Factory Pattern}과 함께 쓰인다. 일반적으로 Factory 구현체를 새로운 서비스의 인스턴스로 구성하지만, OSGi의 경우는 기존의 인스턴스를 반환하거나 선택하는 데 사용한다.

Require-Bundle보다 Import-Package 사용

번들은 Require-Bundle이나 Import-Package를 이용해서 종속성을 정의한다.
Require-Bundle은 해당 번들에서 노출시킨 모든 패키지를 가져오지만, Import-
Package는 개별적으로 지정한 패키지만 가져온다(좀 더 일반적인 형식인 Require-
Capability는 OSGi R4.3에서 추가됐으며, 패키지가 아닌 다른 종속관계를 표현할 때 사용한다.).

 예전부터 이클립스 플랫폼은 플러그인의 콘텐츠 전체에 접근을 필요로 하는 플러그인
종속성을 사용했다. Require-Bundle은 이클립스 3.0을 OSGi 기반으로 전환했을 때
OSGi R4 명세에 추가되어서, 최근의 이클립스 PDE는 여전히 Require-Bundle을 통
해 종속성을 정의하는 방식을 더 선호한다.

일반적으로 OSGi 애플리케이션은 다음의 이유로 Import-Package 사용을 선호한다.

- 번들의 버전과 독립적으로 패키지 버전을 설정할 수 있다.
- 번들 요구사항을 좀 더 명확하게 표현한다(코드는 하나의 번들 이름이 아니라 특정 패키
  지의 클래스에 의존한다.).
- 향후 리팩토링해야 할 패키지를 다른 번들로 옮길 수 있다.
- 사용자 번들이나 코드를 변경하지 않고 다른 번들이나 가짜 구현체로 번들을 교
  체할 수 있다.

반면에 이클립스 번들에서는 Require-Bundle의 사용이 더 일반적이다. 예를 들어,
JDT UI 번들은 JDT core 번들에 대한 고정된 종속성을 표현한다.

```
Bundle-SymbolicName: org.eclipse.jdt.ui; singleton:=true
Require-Bundle: ...
  org.eclipse.jdt.core;bundle-version="[3.9.0,4.0.0)",
  ...
```

이클립스의 PDE 도구는 직접 번들 내역서를 작성하고 가져오기/내보내기 목록을 자
동으로 생성하는 부분만 처리한다고 예상해서 구성했기 때문이다. 그리고 예전부터

266

이클립스에서 대부분의 종속성은 패키지 버전 대신 번들 버전을 사용해서 설정했으므로, PDE 도구는 이클립스의 일반적인 경우에 최적화되어 개발됐다.

PDE를 통해 Require-Bundle에서 Import-Package를 사용하도록 변경할 수 있다. 종속성^{Dependencies} 탭에 후보 번들을 지정할 수 있는 숨겨진 **자동화된 종속 관리**^{Automated Management of Dependencies} 영역을 이용하면 된다. **종속성 추가**^{add dependencies} 하이퍼링크를 클릭해서 아래에 사용한 설정에 따라 Require-Bundle이나 Import-Package에 종속 관계에 있는 목록을 채워 넣는다.

feeds.ui 프로젝트의 종속성 설정을 변경하려면, MANIFEST.MF 파일을 열고 **종속성** Dependencies 탭으로 전환한 다음, **자동화된 종속 관리**^{Automated Management of Dependencies} 영역을 확장한다. 빈 테이블이 보일 것이다.

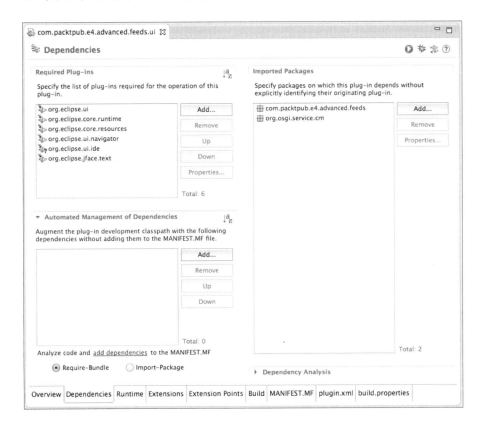

이제 **필수 플러그인**Required Plug-ins 영역에서 **자동화된 종속 관리**Automated Management of Dependencies 영역으로 종속성 설정을 옮긴다. 기존에 존재하는 패키지를 자동으로 가져오기 위해, `com.packtpub.e4.advanced.feeds`와 `org.eclipse.osgi.services` 번들을 후보 목록에 추가하고 **가져온 패키지**Imported Packages 영역에서 제거한다.

하단의 Require-Bundle을 Import-Package로 변경해 선택하고 **종속성 추가**add dependencies 링크를 클릭한다. 오른쪽의 Imported Packages 목록에 패키지 전체 목록이 채워진다. 버전과 함께 내보내진 패키지도 작업공간에 설치된 버전으로 가져온다.

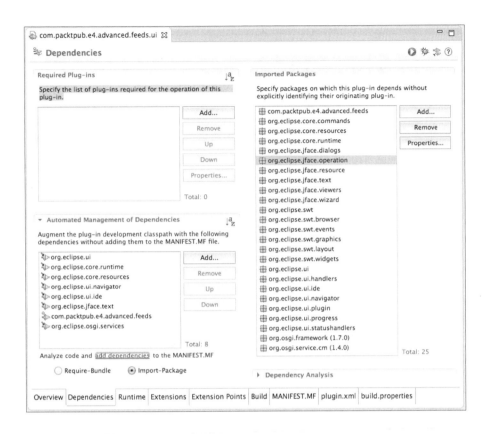

앞의 예제에서는 이클립스 4.3 버전에 해당하는 `org.osgi.framework` 패키지의 1.7.0 버전이 가져온 패키지로 설정됐다. 더 오래된 버전의 이클립스를 지원하게 하려면, 버전 값을 낮춰야 한다. 물론, 오래된 버전에서 번들을 테스트하면 새로운 버전의 기능을 활용할 수 없다는 점을 명심해야 한다.

패키지 버전과 번들 버전

앞 절에서는 Require-Bundle을 Import-Package로 바꿔봤다. 이 방식은 번들에 추가된 종속성의 수를 증가시키지만, 종속성이 자동으로 추가되므로 관리는 더 편해진다.

번들 대신 가져올 패키지의 버전도 변경해봤다. 내보낸 패키지에 `version` 속성을 추가해서 패키지에 버전을 설정한다.

```
Export-Package: org.osgi.framework;version="1.7"
```

이 패키지를 사용하려면 가져오기를 설정할 때도 버전을 지정해야 한다.

```
Import-Package: org.osgi.framework;version="1.7.0"
```

이렇게 설정하면 번들이 1.7.0 이상의 버전에 연결됨을 보장한다. 버전 번호를 지정하지 않으면 기본적으로 0이므로, 문자열 1.7은 1.7.0과 같다.

특정 패키지에 버전을 지정하면 번들에 버전 수준을 지정할 때보다 좀 더 세밀한 설정이 가능하다는 장점이 있다. 이클립스 이퀴녹스 커널인 org.eclipse.osgi와 같이, 번들이 많은 패키지를 내보낼 경우 통합된 하나의 버전 번호만 번들이 갖게 된다. 이클립스 4.3.2의 번들 버전은 3.9.2이고, 이클립스 4.4.0의 번들 버전은 3.10.0이다.

하지만 이클립스 4.3.2와 4.4.0 모두 org.osgi.framework.hooks.bundle 패키지를 버전 1.1.0으로 내보낸다. 이 패키지가 필요한 클라이언트는 이 패키지만 가져오면 되고, 이퀴녹스^{Equinox}에서 org.eclipse.osgi 번들이 이 패키지를 제공하는지 걱정할 필요가 없다. 아파치 펠릭스$^{Apache Felix}$의 경우, 이 패키지는 felix 번들에서 제공하고 동일한 버전을 내보낸다.

버전 1.1.0에서 추가된 CollisionHook에 의존하는 경우와 같이 새로운 기능이 필요하면, 최소 버전으로 1.1.0을 제공하지 않는 환경에서는 번들을 설치할 때 오류가 발생한다. 이 기능이 이클립스의 org.eclipse.osgi 번들 또는 펠릭스의 felix 번들에 설치되어 있다면, 사용 가능한 번들의 일관된 이름이나 버전은 없다. 번들 개발자가 Require-Bundle: org.eclipse.osgi;bundle-version="3.9.0"을 사용한다면, 번들은 펠릭스 같은 다른 OSGi 프레임워크에서는 처리되지 않는다.

버전을 지정한 Import-Package를 사용하면 번들은 시스템에 설치된 번들의 이름에 상관없이 적절한 수준의 서비스에 의존하게 된다. 아파치 펠릭스 번들의 대부분이 그러하듯 일반적으로 모든 OSGi 프레임워크 패키지는 버전을 갖는다.

 대부분의 이클립스 기반 OSGi 번들은 패키지 버전을 내보내지 않는다.

분할 패키지 피하기

OSGi 용어로 분할 패키지^{split package}는 여러 번들에서 노출한 패키지다. 분할 패키지는 환경 전체에 좀 더 복잡한 뷰를 이끌고, 번들의 일부분만 가져왔을 때 이상 동작을 유발시킨다. Import-Package 종속성이 번들에 설정된다면 번들은 패키지를 제공한 하나의 제공자에만 연결된다. 하나 이상의 패키지 버전이 있다면, 프레임워크는 둘 중 하나를 선택해서 연결한다.

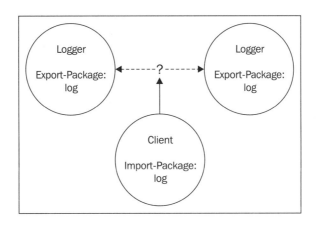

결과적으로 둘 이상의 번들에서 패키지를 제공하면, Import-Package로 하나의 클라이언트가 패키지를 가져올 수 없다.

 JAR은 봉인된 패키지(sealed packages)를 이용해서 하나의 번들에서 제공하는 하나의 패키지를 가져오는 동일한 개념을 가지며, JAR 내역서에 다음과 같은 항목을 가진 순수한 자바를 통해 제공한다.

Name: com/example/pack/age/Sealed: true

일반적으로 분할 패키지는 사고나 일부 기능을 내보내 다른 곳에서 사용 가능하게 된 패키지의 리팩토링^{refactoring}이나 진화^{evolution}를 통해 발생한다.

콘텐츠를 가진 패키지를 둘 이상의 분할 패키지에서 가져오려면, 중간에 통합자 번들을 사용해야 한다. 통합자 번들은 일반적인 패키지에 대해서는 Export-Package를 사용하지만, 상징적인 이름을 통해 패키지를 통합하기 위해서는 Require-Bundle을 사용한다.

Require-Bundle을 이용하면 종속관계에 있는 번들을 합치기 쉽지만, 번들이 본래의 내보낸 패키지에 종속성을 설정하지 못하게 막아야 한다. 그러기 위해 mandatory 지시문을 분할 패키지에 추가해서 적절한 속성을 가진 Require-Bundle이나 Import-Package가 없으면 패키지를 가져오지 못하도록 막는다.

```
Bundle-SymbolicName: foo.logger
Export-Package: log;mandatory:=foo;foo=bar
```

앞의 설정은 foo 속성의 값이 bar라고 지정하지 않으면 log 패키지를 가져오지 못하게 막는다.

```
Import-Package: log;foo=bar
```

log 패키지를 획득하는 다른 방법은 Require-Bundle을 사용하는 것이다.

```
Require-Bundle: foo.logger
```

이 솔루션은 다음의 MANIFEST.MF 항목과 같이 표시된다.

```
# logger.jar
Bundle-SymbolicName: com.packtpub.e4.advanced.log.logger
Export-Package: log;mandatory:=by;by=logger

# other.jar
Bundle-SymbolicName: com.packtpub.e4.advanced.log.other
Export-Package: log;mandatory:=by;by=other

# merge.jar
Bundle-SymbolicName: com.packtpub.e4.advanced.log.merge
Export-Package: log
Require-Bundle:
  com.packtpub.e4.advanced.log.logger,
  com.packtpub.e4.advanced.log.other

# client.jar
```

```
Bundle-SymbolicName: com.packtpub.e4.advanced.log.client
Import-Package: log
```

번들 간의 관계는 다음 다이어그램과 같이 도식화할 수 있다.

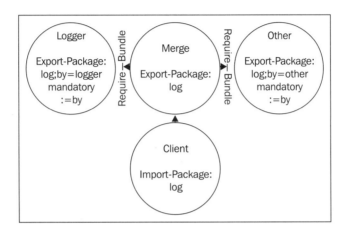

by 속성을 사용한 경우만 패키지를 가져오기 위해 mandatory 지시문을 사용해서, 패키지의 특정 변이체를 선택하게 한다. 이를 통해 다수의 Require-Bundle 바인딩을 병합할 수 있으며, 클라이언트가 Import-Package를 사용해서 병합된 번들에 연결할 수 있음이 명확해진다.

 분할 패키지는 구현 시에 문제가 발생할 수 있으므로 보통은 사용하지 말아야 한다. 분할 패키지를 사용해야 하는 유일한 경우는 하나 이상의 위치에 클래스를 가지는 것 외에 기존 패키지를 리팩토링할 대안이 없을 때다. 분할 번들이 필요하면 컴포넌트에 대해 알고 컴포넌트를 가져오는 복합 번들을 제공해야 한다. 하지만 더 이상 필요하지 않은 컴포넌트의 경우에 복합 번들은 선택사항이다.

패키지 가져오기와 내보내기

OSGi 릴리스 3에서 Export-Package는 패키지의 Import-Package를 암시한다. OSGi 릴리스 4(이클립스 시작 시 사용하는 버전)에서는 더 이상 Export-Package가 패키지의 Import-Package를 의미하지 않는다.

bnd를 사용해서 번들을 빌드하는 도구는 일반적으로 생성된 모든 Export-Package에 자동으로 Import-Package를 추가한다. Bndtools와 메이븐 펠릭스$^{Maven\ Felix}$, 그래들^{Gradle} OSGi 플러그인이 그런 도구에 해당한다. 결과적으로 내보낼 foo 패키지는 MANIFEST.MF 파일에 다음과 같이 표시된다.

```
Export-Package: foo
Import-Package: foo
```

하지만 PDE를 사용할 때와 같이 직접 bundle 내역서를 작성하면 보통 Import-Package를 추가하지 않고 패키지만 내보낸다.

```
Export-Package: foo
```

두 가지 방식의 차이는 무엇이고 어느 것이 더 좋을까? OSGi 명세(3.6.6절)는 패키지가 비밀^{private} 패키지를 사용하지 않고 비밀 패키지가 내보낸 패키지를 사용하는 한, 내보낼 패키지를 가져오는 방식을 추천한다. 예를 들어, 다음 다이어그램과 같이 API를 노출하는 번들에서는 패키지도 가져와야 한다.

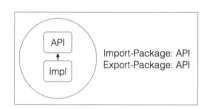

내보낼 패키지를 가져와야 하는 이유는 번들이 다른 번들의 패키지와 로컬의 패키지를 교체할 수 있게 하기 위함이다. 예를 들어, 두 가지 버전의 org.slf4j API 패키지를 설치하고 두 번들로부터 패키지를 가져올 때, 프레임워크는 가장 최신의 번들로부터 패키지를 가져와서 API 패키지를 업그레이드할 수 있다. 그래서 사용 가능한 새로운 버전이 생기면 새 버전으로 패키지 교체가 가능하다. 다음은 이런 원리를 설명한 다이어그램이다.

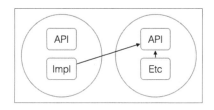

패키지 교체는 내보낸 패키지가 내부 패키지에 의존하지 않는 경우에만 동작한다. 내보낸 패키지가 내부 패키지(예: 반환 유형이나 인수 유형, 어노테이션, 예외)에 의존성을 갖는다면, 패키지는 교체될 수 없다. 번들도 마찬가지로 패키지가 교체 가능하도록 내부적으로 패키지에 의존해야 한다. 번들이 패키지에 의존하지 않으면 패키지를 가져오기 할 필요가 없다.

시작 순서 조건 피하기

OSGi 프레임워크에는 유닉스의 시작 수준과 유사한 시작 수준^{start level}이라는 개념이 있다. 시작 수준은 런타임 시에 증가되고 감소되는 양의 정수다. 프레임워크는 시작 수준 0에서 시작해서 0으로 끝나고, 초기 시작 수준(이클립스의 경우 4, 펠릭스의 경우 1)에 도달할 때까지 시작 수준을 점진적으로 증가시킨다.

시작 수준을 증가시킬 때마다 해당 수준에서 시작하도록 정의한 번들을 자동으로 시작한다. 마찬가지로 시작 수준이 감소할 때마다, 더 이상 시작 수준이 맞지 않는 번들을 중지시킨다. 프레임워크를 중지하면, 시작 수준은 모든 번들이 중지될 때까지 점진적으로 감소해 0이 된다.

일반적으로 특정 시작 순서에 의존하면 번들 간의 관계가 깨지기 쉽다. 하지만 시작 순서를 정의해야 할 경우도 있다. 이클립스와 이퀴녹스는 선언적 서비스를 먼저 시작해서, 이어서 시작되는 다른 번들이 선언적 서비스를 사용할 수 있도록 시작 순서를 정한다. 마찬가지로 클래스 파일을 처리하기 위해 사용하는 위빙 후크^{weaving hooks}는 연결할 클래스 파일을 로드하기 전에 후크를 설치하기 위해 시작 순서를 정의한다.

다음은 시작 수준의 순서를 정의해서 발생하는 문제를 방지하는 몇 가지 방법이다.

- 첫 번째 방법은 선언적 서비스와 같은 컴포넌트 모델을 사용하는 것이다(3장 'OSGi 서비스를 이용한 웹 애플리케이션 동적 연결'에서 좀 더 자세한 사항을 참조하라.). 선언적 서비스는 서비스를 등록하고 사용 가능하게 만들지만 서비스의 종속성을 만족한 경우에만 인스턴스를 생성할 수 있다. 이런 특징 때문에 시스템은 서비스가 필요할 때까지 기다렸다가 요청이 들어오면 서비스 인스턴스를 생성하도록 보장한다.
- 두 번째 방법은 번들 이벤트를 감지하는 방법이다(8장 'EvenAdmin을 이용한 이벤트 기반 애플리케이션'을 참조하라.). 번들이 설치되고 삭제되는 것을 감지해서 번들을 설치할 때 적절한 액션을 취하게 할 수 있다. 번들을 설치하고 구동할 때 번들을 처리하기 위해 익스텐더 패턴(이 장의 '익스텐더 패턴' 절을 참조하라.)을 구현한 번들이 사용하는 방법이다. 일반적으로 이 방법의 처리 과정은 새로운 번들을 검출하기 위해 리스너 기반의 메커니즘으로 전환한 다음, 현재 설치된 모든 번들에 대한 반복 처리를 수행한다. 서비스트래커^{ServiceTracker}는 서비스를 설치하고 삭제하는 이벤트를 감지하는 일과 유사한 동작을 처리한다.
- 마지막 방법은 종속관계에 있는 서비스를 사용할 수 없어도 정상적으로 동작하는 방식으로 번들과 서비스를 설계하는 것이다. 예를 들어 번들이 로깅 서비스를 이용하는 데 로깅 서비스가 존재하지 않으면, 번들은 정보를 로그에 기록하지 않거나 기본 널 로깅 시스템으로 대체할지를 결정한다. 일반적으로 OSGi와 같은 동적 프레임워크에서 서비스는 아무 때나 설치되고 삭제되므로, 클라이언트는 이러한 경우를 대비해야 한다.

긴 액티베이터 start 메소드 피하기

프레임워크를 시작할 때 시작 수준이 증가한다('시작 순서 조건 피하기' 절을 참조하라.). 특정 시작 수준의 모든 번들은 다음 시작 수준으로 이동하기 전에 시작된다.

그 결과, BundleActivator의 start 메소드에서 결과를 반환하는 데 오랜 시간이 소요되는 번들은 다른 번들을 더 지연시킬 수 있다. 일반적으로 start 메소드는 가능한 한 빨리 결과를 반환해야 하고, 작업이 오래 걸리면 다른 스레드로 처리를 옮겨야 한다.

프레임워크 구동을 통해서가 아니라 느린 번들 활성화로 인해 자동으로 번들이 시작될 경우 특별히 더욱 그러하다. 번들 내역서에 `Bundle-ActivationPolicy: lazy` 항목이 있는 번들은 번들의 클래스에 대한 요청이 들어오자마자 번들을 자동으로 시작한다. 번들을 구동하는 데 시간이 오래 걸리면(예를 들어, 외부 자원에 접근해서 I/O를 처리하는 경우), 클래스가 호출자에 늦게 반환된다.

특정 자원이 사용 가능해질 때까지 번들의 구동을 지연시키는 게 더 이상적인 경우가 있다. 예를 들어, 번들이 데이터베이스 연결을 필요로 하는 경우, 액티베이터는 번들을 시작하기 전에 데이터베이스에 접속이 가능한지 확인해야 한다. 혹은 번들을 시작하지만 데이터베이스 연결이 가능하다고 확인된 후에 서비스를 표시하는 방법이 다른 대안이 된다. 번들을 구동하는 최소 단위로 취급하기보다 서비스를 사용하면 좀 더 유연하며, 서비스가 대체 가능하고 이후 다른 번들에 의해 구현될 수 있어서 좋다.

구성 관리자 사용

구성 관리자^{Config Admin}는 구동 시에 번들에 구성 데이터를 제공하기 위해 사용하는 표준 OSGi 서비스다. 관리 에이전트가 펠릭스^{Felix} FileInstall이라면 속성^{property} 파일이나 필요하면 사용자 정의 구성 번들과 같이 다양한 소스를 통해 구성 정보를 제공할 수 있다.

일반적인 API를 정의해서 구성 정보를 전달하는 방법과 공급하는 방법을 분리함으로써 시스템이나 코드를 변경하지 않고 번들 구성이 가능하다.

많은 자바 라이브러리가 사용하는 기술인 properties 파일에서 직접 구성 정보를 읽는 방법은 파일시스템과 properties 목록을 하드 코딩해 둬야 한다는 문제가 있다. 특정 컴포넌트의 로깅 수준을 증가시키는 일과 같이 어떤 구성 정보를 변경해야 하는 경우, 일반적으로 파일을 편집하고 프로세스를 다시 시작해야 한다. JVM 구동 시에 하드 코딩된 시스템 속성도 런타임 시에 변경하면 번들에서 확인할 수 없다는 동일한 문제가 있다.

구성 관리자는 앞의 두 가지 문제를 해결한다. 구성 관리자는 최초 혹은 새로운 구성을 발견했을 때, 컴포넌트에 구성 정보를 푸시하는 푸시^{push} 메커니즘을 사용한다. 컴포넌트가 이러한 방식으로 이미 구성 정보를 설정해서 처리할 수 있기 때문에 최초의 정적 데이터뿐만 아니라 동적으로 구성 변경에 반응할 수 있다.

추가적으로, OSGi는 번들과 서비스가 JVM 내에서 여러 번 인스턴스를 생성하게 허용한다. 구성 관리자는 개별적으로 각각의 번들과 서비스를 구성할 수 있지만, 시스템 속성이나 단일 파일을 구별할 수는 없다.

구성 관리자를 사용하기 위한 유일한 요구사항은 키/값 쌍의 `Dictionary`를 받는 `updated` 메소드를 제공하는 `ManagedService` 인터페이스의 구현이나 구성 관리자에 이미 통합된 선언적 서비스^{Declarative Services}와 같은 컴포넌트 모델을 사용하는 것이다.

 왜 ManagedService는 updated 메소드를 사용하고 자바빈 속성을 사용하지 않을까? 근본적으로 많은 구성 값을 한 번에 바꾸면 모든 변경사항을 하나의 단위로 커밋해서 변경을 적용한 후, 변경사항 반영이 필요한 것은 무엇이나 다시 시작하는 게 좋다. 한 번에 하나의 자바빈 setter를 이용해서 모든 변경사항을 서비스에 반영할 때, 표준화된 방식으로 모든 변경사항을 완벽하게 처리할 수 없기 때문이다.

구현이 아닌 서비스 공유

OSGi는 동적인 환경이기 때문에 시스템을 시작한 후 서비스 설치와 삭제가 가능하다. 구현 클래스에만 의존하는 클래스는 동적이지 않지만 서비스에 의존하는 번들은 동적이다.

결론적으로 코드를 내보내기보다 서비스를 내보내고/등록함으로써 동작을 공유하게 된다. 반환되는 인스턴스는 잘 알려진 인터페이스의 일부일 수 있으므로 서비스를 찾는 작업을 수행하기 위해 API에 SLF4J의 `Logger.getLogger` 메소드와 같은 헬퍼 메소드를 제공할 수 있다. 호출자의 관여 없이 작지만 표준인 구현체 안에 캡슐화된 데이터 객체를 받을 수도 있다.

OSGi가 제공하는 동적 환경의 장점을 모두 얻기 위해서는 서비스를 동적으로 등록하고 해제해야 한다. 동적 서비스 설치와 해제는 선언적 서비스^{Declarative Services}나 블루프린트^{Blueprint} 같은 컴포넌트 모델을 사용하면 쉽다. 선언적 서비스와 블루프린트 모두 컴포넌트를 코드 외부에서 정의하고 필요한 때 컴포넌트의 인스턴스를 생성한다.

이런 방식은 컴포넌트를 생성할 때(접근자나 구성 관리자, 기타 다른 메커니즘을 통해), 사용하려는 다른 번들을 서비스로 자동 등록한다. 만약 필요한 서비스가 사용 가능하지 않으면, 서비스가 사용 가능해질 때까지 컴포넌트의 생성이 지연된다.

서비스는 가짜 구현체를 제공하기도 쉽게 해준다. 메인 번들이 사용할 가짜 서비스를 제공하는 테스트 번들과 함께 테스트 중인 번들을 테스트 런타임에 설치하면, 서비스는 추가적인 데이터 없이도 독립적으로 테스트 가능하다.

낮은 결합도와 높은 응집도

낮은 결합도$^{Loosely\ coupled}$는 번들이 구현체가 아닌 API 클래스에 제한적으로 의존하고 필요할 때 서비스를 동적으로 획득한다는 의미다. 높은 응집도$^{highly\ cohesive}$는 번들이 하나의 완전체로 형성되어서 논리적인 하부 그룹으로 분리될 수 없음을 의미한다.(번들이 논리적인 하부 그룹으로 분리된다면, 번들을 둘 이상의 번들, 즉 하위 그룹당 하나의 선택 번들과 하나의 중요 그룹으로 분리하는 것이 더 좋음을 의미한다.).

낮은 결합도는 모듈이 시스템의 다른 부분에 있는 특정 집합이나 긴급한 동작에 의존하지 않음을 의미하므로, 복잡한 시스템에서 모듈의 함수는 낮은 결합도를 갖는 게 바람직하다. 모듈이 특정 부분에 명백하게 의존한다면, 리팩토링할 때 의존하는 모듈의 존재 여부에 제한을 받는다.

낮은 결합도는 규모가 큰 시스템에서 더 구현하기 어렵다. IDE에 있는 프로젝트를 많은 논리적인 패키지를 갖는 느슨한 구조로 구성해도 프로젝트 전체 클래스경로를 통해 컴파일한다면, 의도하지 않게 종속성을 갖게 되기 쉽다.

예를 들어, 제티(Jetty) 프로젝트 버전 6에서 클라이언트 구현체는 서버 구현체에 대한 의도하지 않은 종속관계를 갖는다. 모든 클라이언트 코드가 동시에 서버 코드의 복사본을 함께 패키지 내에 포함해야 한다는 의미다. 이와 같은 의도치 않은 종속성은 개별 단위를 파일시스템상에서 분리하지 않고, 컴파일 시에 서버 클래스를 투명하게 컴파일하지 않아서 발생한다.

이와 마찬가지로, JDK는 하나의 단위로 컴파일된 자바 패키지에 의해 의도하지 않은 종속성을 갖는다. java.beans 패키지는 java.applet 패키지에 의존하고, java.applet 패키지는 java.awt 패키지에 의존한다. 그래서 beans 패키지는 직접적으로 GUI가 필요하지 않지만, java.beans 패키지를 사용하는 프로젝트는 묵시적으로 GUI에 대한 종속관계를 갖게 된다. 모듈화는 어렵다. JEP 200은 JDK를 여러 개의 모듈로 분리할 계획이고, JEP 201은 JDK의 컴파일 시에 모듈화를 적용할 계획이지만 JDK에서 모듈화는 두 배는 더 어렵다.

결합도를 낮추는 한 가지 방법은 논리적으로나 구현 관점 모두에서 모듈이 서로 독립적이 될 때까지 모듈을 더 작은 단위로 분리하는 것이다. 이와 같이 모듈을 작게 만들면 모듈 해석이 완료된 후 모듈은 낮은 결합도를 갖게 된다. `AppletInitializer`를 매개변수로 받는 `java.beans.Beans.instantiate` 메소드를 제거하는 것과 같이 적절하지 않은 종속관계가 있는 부분이 강조되고 문제 상황을 바로 잡는 데 집중하게 해준다. 모듈화를 수행하는 작업은 API가 개선해야 할 위치를 강조해주는 용도로 충분하다. 모듈을 각각의 클래스경로로 분리(예: 메이븐 모듈이나 이클립스 프로젝트)하면 전역 클래스경로를 가정한 부분을 즉시 강조해 보여주기도 한다.

응집도가 높은 번들은 서로 강하게 엮인 패키지를 갖는다. 즉, 패키지는 꽉 짜여진 그룹을 형성하고 서로 분리되지 않는다. 전형적으로 응집도가 낮은 번들은 이름에 util이 포함된 번들이다. 응집도가 낮은 번들은 관련 없는 모든 클래스를 포함한다. 응집도가 낮은 번들은 내용이 커지는 경향이 있고 리팩토링이 점점 어려워지는 문제가 있다. 콘텐츠가 커지면 종속성도 증가함을 의미하기도 하며, 번들 간에 다대다 관계의 종속성이 형성된다.

대부분의 경우 종속성을 최소화(minimize dependencies)하고 응집도를 최대화 (maximize cohesion)하는 게 좋다. 모든 단위 모듈이 응집도 요구사항을 충족할 때까지 번들을 계속해서 분리하므로, 결합도를 낮추고 응집도를 높이는 일은 목적이 아니라 하나의 여정이다.

낮은 수준의 실행 환경에서 컴파일

OSGi 번들은 번들이 동작하는 자바 플랫폼의 집합인 Bundle-RequiredExecution Environment를 지정할 수 있다. 예를 들어, CDC-1.0/Foundation-1.0과 JavaSE-1.7, JavaSE-1.8이 이에 해당한다.

번들을 설치하고 빌드하거나 실행할 때, OSGi 프레임워크는 실행 환경 요구 조건을 만족해야 한다. 실행 환경이 적어도 최소 요구 조건에 해당하지 않으면 번들을 처리하지 못한다. 하지만 런타임과 컴파일 시에 기대한 버전보다 높은 버전의 플랫폼에서는 번들을 실행할 수 있다.

JavaSE-1.7 실행 환경이 필요하다고 선언하고 JavaSE-1.8 실행 환경에서 컴파일하면서 JavaSE-1.8에는 있고 1.7에는 없는 메소드를 사용하면 문제가 생긴다. 컴파일러는 오래된 버전의 자바에 List.sort와 같은 새로운 메소드가 존재하는지를 알려주지 못하고 바이트코드를 컴파일하며 JavaSE-1.8 런타임과 OSGi 플랫폼에서 동작한다. 이어서 번들을 JavaSE-1.7 플랫폼에서 실행하면 런타임 실패가 발생한다.

이런 실수를 막기 위해 번들은 Bundle-RequiredExecutionEnvironment에 선언한 특정 자바 버전을 사용해서만 빌드하도록 보장해야 한다. IDE에 요구 조건을 만족하는 JDK가 없더라도 서버 측 빌드에서 오류를 검출하기 위해, 서버 측 빌드 시 정해진 버전에서만 빌드하는 일을 보장하는 경우가 있다.

OSGi는 임베디드 라우터와 홈 자동화 시스템과 같이 저전력 디바이스를 지원한다. 그래서 Java 1.2 이후 추가된 제너릭(generics)이나 새로운 컬렉션 API를 포함하지 않는 OSGi/Minimum-1.2로 저전력 디바이스의 실행 환경을 제한한다.

임베디드 시스템의 전력 상황이 좋아졌으므로, OSGi 런타임에서 제너릭의 사용을 지원하기 시작했다. 람다와 default 메소드를 포함한 자바 8을 통해, 전통적인 API가 자바 8의 최소한의 기능을 지원하도록 번들을 곧 전환하게 될 것이다.

Class.forName 피하기

일반적으로 자바 애플리케이션은 이름으로 클래스를 동적 로드하기 위해 Class.forName을 사용한다. Class.forName은 종종 JDBC 데이터베이스 드라이버나 코덱 이름, 문자열 인코딩과 같은 외부의 구성 정보와 함께 사용된다.

OSGi 애플리케이션에서 Class.forName의 사용을 피해야 하는 두 가지 문제가 있다.

첫 번째 문제는 Class.forName이 다른 클래스나 ClassLoader에서 어떤 클래스도 사용할 수 있는 전체 클래스 접근을 가정한다는 점이다. 이런 가정은 하나의 자바 애플리케이션(단 하나의 ClassLoader만 갖는다.)이나 클래스로더와 클래스를 공유하지 않는 자바 애플리케이션(예: 톰캣 컨테이너의 개별 애플리케이션)에서 동작한다. 이런 자바 애플리케이션만 있는 게 아니므로, 클래스 검색은 전체 영역이 아니라 클래스를 찾을 수 있는 위치(범위)에 따라 달라진다.

두 번째 문제는 클래스 검색 결과가 번들을 제공하는 ClassLoader나 요청한 클래스의 번들 모두에 고정된다는 점이다. 클래스 검색 결과가 인터페이스나 API 클래스라면 번들의 생명주기에 고정되므로 문제없지만, 구현 클래스는 특별히 동적으로 교체 가능해야 하므로 특정 번들에 고정되면 문제가 된다. Class.forName을 호출하고 나면, 새로운 ClassLoader 프로젝트를 얻어서 클라이언트 번들을 갱신할 때까지 구현 클래스는 클라이언트 번들에 연결된다.

이 두 가지 문제를 해결하는 방법은 Class.forName을 호출하지 않는 것이다. 그러면 번들은 어떻게 사전에 알려지지 않은 클래스를 찾아서 동작할 수 있을까? 서비스를 사용하고 표준 OSGi 메커니즘을 사용해서 번들이 서비스를 찾게 하는 방식이 확실한 해결책이 된다. 서비스를 사용할 수 없는 경우에는 BundleContext를 사용해서 Bundle과 loadClass를 얻어 사용한다. Bundle은 getResourceAsStream을 제공하고, loadClass는 특정 구현 클래스에 대한 올바른 처리를 담당한다.

Bundle을 모르는 상황이면 현재 클래스의 ClassLoader를 통해 ClassLoader. loadClass를 사용해도 된다. 그러면 올바른 ClassLoader에 구현 클래스 찾기를 위임한다.

가장 좋은 접근법은 클래스의 문자열 이름을 사용하지 않고 대신 Class 인스턴스를 전달하거나, 문자열을 사용해야 한다면 적절한 ClassLoader도 함께 전달하는 것이다. 많은 데이터베이스 맵핑 도구가 클래스 이름 대신 맵핑을 처리할 Class 인스턴스를 전달한다.

DynamicImport-Package 피하기

종속관계의 번들을 연결하기 위해 Require-Bundle과 Import-Package를 사용할 뿐만 아니라 OSGi는 DynamicImport-Package라는 가장 일반적인 동적 설정을 제공한다. DynamicImport-Package는 어디에서도 번들이 요청한 클래스를 찾을 수 없을 때 클래스를 찾기 위한 마지막 기회를 제공한다.

클래스를 요청하면 요구에 맞는 Import-Package를 생성하는 데 사용할 수 있는 패키지 이름과 선택적으로 와일드 카드를 이용해서 DynamicImport-Package를 설정한다. 전체를 의미하는 *를 사용하면 종속성을 검색해서 찾을 수 없을 때 자동으로 종속성을 찾는다.

```
DynamicImport-Package: com.example.*
```

번들 안의 클래스가 com.example.One이나 com.example.two.Three를 찾으면, 프레임워크는 com.example과 com.example.two 패키지를 찾아서 연결을 시도한다. 시스템 내 이 패키지를 내보낸 번들이 있으면 번들에 연결을 추가하고 예상대로 번들을 처리한다. 하지만 패키지를 내보낸 번들이 없으면, 클래스 로드는 실패하고, 다른 방식의 클래스 검색이 실패했을 때와 마찬가지로 예외가 발생한다.

왜 클래스 검색이 실패했는지 디버깅할 때, 다음 두 가지 유형의 예외가 발생한다.

- ClassNotFoundException: 직접적으로 해당하는 유형의 클래스를 찾지 못했을 경우 발생한다. 예를 들어, omc.example.One과 같이 클래스 이름에 오타가 있을 때 발생한다.
- NoClassDefFoundError: 간접접으로 참조하는 유형을 찾지 못했을 때 발생한다. JVM이 요청한 클래스(com.example.One)를 찾아도 이 클래스가 찾을 수 없는 다른 클래스(com.example.Two)에 의존하면 이 예외가 발생한다. static 초기화 블록에서 예외가 발생해도 NoClassDefFoundError가 보고된다.

DynamicImport-Package를 사용하면 클래스를 요청한 번들의 수명 동안 종속관계가 고정되는 문제가 있다. 요청한 번들에 의존하는 번들을 중단해도 ClassLoader가 계속 번들을 유지하게 된다. 연결된 번들을 제거하는 유일한 방법은 클래스를 요청한 번들을 갱신하거나 중지하는 것뿐이다.

일반적으로 OSGi에서 DynamicImport-Package의 사용은 코드 스멜을 의미하므로, 서비스 검색으로 클래스 검색을 대체하거나 필요하면 명시적으로 종속관계를 정의하는 등 근본적인 문제를 해결해야 한다. 올바르게 사용한 경우에는 유용한 진단 도구가 되지만 일반적으로 DynamicImport-Package에 의존하면 안 된다.

BundleActivator 사용 자제

BundleActivator는 필요하지 않은 많은 곳에서 사용된다. 일반적으로 Bundle Activator는 BundleContext에 대한 static 참조를 저장하고 플랫폼 서비스를 찾는 헬퍼 메소드를 제공한다. 하지만 BundleActivator는 인스턴스를 반환하는 static 접근자와 효율적인 싱글톤으로 저장되고 만다.

```
public class Activator implements BundleActivator {
  private static Activator instance;
  public static Activator getInstance() {
    return instance;
  }
  private BundleContext context;
```

```
  public BundleContext getContext() {
    return context;
  }
  public void start(BundleContext context) throws Exception {
    this.context = context;
    instance = this;
  }
  public void stop(BundleContext context) throws Exception {
  }
}
```

FrameworkUtil을 사용해서 OSGi 런타임상의 어느 클래스나 특정 형태의 서비스에
서도 Bundle(결과적으로 BundleContext)을 획득해 사용할 수 있다.

 BundleContext는 ACTIVE(시작됨) 상태의 번들에만 존재한다. 번들을 시작하지 않
으면, 번들 컨텍스트는 null이다. 그러므로 코드에서는 번들 컨텍스트가 null인 경우를
적절히 처리해서 오류를 해결해야 한다. 다른 대안으로는 Bundle-ActivationPolicy:
lazy 내역서 헤더를 추가해서 번들에 접근할 때 자동으로 번들을 시작하게 하는 방법도
있다.

서비스를 요청할 경우 서비스 인스턴스를 반환하는 데 이 메소드를 사용할 수 있다.

```
public static <S> S getService(Class<S> type, Class<?> caller) {
  Bundle b = FrameworkUtil.getBundle(caller);
  if (b.getState() != Bundle.ACTIVE) {
    try {
      b.start(Bundle.START_TRANSIENT);
    } catch (BundleException e) {
    }
  }
  BundleContext bc = b.getBundleContext();
  if(bc != null) {
    ServiceReference<S> sr = bc.getServiceReference(type);
    S s = null;
    if(sr != null) {
```

```
      s = bc.getService(sr);
      bc.ungetService(sr);
    }
  }
  return s;
}
```

주어진 호출자 클래스와 원하는 서비스 유형의 서비스 인스턴스를 얻을 수 있으므로,
BundleActivator의 주요한 사용 사례가 더 이상 필요 없어진다. BundleActivator
를 사용하는 다른 이유는 번들 시작 시에 동적으로 서비스를 시작하고 등록하는 것뿐
이지만, 이마저도 선언적 서비스나 다른 컴포넌트 모델을 사용해서 처리할 수 있다.

스레드 안정성 고려

BundleActivator의 start와 stop 메소드 외에 임의의 특정 스레드가 번들 코드
를 호출하고 동시에 번들을 호출하도록 보장하지 못한다. 특히, 이벤트 관리자^{Event}
^{Admin}(8장 'EventAdmin을 이용한 이벤트 기반 애플리케이션')로 이벤트를 처리할 때, 이벤트
는 이벤트를 개시한 스레드에서 다른 스레드로 전달된다.

UI 연산이 필요하고 UI 연산에서 특정 스레드를 차단하거나 실행해야 할 경우, 올바
른 스레드에서 처리하도록 UI를 호출할 때 주의해야 한다. 일반적으로 OSGi 프레임
워크는 다수의 스레드를 사용하므로 서비스를 처리하기에 알맞지 않은 스레드에서
들어오는 이벤트나 서비스 호출을 수행하는 경우가 있다.

잘 변하는 데이터 구조에 대해서도 스레드 안정성^{Thread safety}을 고려해야 한다. 불안전
하거나 동시에 변경되고 읽을 수 있는 데이터 구조에 대해, 적당한 동기화 보호 장치
를 구현해서 런타임 시에 발생하는 알 수 없는 문제를 예방해야 한다.

다른 프레임워크에서 테스트

OSGi 번들은 개발자가 테스트한 프레임워크 환경에서는 정상적으로 동작하지만, 다
른 프레임워크나 다른 환경에서는 문제가 있을 수 있다.

문제가 발생하는 가장 흔한 이유는 선언적 서비스^{Declarative Services}가 설치되고 실행 중

이어야 하는 경우처럼, 환경에 딱 맞는 종속관계의 번들이 없기 때문이다. 일반적으로 익스텐더 패턴은 익스텐더를 구성하고 시스템에서 실행 중일 때만 동작한다.

또 다른 문제의 원인은 다른 프레임워크와 그들의 부트 위임 옵션이다. 번들에서 클래스를 찾을 때 패키지가 `java.`로 시작하거나 `org.osgi.framework.bootdelegation` 시스템 속성의 항목으로 등록되어 있으면, 클래스 검색을 부모(JVM) ClassLoader에 위임한다. 그렇지 않으면, 내장된 Bundle-ClassPath 다음에 설정된 Import-Package(존재하는 경우)나 Require-Bundle(존재하는 경우)에서 패키지를 선택한다.

이런 동작 방식은 번들을 테스트할 때 문제가 있다. 특히 `sun.*`나 `javax.*`에 있는 클래스를 찾는 번들의 경우 문제가 발생한다. 이퀴녹스가 기본적으로 느슨하게 검사를 하기 때문에 이퀴녹스에서 올바르게 동작하는 코드가 펠릭스에서는 동작하지 않는다. 이퀴녹스가 펠릭스와 동일하게 동작하게 하려면, 이퀴녹스 JVM의 시스템 속성으로 `osgi.compatibility.bootdelegation=false`를 설정한다. OSGi 호환성에 대한 얘기로, 이클립스의 기본 동작이 표준이 아닌 부트 위임을 사용하기 때문에 사실 이러한 문제는 이클립스에서만 발생한다. 몇 년간 바뀌지 않았듯이 금방 바뀌지는 않을 것이므로, 이클립스에서 테스트가 결코 실패하지 않는 잘못 설정된 번들이 존재할 것이다.

 일반적으로, 펠릭스에서 번들이 정상적으로 동작하면 다른 런타임 엔진에서도 잘 동작한다. 하지만 반대의 경우는 꼭 그렇지는 않다.

정리

번들 호환성의 핵심적인 개념은 버전 번호와 버전 번호 범위로 관리된다. 메이저^{major}나 마이너^{minor}, 마이크로^{micro} 버전이 바뀌었는지 여부는 최종 사용자에게 변경사항이 하위 호환성을 지원하는지 알려준다. 버전 범위는 런타임이 적절한 버전을 선택하도록 보장하는 데 사용한다.

이클립스 플러그인이나 OSGi 애플리케이션을 설계한다는 것은 컴포넌트가 낮은 결합도와 높은 응집도를 가질 때까지 나눌 수 없는 작은 모듈로 컴포넌트를 계속해서 분해해 가는 과정을 포함한다. 표준 패턴이 이러한 설계 과정에 도움을 주고, 모범 사례를 따라 하면 유연성을 극대화할 수 있다.

다음 장에서는 OSGi 이벤트 버스를 기반으로 한 반응형 애플리케이션을 설명한다.

8

EventAdmin을 이용한 이벤트 기반 애플리케이션

OSGi EventAdmin 서비스는 번들 사이에 이벤트를 주고받는 방법을 제공한다. 이벤트 관리자를 사용해서 내외부 자원의 변경에 동적으로 반응하는 애플리케이션을 작성해보자.

이번 장에서는 OSGi EventAdmin 서비스를 소개하고, 이벤트 관리자를 사용해서 결합도가 낮은 애플리케이션을 작성하는 방법을 설명한다. EventAdmin 서비스는 화이트보드 패턴의 한 가지 예로, 컴포넌트를 느슨하게 결합하는 방법을 제공한다.

OSGi EventAdmin 서비스의 이해

OSGi EventAdmin 서비스는 이벤트 관리자 서비스 명세^{Event Admin Service Specification}(113 장)의 OSGi 개요^{Compendium}와 OSGi 기업 명세^{Enterprise specifications}에서 설명한다.

이벤트 관리자 서비스는 특정 토픽^{topic}을 목적지로 하며, 임의의 이벤트 속성^{event properties}을 포함한 이벤트^{event}를 보내는 공개^{publish}/구독^{subscription} 메커니즘을 사용하는 방법을 제공한다.

이벤트 토픽은 이벤트를 전달할 장소를 지정하는 데 사용하는 텍스트 이름, org/osgi/framework/ServiceEvent나 org/osgi/service/log/LogEntry와 같이 슬래시(/)

로 이름의 부분을 구분해 표시한다.

Event는 Dictionary나 Map으로부터 최초 설정되어 많은 속성을 포함하는 불변의 객체다. Event의 속성은 EventConstants의 많은 다른 표준 속성(null일 수도 있다.)과 함께 사용자별로 저장되는 데이터다.

- BUNDLE_ID: bundle.id, 번들 ID 번호
- BUNDLE_SIGNER: bundle.signer, 번들 서명자 이름
- BUNDLE_SYMBOLICNAME: bundle.symbolicName, 번들의 심볼 이름
- BUNDLE_VERSION: bundle.version, 번들의 Version 번호
- EXCEPTION: exception, 오류로 인해 이벤트에서 발생하는 Throwable 객체
- EXCEPTION_CLASS: exception.class, exception 객체의 클래스 이름 (NullPointerException과 같은 예외의 유형을 필터링하는 데 사용한다.)
- EXCEPTION_MESSAGE: exception.message, exception 객체가 반환하는 메시지
- MESSAGE: message, 일반적으로 지역화되지 않은 사람이 읽을 수 있는 메시지
- SERVICE_ID: service.id, 이벤트를 발생시킨 서비스 ID
- SERVICE_OBJECTCLASS: service.objectClass, 이벤트를 발생시킨 서비스의 클래스 이름(매칭/필터링에 적합한 형태)
- SERVICE_PID: service.pid, 이벤트를 발생시킨 서비스의 영구적인 식별자
- TIMESTAMP: timestamp, 이벤트를 게시한 시간

이메일 전송

설명을 진행하기 위해 이메일 전송이 필요한 컴포넌트를 예제로 살펴보자. 컴포넌트는 이벤트를 처리하는 동안 오류를 받거나 사용자가 제출할 의견을 가진 경우와 같이 특정 상태가 발생했을 때 이메일을 전송하고자 한다.

물론, 컴포넌트를 commons-email과 같은 SMTP 라이브러리에 직접 연결해도 된다. 하지만 라이브러리를 직접 연결하려면 SMTP 호스트 이름과 사용할 포트, 인증을 위한 추가적인 세부 정보의 존재 여부와 같이 컴포넌트에 몇 가지 설정을 해야 한다.

이메일을 보내려는 컴포넌트와 이메일 생성기(오류를 보고하려는 컴포넌트)를 분리하는 방법은 7장 '모듈형 애플리케이션 설계'의 '낮은 결합도와 높은 응집도' 절에서 설명

한 약결합 형태의 시스템을 제공하므로 더 바람직하다. 어떻게 이메일을 전송할지를 이메일 생성기 컴포넌트의 구성 데이터가 걱정할 필요가 없으며, 이메일을 전송하는 컴포넌트에서 적절히 구성하면 된다(혹은 이메일 전송 요구사항이 변경됐을 때 변경한다.).

OSGi 서비스로 구현하면 되지만, EventAdmin 서비스를 이용하면 이벤트를 백그라운드로 처리할 수 있어서 이벤트를 호출하는 사이트가 잠시 차단되는 것을 막는다. 클라이언트가 이메일 생성에 필요한 모든 정보를 추가할 수 있도록 Event 객체의 속성을 사용해서 메일을 생성할 수도 있다.

이벤트 생성

org.osgi.service.event.Event 객체는 OSGi 프레임워크의 표준 클래스다. 토픽과 함께 표준 키/값 쌍의 Map 또는 Dictionary로 Event 객체를 구성할 수 있다.

이메일은 Importance 필드를 가지므로 우선순위 낮음, 보통, 높음의 항목을 구별하기 위해 토픽 이름을 smtp/low, smtp/normal, smtp/high로 구분할 수 있다. 이메일 내용은 표준 RFC 822 헤더 이름(To와 From, Subject)을 이용해서 이벤트 속성으로 저장하면 된다.

```
import org.osgi.service.event.Event;
...
Map<String,String> email = new HashMap<String, String>();
email.put("Subject","Hello World");
email.put("From","alex.blewitt@gmail.com");
email.put("To","alex.blewitt@gmail.com");
email.put("Body","Sample email sent via event");
Event event = new Event("smtp/high",email);
```

나중에 email 맵을 변경해도 event 객체에는 영향을 주지 않기 위해 이벤트를 생성할 때 email 맵의 복사본을 생성한다.

 맵이 복잡하고 여러 이벤트에서 사용해야 한다면, 맵을 EventProperties 객체로 변경하는 것을 고려해보라. 맵은 생성 시 단 한 번의 복사만 가능하지만 EventProperties 객체는 다수의 이벤트를 위해 재사용할 수 있다.

이벤트 게시

EventAdmin 서비스는 동기 혹은 비동기로 이벤트를 전달한다.

동기 전달은 sendEvent 메소드로 처리한다. 클라이언트 코드를 실행하는 스레드에 이벤트를 게시하고, 등록된 모든 리스너에 이벤트를 전달할 때까지 스레드를 차단한다. 동기 전달은 스레드를 커밋하기 전에 처리하고자 할 때 유용하지만, 시스템이 교착 상태deadlock에 빠질 수 있다. 다시 말해, 이벤트를 게시하는 스레드가 임계 영역critical section에서 대기 상태에 빠지고 이벤트 리스너도 임계 영역의 데이터가 필요하면 리스너는 영원히 알림을 받지 못한다. 시스템이 한번 교착 상태에 빠지면 더 이상 처리가 불가능하다.

 시스템에 교착 상태가 발생할 수 있으므로, 동기 전달 사용을 피하라.

비동기 전달은 postEvent 메소드로 처리한다. EventAdmin 서비스가 이벤트를 큐에 저장하면, 호출자가 아닌 다른 스레드가 이벤트를 다시 불러들인다. 비동기 전달은 리스너가 어떤 이벤트를 받고자 하는지 결정하는 데 록킹locking과 내부 부기bookkeeping를 덜 사용하기 때문에 동기 전달보다 성능 면에서 더 좋다.

이벤트를 전달하려면 EventAdmin 인스턴스를 획득한 다음, sendEvent나 postEvent 메소드를 호출해야 한다. EventAdmin 인스턴스는 선언적 서비스Declarative Services를 통해 주입받거나, 필요하면 FrameworkUtil을 통해 BundleContext를 얻어서 주입받는다(좀 더 자세한 내용은 3장 'OSGi 서비스를 이용한 애플리케이션 동적 연결'을 확인하라.).

```
EventAdmin eventAdmin = getService(EventAdmin.class);
eventAdmin.postEvent(event);
```

event를 큐에서 꺼내고 일정 시점이 지난 후 리스너에 전달한다. 이벤트를 받는 리스너는 미래의 언젠가는 이벤트를 볼 수 있지만, 이벤트를 게시/전달한 직후에는 볼 수 없다.

메시지가 전달된다는 보장은 없다. 기업의 메시지 큐 시스템과는 달리, 메시지는 디스크에 영구적으로 저장되거나 다시 시작될 때 복원되지 않고 내장 메모리에만 저장되어 JVM을 중단하면 사라진다.

뿐만 아니라, 이벤트를 보내는 시점에 리스너가 존재한다는 보장도 없다. 그러면 이벤트는 조용히 사라질 뿐이다. 즉, EventAdmin은 2단계 커밋(phase commit) 메시지 저장과 같이 일관성을 보장하지 않는다.

이벤트 수신

특정 이벤트의 리스너 집합을 관리하기 위해 EventAdmin를 사용한다. 모든 이벤트 리스너는 EventHandler 인터페이스를 구현하고 Observable 클래스와 같이 addListener를 가지지 않으므로, EventAdmin은 EventHandler 인터페이스로 공개된 서비스를 찾는다. 그런 다음 리스너를 설치하고 삭제하거나 다른 리스너로 교체한다. 이벤트 리스너는 service.ranking과 같은 모든 보통의 서비스 속성을 등록할 수 있고 선언적 서비스로 등록도 가능하다.

```
package com.packtpub.e4.advanced.event.mailman;
import org.apache.commons.mail.*;
import org.osgi.service.event.*;
import org.osgi.service.log.*;
public class MailSender implements EventHandler {
  public void handleEvent(Event event) {
    String topic = event.getTopic();
    if (topic.startsWith("smtp/")) {
      String importance = topic.substring("smtp/".length());
      String to = (String) event.getProperty("To");
      String from = (String) event.getProperty("From");
      String subject = (String) event.getProperty("Subject");
      String body = (String) event.getProperty("DATA");
      try {
        Email email = new SimpleEmail();
        email.setHostName(hostname);
        email.setSmtpPort(port);
        email.setFrom(from);
```

```
            email.addTo(to);
            email.setSubject(subject);
            email.addHeader("Importance",importance);
            email.setMsg(body);
            email.send();
            log(LogService.LOG_INFO, "Message sent to " + to);
        } catch (EmailException e) {
            log(LogService.LOG_ERROR, "Error occurred" + e);
        }
    }
}
private void log(int level, String message) {
    LogService log = this.log;
    if (log != null) {
        log.log(level, message);
    }
}
}
```

 예제 코드는 아파치 프로젝트의 commons-email과 javax.mail:mail을 사용한다. 두 라이브러리 모두 메이븐 센트럴(Maven Central)에서 다운로드 가능하며, 이 책의 깃허브 저장소(https://github.com/alblue/com.packtpub.e4.advanced/)에서도 JAR의 복사본을 다운로드할 수 있다.

이벤트를 받았을 때 토픽이 smtp/로 시작하면, 이벤트는 Email 객체로 변환되어 전달된다.

RFC 4021에서 설명한 대로 나머지 토픽은 Importance 값을 위한 필드로 사용되고, low와 normal, high 값(이 값은 힌트로 이메일 클라이언트에는 표시되지 않는다.)을 받는다.

log 메소드는 단순히 LogService의 래퍼로, 서비스가 사용 가능해지거나 그렇지 않을 때 로그를 기록한다.

log는 스레드 문제를 피하기 위해 지역변수의 값을 캡처한다. 그래서 호출하는 동안 log를 unset하면 if 검사와 호출 사이에서 NullPointerException이 발생한다. 하지만 일단 지역변수의 값을 캡처하면, 로그는 결코 if 블록에서 null이 될 수 없다.

핸들러가 이벤트를 받으려면 event.topics 서비스 속성을 가진 서비스로 등록해야 한다. 토픽 이름을 정확히 지정해도 되지만(다른 핸들러가 smtp/low와 smtp/high에 보낼 수 있도록), smtp/*와 같이 토픽 이름 뒤에 와일드카드를 사용해서 모든 이벤트를 받게 할 수도 있다.

(Activator에서처럼) 핸들러를 직접 등록한다면, 코드는 다음과 같다.

```
Dictionary<String, String> properties
 = new Hashtable<String, String>();
  properties.put("event.topics","smtp/*");
  context.registerService(EventHandler.class, new MailSender(),
   properties);
```

핸들러를 직접 등록해도 되지만, EventHandler를 등록하는 데 선언적 서비스 컴포넌트를 생성하는 편이 더 깔끔하다. 선언적 서비스는 LogService를 획득하기 쉬운 방법을 제공할 뿐만 아니라 대기하고 있다가 처음 사용될 때 인스턴스를 생성한다.

```
<scr:component xmlns:scr="http://www.osgi.org/xmlns/scr/v1.1.0"
 name="com.packtpub.e4.advanced.event.mailman.mailman">
  <implementation
   class="com.packtpub.e4.advanced.event.mailman.MailSender"/>
  <service>
    <provide interface="org.osgi.service.event.EventHandler"/>
  </service>
  <reference bind="setLogService" cardinality="0..1"
   interface="org.osgi.service.log.LogService" name="LogService"
   policy="dynamic"/>
  <property name="event.topics" value="smtp/*"/>
</scr:component>
```

선언적 서비스를 이용하면 구성 관리자^{Config Admin}로부터 구성 정보를 받아서 메일을 전송하는 호스트 이름과 발신자의 주소 같은 다양한 속성을 객체에 설정할 수 있다는 장점도 있다.

이벤트 필터링

EventAdmin 서비스가 토픽을 이용해서 제공하는 이벤트 필터링 방법은 단순하다. 토픽 이름은 슬래시(/)를 구분자로 하는 경로로, 이름을 정확히 표현하기도 하지만 앞의 예제 smtp/*와 같이 마지막 부분에 와일드카드를 사용하기도 한다.

토픽 이름으로 특정 이벤트를 걸러내는 방법은 없다. 그러므로 선택한 메일만 처리해야 할 경우와 같이 추가적인 필터링이 필요하면, 다음 코드와 같이 처리하는 게 일반적이다.

```
if(to.equals("alex.blewitt@gmail.com")) {
  …
}
```

이런 하드 코딩 방식은 디버깅하기도 어렵고 향후 수정하기도 어렵다.

다행히 EventAdmin 서비스는 EventHandler에 이벤트를 전달하기 전에 이벤트를 걸러내는 표준화된 방법을 제공한다. 이 방법을 사용하면 좀 더 특화된 필터를 설정해서 처리해야 할 이벤트의 양을 줄일 수 있다.

event.filter 서비스 속성을 추가해서 필터를 설정한다. event.filter는 LDAP 스타일의 표현식을 포함하며, 표현식은 이벤트에 설정된 다른 속성을 참조할 수 있다.

앞의 이메일 필터와 동일한 필터를 추가하기 위해 필터를 등록할 때 선언적 서비스 컴포넌트에 다음을 설정한다.

```
<property name="event.topics" value="smtp/*"/>
<property name="event.filter" value="(Subject=Hello World)"/>
```

괄호 ()나 별표 *를 포함한 특수문자가 값에 포함돼 있으면, 확장 문자열인 역슬래시(\) 문자를 앞에 둬야 한다. LDAP 필터 문법은 RFC 1960에 정의되어 있다.

이제 특정 주제의 이메일만 걸러낸다. 부분 문자열이 일치하도록 다른 LDAP 필터에 와일드카드를 사용해도 된다. 예를 들어, 로컬 도메인이 일치하도록 (To=*@localhost) 를 사용할 수 있다.

 handleEvent 메소드에 하드 코딩하는 방법보다 event.filter를 사용하는 방법이 더 효율적이다. LDAP 필터는 OSGi에 최적화됐고 핸들러를 설치할 때 빠르게 표현식을 해석하기 때문이다.

두 번째로, 선언적 서비스를 사용하면 컴포넌트가 일치하는 이벤트가 있을 때만 활성화된다. 필터와 일치하지 않는 이벤트를 받으면 컴포넌트는 활성화되지 않고, 서비스가 처음 필요할 때까지 컴포넌트를 활성화할 필요가 없으므로 시스템을 빠르게 구동할 수 있다.

스레드와 이벤트 전달 순서

EventAdmin 명세는 이벤트를 게시한 스레드가 아닌 다른 스레드에 비동기로 게시된 이벤트를 전달한다. 이벤트 관리자는 모든 이벤트에 대해 특정 스레드를 사용하는 것을 보장하지 않으며, 동기로 전달된 이벤트에 대해서도 동일한 스레드를 사용한다고 보장하지 않는다. 차단[blocking]/대기[waiting] 동기화의 기초를 따른다면, 구현체가 동기 이벤트에 대한 전달 스레드를 재사용하거나 다른 스레드를 사용해도 상관없다.

EventAdmin 명세는 특정 토픽에 전달된 이벤트를 개별적인 구독자에 순서대로 전달한다. 모든 토픽은 구독자에 이벤트를 전달하기 위한 큐가 있음을 의미한다. 이벤트를 순서대로 전달하기 위해 단일 스레드를 사용하도록 구현하는 경우도 있다.

비동기 이벤트 전달에서 순서를 정확히 지킬 필요가 없다면, async.unordered 값 (EventConstants 유형의 DELIVERY_ASYNC_UNORDERED 상수 참조)을 받을 수 있는 event.delivery 속성을 사용한다. 엄격한 전달 순서의 요건이 완화되면 EventAdmin은 이벤트 전달을 위해 다중 스레드를 사용할 수 있어서 좋다.

아파치 펠릭스^{Felix}는 EventAdmin 전달 과정에서 사용할 스레드의 수를 제어하는 구성 옵션을 제공한다. 펠릭스 EventAdmin 스레드의 기본 크기는 10이고, org.apache.felix.eventadmin.ThreadPoolSize로 설정한다. 이퀴녹스(이클립스 4.4 기준)는 이런 속성을 지원하지 않으며, 이벤트를 클라이언트에 전달하는 데 다중 스레드를 지원하지 않는다.

 EventAdmin에서 스레드의 수를 제한한다는 것은 고성능 애플리케이션이나 빠르고 적시에 이벤트를 전달해야 하는 애플리케이션에는 적합하지 않음을 의미한다. 고성능의 메시지 전달을 위해서는 RxJava로 알려진 Reactive Java를 사용하는 편이 더 적합하다.

EventAdmin과 서비스 비교

이메일을 전송하는 다른 방법은 Dictionary나 Map 객체를 받는 sendEmail 메소드를 가진 이메일 Service를 사용하는 것이다. 이메일 서비스는 MailSender 클래스의 handleEvent 메소드와 동일한 작업을 수행한다.

이벤트와 서비스 중 어느 것을 사용할지 결정할 때 고려해볼 만한 몇 가지 차이점이 있다.

- 동시성^{Synchronicity}: OSGi 서비스 방식은 항상 동기식으로 처리한다. 그러므로 수신자가 요청을 처리하고 반환할 때까지 호출이 차단된다. 반면에 이벤트 기반 처리는 클라이언트의 호출 규칙에 따라 동기 혹은 비동기로 처리된다.
- 개수^{Cardinality}: OSGi 서비스는 보통 상호작용하기 위한 하나의 서비스를 반환하지만, 이벤트 기반 메커니즘은 모든 리스너에 전달된다. 메시지를 처리할 리스너를 추가할 때 이벤트 기반 처리에서는 추가적인 노력이 필요 없지만, OSGi 서비스에서는 다중 서비스를 처리하기 위해 클라이언트 코드를 수정해야 한다.
- 유형^{Typed}: OSGi 서비스 모델은 특정 유형의 많은 다른 인수를 사용해서 모든 유형의 액션에 대해 사용자 정의 서비스를 설정할 수 있다. 클라이언트는 이러한 서비스와 함께 컴파일되고 엄격하게 유형을 정의한다. 이벤트 모델은 모든 Event에

298

대해 동일한 인터페이스를 사용하고 근본적으로 임의의 유형이 정해지지 않은 페이로드를 저장한다.

- 인터페이스^{Interface}/토픽^{Topic}: OSGi 서비스 모델은 전적으로 인터페이스 유형에 기반하므로, 클라이언트는 사전에 인터페이스를 알아야 한다. 인터페이스는 향후 증가할 수 있는 (시맨틱) 버전을 가질 수 있다. 이벤트 기반 메커니즘은 토픽을 기반으로 하므로 토픽 이름을 사전에 알아야 한다. 토픽은 와일드카드를 허용하므로, com/example/event/bus에 게시한 이벤트는 com/example/event/*와 com/example/*, even com/*에 대한 리스너에서도 받을 수 있다. 이런 이벤트는 브라우저의 웹소켓^{WebSocket}을 통한 JSON 메시지 전달과 같은 다른 통신 기술에서도 사용되며, 전통적인 JSM 기반 메시지 시스템에서도 사용된다.

언제 서비스나 토픽을 사용하는 게 적합한지를 결정하는 엄격한 규칙은 없다. 토픽은 즉시 생성 가능하므로, 변경이 발생했음을 리스너에 알리기 위해 개별적인 데이터 객체를 발생시키는 이벤트를 표현하는 데 유용하다. 사실, E4에서도 이벤트 기술을 사용해서 어떤 모델이 변경되거나 선택 항목이 변경됐을 때 뷰 컴포넌트에 알림을 전달한다.

일반적으로, 즉시 생성해야 하는 브로드캐스트 기술과 토픽에 대해서는 이벤트 메커니즘이 더 적합하다. 라이브러리와 함수 서비스에 대해, 특히 반환 값이나 상태가 필요한 경우에는 OSGi 서비스가 더 맞다.

프레임워크 이벤트

OSGi 프레임워크는 프레임워크 자체의 상태가 변경됐음을 알리는 많은 이벤트를 갖는다. 예를 들어 번들의 생명주기(설치 해제, 설치, 분석, 시작, 활성화, 정지)를 통해 번들의 상태 전이가 발생하면, 이벤트가 클라이언트에 새로운 상태 값을 전달한다. 이벤트는 상태가 전이된 후에 전달된다.

프레임워크는 시스템이 시작하고 패키지를 다시 로드하며 시작 수준이 변경됐음을 표시하기 위해 시스템 전반의 상태를 표현하는 이벤트와 특정 로그 메시지 유형(정보^{info}, 경고^{warning}, 오류^{error})을 표현하는 이벤트도 갖는다.

프레임워크 이벤트는 이름이 org/osgi/framework/FrameworkEvent/로 시작하는 토픽을 통해 전달되며, 다음을 포함한다.

- STARTED
- PACKAGES_REFRESHED
- STARTLEVEL_CHANGED
- INFO
- WARNING
- ERROR

번들 이벤트는 org/osgi/framework/BundleEvent/로 시작하는 토픽을 통해 전달되며, 다음을 포함한다.

- UNINSTALLED
- INSTALLED
- UNRESOLVED
- RESOLVED
- STARTED
- UPDATED
- STOPPED

서비스 이벤트는 org/osgi/framework/ServiceEvent/로 시작하는 토픽을 통해 전달되며, 다음을 포함한다.

- REGISTERED
- MODIFIED
- UNREGISTERING

프레임워크 이벤트는 다음의 정보를 제공한다.

- event: 프레임워크 리스너에 전달되는 FrameworkEvent 객체

번들 이벤트는 다음 정보를 제공한다.

- event: 번들 리스너에게 전달되는 BundleEvent 객체
- bundle: Bundle 객체

- bundle.id: Long 유형인 이벤트의 소스 번들 ID
- bundle.signer: 번들이 서명된 경우, 번들의 서명자 이름을 구분해 포함한 문자열이나 문자열 컬렉션
- bundle.symbolicName: 번들의 상징적 이름
- bundle.version: Version으로 설정된 번들 버전

서비스 이벤트는 다음 정보를 제공한다.

- event: 서비스 리스너에 전달되는 ServiceEvent 객체
- service: 서비스의 ServiceReference
- service.id: Long 유형의 서비스 ID
- service.objectClass: 서비스를 등록한 객체 클래스의 문자열 배열
- service.pid: 문자열 혹은 문자열 컬렉션 형태의 서비스의 영속적인 식별자

EventAdmin을 통한 이벤트 전달뿐만 아니라 프레임워크는 BundleContext의 리스너 추가 메소드를 통해 사용자 정의 리스너를 추가하는 기능을 제공한다.

- FrameworkListener: FrameworkEvent 객체를 받는 인터페이스
- BundleListener: BundleEvent 객체를 받는 인터페이스
- ServiceListener: ServiceEvent 객체를 받는 인터페이스

ServiceTracker(3장 'OSGi 서비스를 이용한 애플리케이션 동적 연결'에서 다뤘다.)와 같은 클래스는 언제 서비스가 설치되고 삭제됐는지를 결정하기 위해 서비스 이벤트를 구독하고, 선언적 서비스와 같은 익스텐더 패턴은 번들을 설치하고 제거할 때 서비스 처리를 위해 번들 이벤트를 감지한다. 다음은 익스텐더 패턴을 구현한 일반적인 코드다.

```
context.addBundleListener(new BundleListener() {
  public void bundleChanged(BundleEvent event) {
    int type = event.getType();
    Bundle bundle = event.getBundle();
    String myHeader = bundle.getHeaders().get("X-MyHeader");
    if (type == BundleEvent.STARTED && myHeader != null) {
      addBundle(bundle);
    } else if (type == BundleEvent.STOPPED && myHeader != null) {
```

```
        removeBundle(bundle);
      }
    }
});
for (Bundle bundle : context.getBundles()) {
  if (bundle.getState() == Bundle.ACTIVE
    && bundle.getHeaders().get("X-MyHeader") != null) {
    addBundle(bundle);
  }
}
```

일반적으로 번들 리스너를 등록한 다음, 존재하는 모든 번들에 대해 이터레이터를 실행한다. 이 방식은 addBundle 메소드를 중복해서 호출하게 되지만, 번들을 누락시킬 일이 없다. 익스텐더 제공자가 중지했을 때 번들을 적절히 해제시키기 위해 일반적으로 익스텐더 패턴은 번들 목록을 관리하고 유지한다.

대부분의 패턴은 번들을 확장해야 하는지 여부를 결정하기 위해 번들 내역서의 헤더를 사용한다. 번들이 어떤 내용을 갖는지 검사하기 쉬운 방법으로, 선언적 서비스 명세에 Service-Component와 같은 헤더가 존재하는 이유다.

이벤트와 E4

E4 이클립스 애플리케이션은 사용자 인터페이스의 상태를 관리하기 위해 내부적으로 이벤트를 사용한다. 약결합 구조는 사용자 인터페이스 메커니즘과 사용자 인터페이스 렌더러를 구분해서 자바 FX^{Java FX}와 같은 다른 사용자 인터페이스를 화면에 표시할 수 있게 해준다.

E4에는 IEventBroker라는 E4에 특화된 EventAdmin 서비스의 래퍼가 있다. IEventBroker는 특정 토픽으로 객체를 post하거나 send하는 간단한 메커니즘과 이벤트 리스너를 등록하는 프론트엔드를 제공한다. IEventBroker는 E4와 특별한 관계를 가지며 UI 패키지 내에 존재한다. com.packtpub.e4.advanced.event.e4라는 플러그인을 생성한다.

UI 없는 이벤트를 처리하는 이식 가능한 코드를 작성한다면 EventAdmin을 직접 사용하는 방법을 고려해보라.

E4로 이벤트 전달

표준 주입 기술을 사용해서 IEventBroker를 E4 컴포넌트에 주입할 수 있으며, IEventBroker로부터 이벤트를 동기 혹은 비동기로 게시할 수 있다. com.packtpub. e4.advanced.event.e4 플러그인에 E4Sender라는 클래스를 생성해보자.

주입을 통해 E4에서 IEventBroker 서비스를 획득한다. 이벤트를 전달하려면 이벤트 브로커가 필요하므로, 옵션이 아닌 컴포넌트로 설정한다.

```
@Inject
IEventBroker broker;
```

브로커 서비스를 획득했으면, 앞선 EventAdmin 예제와 같은 방식으로 이메일 이벤트를 전달할 수 있다.

```
public void send() {
  String topic = "smtp/high";
  String body = "Sample email sent via event at "
    + System.currentTimeMillis();
  Map<String, String> email = new HashMap<String, String>();
  email.put("Subject", "Hello World");
  email.put("From", address);
  email.put("To", address);
  email.put("DATA", body);
  broker.send(topic, email);
}
```

IEventBroker는 EventAdmin 서비스와 같은 방식으로 이벤트를 전달한다. post를 통해 비동기로 이벤트를 전달하거나 send를 통해 동기식으로 이벤트를 전달한다.

EventAdmin과 IEventBroker는 다소 다르다. EventAdmin은 Map이나 Dictionary만 허용하지만, IEventBroker는 어떤 객체 유형도 받는다. Map이나 Dictionary를 IEventBroker에 전달하면, 아무런 변경 없이 EventAdmin에 바로 전달된다. 다른 유형의 객체를 전달하면, 브로커는 IEventBroker.DATA(org.eclipse.e4.data)를 키로 하여 객체를 Map으로 포장한다.

E4로 이벤트 수신

IEventBroker는 내부적으로 EventAdmin을 사용하므로, 이 장의 앞에서 설명한 메커니즘과 동일하게 Event를 처리할 수 있다. 하지만 E4에서는 @EventTopic과 @UIEventTopic을 사용해서 좀 더 쉽게 이벤트를 받을 수 있다. com.packtpub.e4.advanced.event.e4 플러그인에 E4Receiver라는 클래스를 생성한다.

E4 컴포넌트의 메소드에 @Inject와 @Optional 어노테이션을 추가하고, 메소드 인수에 @EventTopic 어노테이션을 추가한다.

인수가 OSGi Event라면 그대로 전달된다. 그러면 Event 객체로부터 모든 속성을 꺼내서 한 번의 메소드 호출로 전달할 수 있다.

```
@Inject
LogService log;
@Inject
@Optional
void receive(@EventTopic("smtp/*") Event event) {
  log.log(LogService.LOG_INFO,
    "Received e-mail to " + event.getProperty("To"));
}
```

 인수의 유형이 OSGi Event가 아니고 IEventBroker.DATA의 값과 일치한다면, 해당 객체를 직접 사용한다. 만약 그렇지 않으면 핸들러가 무시된다. broker.send("topic", "value")로 이벤트를 전달하면 receive(@EventTopic("topic") String value)로 이벤트를 받을 수 있다.

이벤트는 백그라운드 스레드에서 전달하므로, 이벤트 처리 시 UI와의 통신이 필요하면 UI 스레드에서 이벤트 처리를 수행하도록 다시 설정해야 한다. E4는 코드를 UI 스레드에서 실행하도록 허용하는 UISynchronizer를 제공한다.

이벤트를 UI 스레드에서 실행해야 함을 표시하는 다른 어노테이션이 있다. @EventTopic 대신 @UIEventTopic으로 어노테이션을 변경하면 코드가 자동으로 UI 스레드에서 실행된다.

```
void receive(@UIEventTopic("smtp/*") Event event) {
  ...
}
```

 E4에서 이벤트 핸들러를 설정할 때(@UIEventTopic이나 @EventTopic), 공개 (public)가 아닌 메소드를 사용하라고 권고한다. 객체 주입기는 공개가 아닌 메소드를 호출할 수 있고, 메소드를 공개하지 않음으로써 메소드를 직접 호출하지 못하게 막는다. 하지만 private 메소드로 만들면 컴파일러나 IDE는 코드를 제거해버리므로, 최소한 패키지 수준이나 protected 접근자를 핸들러 메소드에 적용해야 한다.

직접 E4 EventHandler 구독

EventAdmin을 사용해서 직접 이벤트 핸들러를 구독해도 되지만, IEventBroker를 사용해서 이벤트 핸들러를 subscribe(또는 unsubscribe)할 수 있다. EventAdmin과 마찬가지로 IEventBroker 구독 시 토픽과 핸들러를 받으며, 기본적으로 UI 스레드에서 동작한다.

```
@Inject
IEventBroker broker;
public void subscribeUI(EventHandler handler) {
  // UI 스레드에서 호출된다.
  broker.subscribe("smtp/*", handler);
}
```

IEventBroker는 사용자가 직접 작성한 핸들러가 이벤트를 받고 UI 스레드에서 동작한다. E4는 내부적으로 EventHandler 구현체를 사용하고, 선택적으로 UISynchronize에서 EventHandler 구현체를 래핑해서 전달받은 핸들러에 위임한다.

com.packtpub.e4.advanced.event.e4 플러그인에 E4Subscriber라는 클래스를 생성한다. UI 스레드 없이 IEventBroker 클래스를 사용하거나 필터를 전달하기 위해 클래스에는 더 많은 옵션을 가진 다른 메소드도 있다.

```
public void subscribe(EventHandler handler) {
  broker.subscribe("smtp/*", "(Subject=Hello World)",
    handler, true);
}
```

마지막 매개변수는 메소드를 UI 스레드에서 실행할지 여부를 나타낸다. 예제의 true 값은 이벤트를 UI 스레드에서 실행하지 않음을 의미한다.

핸들러를 항상 UI에서 실행해야 할 경우에 이 API를 주로 사용하며, UIJob이나 UISynchronize 클래스와 같은 UI 블록 안에 핸들러 본문을 감싸는 방법도 있다.

UI 스레드가 필요 없는 이벤트에 대해서는 EventAdmin으로 이벤트 핸들러를 직접 등록하는 방식이 더 효율적이다.

EventAdmin과 IEventBroker 비교

이벤트를 처리하는 코드를 작성할 때 EventAdmin이나 IEventBroker를 사용한다. IEventBroker는 호출자가 OSGi 클래스를 처리하는 일로부터 자유롭게 하지만, 필요한 몇 가지 속성이 있는 경우 OSGi Event로 형변환을 해야 할 때도 있다.

다른 문제는 IEventBroker가 unsubscribe와 subscribe 메소드 내에서 EventHandler 클래스를 직접 참조한다는 점이다. 그래서 IEventBroker에 대한 종속성으로 인해 OSGI EventAdmin 클래스에 대한 종속성이 자동으로 발생한다.

IEventBroker는 E4 애플리케이션에서 유용한 다음 두 가지를 추가로 제공한다.

- 적절한 E4 컨텍스트로 래핑함으로써, 이벤트를 받을 때 이벤트 핸들러가 다른 E4 컨텍스트 기반의 정보와 함께 주입 가능한 콘텐츠를 받을 수 있다.

- UI 스레드로 래핑함으로써, 이벤트 핸들러가 UI 컴포넌트를 처리하거나 UI와 상호작용할 수 있다.

UI나 E4 주입이 필요한 핸들러를 작성할 때, IEventBroker를 사용해서 등록하거나 @EventTopic이나 @UIEventTopic 어노테이션을 사용하라.

이벤트 기반 애플리케이션 설계

먼저 애플리케이션에서 이벤트 기반 패러다임이 필요한지 결정한다. 다음의 특징을 가진 애플리케이션이라면 이벤트 기반 시스템이 매우 유용하다.

- 컴포넌트가 느슨하게 결합된다.
- 비동기로 연산을 처리한다.
- 연산의 상태가 전이 흐름의 일부분이다.
- 이벤트가 브로드캐스트되어 다수의 리스너에서 이벤트를 받는다.
- 이벤트가 가져야 할 상세 정보에 대한 표준적인 합의가 존재한다.
- 이벤트 토픽을 개발 시점에 알 수 있다.

반면에 다음의 특징을 갖는 애플리케이션은 (OSGi) 이벤트 기반 시스템에 적합하지 않다.

- 흐름의 상태는 UI 기반일 뿐만 아니라 도메인의 일부다.
- 이벤트를 트랜잭션으로 처리한다.
- 커다란 규모의 이벤트를 단일 스레드 전달로 처리한다.
- 이벤트 페이로드 구조가 미흡하다.
- 동기 응답 처리 요구가 존재한다.

애플리케이션 컴포넌트화

이벤트 기반 시스템을 설계하는 첫 번째 단계는 서로 통신이 필요한 애플리케이션의 부분을 컴포넌트로 생성하는 일이다. 이 컴포넌트는 OSGi 번들이거나 그보다 더 세분화된 형태일 수 있다. 애플리케이션에서 더 자연스럽게 컴포넌트를 표현하는 패키지나 선언적 서비스 컴포넌트와 같은 다른 범주도 있다.

컴포넌트를 알면 작업 수행을 위해 다양한 컴포넌트가 서로에게 전달해야 할 메시지가 무엇인지와 컴포넌트 간의 관계를 추적하기 더 쉬워진다.

모든 컴포넌트는 하나 이상의 입력 이벤트와 출력 이벤트(혹은 반작용에 의한 다른 변경)가 있어야 한다. 이런 입출력 이벤트는 컴포넌트의 진입점과 출구로 표현되며, 유입될 수 있는 이벤트의 유형마다 별도의 입력을 갖는다.

채널 식별

컴포넌트의 모든 입출력 채널은 식별자가 필요하다. 채널을 식별하는 첫 번째 이터레이션에서 식별자는 "mouse event"나 "mail message" 같은 단순한 명사면 되지만, 이어지는 이터레이션은 전달되는 채널에 좀 더 상세한 정보를 채워 넣는다.

그 결과, 시스템의 상위 수준 다이어그램이 구성된다. 객체 상호작용 다이어그램만큼 상세하거나 객체에 특화되지는 않았지만, 컴포넌트 다이어그램은 입력 이벤트 그래프와 함께 이벤트로부터 직접적으로 파생되는 흐름을 표시한다. 예를 들어 수신 메일 메시지는 메일 처리 스크립트를 유도하고, 이 스크립트는 자동 응답 메일을 보내거나 데이터베이스에 메시지 로그를 생성하는 더 많은 이벤트를 파생시킨다.

 채널이 후속 이벤트 발생을 유도할 목적으로 이벤트를 발생시키는지 혹은 로깅과 같이 정보 제공을 목적으로 하는 이벤트를 발생시키는지를 식별하라. 생명주기 내의 다른 시점에 이벤트를 발생시키면 향후 추가적인 기능을 추가하기 더 쉽기 때문이다.

속성 식별

보내진 모든 이벤트에 이벤트와 관련된 추가적인 정보를 포함한 많은 속성이 있을 수 있다. 수신 메일 메시지의 경우, 이벤트는 이메일 발신자와 제목, 메일을 보낸 시간, 중요도, 이메일 본문까지 포함한다.

속성을 식별하는 첫 번째 반복은 편집본과 같으며, 점차 진화한다. 이벤트 시스템에 점차 구체화될 때 첫 번째 이벤트 발생 시 감지하지 못한 추가적인 정보를 기록할 필요가 있다. 추가적인 정보로는 발신자의 시간대나 어떤 호스트를 통해 전달됐는지 등이 있다. 이벤트 패턴의 유연성 덕분에 후속 릴리스에서 부가적인 정보를 추가해서 진화하기 쉽고, 이 정보를 알 필요 없는 클라이언트는 정보를 무시하면 된다.

 이벤트 진화와 유사한 메커니즘으로 JSON 메시지가 있다. 클라이언트가 어떻게 JSON 객체를 분석하고 특별히 어떤 필드를 검색해야 하는지를 안다면, JSON은 하위 호환성을 해치지 않으면서 객체에 추가적인 정보를 첨부할 수 있다.

토픽에 채널 연결

채널과 이벤트 속성을 결정했으면, 다음 단계로 EventAdmin에서 채널과 이벤트 속성을 사용할 수 있도록 토픽에 연결해야 한다. 토픽은 슬래시를 구분자로 사용하는 형태로 표현하며, 토픽의 계층 구조에서 수준을 추가하기 위해 와일드카드 문자 *를 사용할 수 있기 때문에 토픽의 포맷은 중요하다.

일반적으로 이벤트 계층은 역 도메인 이름 스타일의 접두사를 기반으로 하여, 하나의 조직이 생성한 이벤트가 동일한 런타임 환경에서 다른 이벤트와 충돌을 일으키지 않도록 한다. OSGi 번들의 경우 이벤트 토픽의 접두사로 번들 이름의 변형을 사용하는 경우가 많다.

어느 정도의 세분화가 필요한지에 따라 토픽은 서브 채널로 분리되기도 한다. E4 모델의 작업공간 모델에서 항목 변경에 대한 토픽은 org/eclipse/e4/ui/model로 시작하고, commands나 application과 같은 유형으로 세분화된다.

토픽이 와일드카드와 일치할 수 있으므로, 미래의 이벤트 공간의 분할이 가능하도록 이벤트 채널에 application/ApplicationElement보다 application/ApplicationElement/*와 같이 다른 이름 세그먼트를 추가하는 게 좋다. 말단 노드는 더 이상 자식 노드를 추가할 수 없지만, 세그먼트는 향후 더 많은 세그먼트로 분할할 수 있다. 이는 E4 플랫폼에서 인식하는 패턴이다. E4 플랫폼은 초기에 말단 노드만 사용했지만, 개별 속성의 변화를 공통 접두어를 통해 지정할 수 있도록 더 많이 분할되는 공간으로 전환했다.

이벤트 시뮬레이션

이벤트 기반 시스템의 장점 중 하나는 독립적으로 테스트하기 매우 쉽다는 점이다. EventAdmin 명세가 직접 이벤트를 발생시키는 것 외에도 직접 메소드를 호출해서 이벤트 도착을 시뮬레이션할 수 있다. 출력 이벤트를 검색하고 이벤트 수신을 시뮬레이션하는 리스너를 설정함으로써 개별 컴포넌트의 테스트가 가능하다.

블랙박스 방식의 컴포넌트 테스트도 도와준다. 정상적인 형태의 이벤트를 전달하고 올바른 데이터를 가진 이벤트를 생성하면, 예상대로 컴포넌트가 동작하는 모습을 보여줄 수 있다.

컴포넌트의 기능을 테스트하기 위해 다른 가짜 서비스나 이벤트 소스, 이벤트 싱크 sinks의 설정이 필요할 수 있지만, 테스트를 편리하게 하기 위해 컴포넌트를 분할하는 원칙은 여전히 중요하다.

버전과 느슨한 형 관리

이벤트 기반 시스템은 이전부터 느슨하게 형을 관리하므로, 이벤트 토픽의 값과 이벤트의 스키마를 외부에 정의해야 할 필요가 있다. 프로젝트 문서의 일부분으로 정의할 수도 있고, 프로젝트 외부에 정보를 기록하는 다른 시스템을 두거나 RelaxNG와 같은 스키마(XML 문서가 더 적합하지만)를 가진 시스템이 있을 수 있다.

이벤트의 속성을 변경하거나 이벤트 토픽을 바꾸면 정적 컴파일러는 이런 변화를 감지하지 못한다. 그래서 시스템에 더 높은 수준의 테스트 환경이 필요하지만, 이런 특성은 향후에 변경에 응답할 수 있는 유연성을 추가적으로 제공한다.

API의 버전이 변경될 때, 이벤트 페이로드 자체에 버전 번호 정보를 구현해야 한다. 이 버전 번호는 언제라도 클라이언트에 API 상태를 전달하고, API의 하위 호환성을 변경해야 할 경우 변경을 가능하게 한다. 클라이언트와 서버가 사용하려는 버전 번호가 낮아지더라도 버전에 동의할 수 있게 한다.

OSGi 이벤트나 JSON 메시지, 심지어 XML 문서까지 메시지 형식 내에 버전 번호를 항상 설계하라. 버전 번호는 최상위에 저장해야 하고, 버전의 개정은 메시지의 다른 위치나 하위 요소 내에 다른 콘텐츠가 있음을 의미한다.

하나의 정수로 버전 번호를 저장하는 것이 이상적이지만 두 개 혹은 세 개의 숫자로 저장하기도 한다. 어떤 값을 선택하든지 간에 버전 번호의 메이저 숫자는 하위 호환성을 지원하지 않음을 의미하고 마이너 버전은 하위 호환성은 지원하지만 새로운 기능이 추가됐음을 의미하는 시맨틱 버전으로 취급되어야 한다.

서버(혹은 이벤트 소스)는 복원이 어렵기 때문에, 일반적으로 버전 번호를 한 방향으로 증가시킨다. 그래서 API 정의의 일부분으로 메이저 버전만 표현하거나, 가능하면 메이저와 마이너 번호를 표현한다. 공개 API의 부분에 마이크로/패치 번호를 포함하면 클라이언트가 API 버전에 지나치게 영향을 많이 받게 되어 사용 시 오류가 발생하곤 한다. 마이너 버전을 표현하는 주된 이유는 클라이언트가 새로운 기능에 추가적인 기능을 선택적으로 활성화할 수 있게 하기 위함이다. API를 확장하는 시기에 동일한 클라이언트가 이전 버전과 새로운 버전 모두에서 동작하게 할 때 매우 편리하다.

잘 알려진 버전과 잘 알려진 이벤트 속성, 유형의 집합을 통해 새로운 기능 추가가 필요할 때 변경사항을 문서화하고 API를 업그레이드하거나 하위 호환성 이슈를 문서화할 수 있다.

이벤트 객체 콘텐츠

Event 객체는 메모리 내에서 표현되고 전달받은 맵에 어떤 형태의 객체도 저장 가능하므로, 이벤트 객체에 어떤 종류의 객체도 저장할 수 있다. 예를 들어 Bundle을 Event 객체에 넣거나, Color와 같은 UI 컴포넌트, 심지어 InputStream 객체도 내장할 수 있다.

OSGi 명세는 Even 속성에 int와 같은 원시 유형과 함께 String, 이들의 1차원 배열 값을 설정하도록 제안한다. 다시 말하면, 맵에 직접 URL 인스턴스를 저장해도 되지만 String으로 저장하고 클라이언트에서 URL 객체로 변환하도록 권고한다.

그 이유는 EventAdmin이 단일 VM에서 사용되도록 설계됐지만, 단일 VM에서 사용하도록 제한하지 않기 때문이다. 사실 OSGi 원격 서비스^{Remote Services}를 사용하면 분산된 EventAdmin 패브릭을 구성해서 하나의 노드에서 생성한 이벤트를 네트워크를 통해 전송하고 원격의 다른 노드에서 처리하게 할 수 있다. 이런 작업이 가능하려면 Event 객체의 모든 값이 직렬화^{Serializable} 가능해야 하며, 원격 노드에서 자바스크립트나 C 같은 다른 언어로 이벤트를 처리할 수 있기 때문에 잘 알려진 표준 데이터 유형을 사용해서 처리를 편리하게 해야 한다.

마찬가지로, OSGi Event에 위치한 객체는 변형이 불가해야 한다. 이전의 Data 클래스와 같이 Event 내의 객체가 변형이 가능하면, 이벤트 소비자가 원래의 값을 처리하기 전에 이벤트를 검출해서 이벤트의 내용을 변경할 수 있다. EventAdmin은 런타임 시에 검사하지 않지만 Event를 변형하게 되면 놀라운 일이 벌어질 수 있다.

JMS와 비교

이벤트 기반 시스템의 설계는 자바 메시징 서비스^{JMS, Java Messaging Service} 같은 API를 사용한 메시지 기반 시스템 설계와 매우 유사해 보인다. 두 가지 시스템 모두 애플리케이션을 구성하기 위해 유사한 패러다임을 따른다. 즉, 시스템을 업데이트하거나 후속 이벤트(메시지)를 발생시키는 이벤트(메시지)를 수신해서 변경되는 상태의 집합으로 시스템을 설계한다.

다음은 이벤트 기반 시스템과 메시지 기반 시스템의 주요한 차이점이다.

- **브로커의 유무**: JMS 시스템에는 클라이언트와 구분된 메모리를 가진 별도의 프로세스에서 실행되는 중재자(브로커)가 있다. 브로커 프로세스의 수명은 클라이언트 수명과 관련이 없어서, 특정 시점에는 실행 중인 브로커가 없을 수도 있다. 반면에 EventAdmin 서비스가 중앙의 브로커 프로세스로 동작하지만 EventAdmin은 별도의 독립된 브로커 프로세스가 없다.

- **트랜잭션 지원**: 가장 큰 차이점 하나는 JMS 시스템에서 JMS는 원래 트랜잭션 처리가 가능하게 설계됐다는 점이다. 한 노드에서 메시지 처리가 실패하면, 중간의 브로커는 재전송을 위해 다른 구독자^{subscriber}에게 메시지 전달을 시도할 수 있다. 트랜잭션 지원은 데이터베이스와 같이 완전히 분리된 다른 트랜잭션 자원으로 확장

도 가능하다. EventAdmin은 트랜잭션 지원 기능을 제공하지 않는다.

- **브로드캐스트 vs. 점대점**: JMS는 다른 유형의 메시지 전달 방식을 제공한다. 브로드 캐스트 메커니즘에서는 모든 구독자가 메시지(일반적으로 토픽topics이라고 불림)의 알림을 받으며, EventAdmin이 Event를 전달하는 데 이 메커니즘을 사용한다. JMS는 큐queues라고 불리는 점대점point-to-point 메커니즘도 제공한다. 점대점 메커니즘은 하나의 구독자만 모든 메시지를 받도록 보장한다. EventAdmin 서비스는 큐 개념이나 단일 이벤트 전달은 제공하지 않는다.

- **영구적 vs. 일시적**: JMS는 모든 메시지를 디스크에 저장하는 영구persistent 모드 또는 메시지를 메모리에 보관했다가 시스템을 다시 시작하면 지우는 임시transient 모드로 동작하게 구성할 수 있지만, EventAdmin은 임시 모드만 지원한다. 그래서 OSGi 런타임에서 문제가 발생하면 모든 실행 중인 이벤트가 사라진다. 시스템에 문제가 발생한 순간 GUI에서 버튼을 클릭하는 일과 같은 중요하지 않은 상태에 대해서는 문제가 없겠지만, 데이터 중심 처리에서는 문제가 생길 수 있다.

- **언어 바인딩**: 일반적으로 표준화된 속성 집합을 사용하면 JMS의 중간 브로커가 메시지의 유형을 다른 언어로 변경하는 방법을 제공하므로, JMS 시스템이 더 많은 언어를 지원한다. OSGi EventAdmin은 공식적으로는 다른 언어를 지원하지 않지만, 원한다면 다른 언어를 지원하는 프레임워크 구현체를 수용할 수 있게 열려 있다. 실제로, JSON 메시지와 같은 메시지로 이벤트 집합을 연결하기는 매우 쉽다. JSON 메시지는 시스템 사이뿐만 아니라 클라이언트와 브라우저 간의 사실상의 교환 형식 표준이다.

업무 흐름의 상태가 변경되거나 트랜잭션 지속성이 필요하지 않은 곳에서는 EventAdmin과 같은 메모리 시스템을 사용하고, 큐나 트랜잭션 저장소가 필요한 경우에는 JMS와 같은 좀 더 무거운 솔루션을 사용할 것을 권고한다.

정리

OSGi EventAdmin 서비스는 OSGi 런타임에서 이벤트 기반 애플리케이션 모델을 개발하는 간단한 방법을 제공하고, 이벤트에 대한 이름 공간을 분할하기 위해 슬래시를 구분자로 하는 문자열 식별자로 구성된 토픽을 사용한다. Event는 String 키와 원시 유형primitive 혹은 String 값을 사용하는 수많은 키/값 쌍을 포함하고, EventHandler 구현체가 Event를 받아 처리한다.

핸들러는 표준 OSGi 서비스로 등록되고, 이벤트의 내용과 토픽 이름 혹은 접두사를 이용해서 필터링할 수 있다는 장점이 있다. 이클립스 E4 플랫폼에서는 이벤트를 많이 사용하며, 특정 이벤트를 받을 때 메소드를 호출하기 위해 사용하는 @EventTopic 과 @UIEventTopic이라는 E4에 특화된 어노테이션이 있다.

마지막으로, 이벤트 기반과 메시지 기반 서비스 비교를 통해 이벤트 기반 애플리케이션을 설계하는 방법을 설명했다. 표면적으로는 매우 유사하지만, 메시지 기반 시스템은 영구 모드와 임시 모드, 큐와 토픽을 처리한다.

다음 장은 이클립스 P2를 사용해서 업데이트 사이트를 생성하는 방법과 P2 인스톨러 안에 어떤 정보를 추가할 수 있는지 알아본다.

9

P2를 이용한 배포와 업데이트

모듈형 사용자 애플리케이션인 이클립스는 항상 업데이트 가능하고 새로운 콘텐츠를 설치할 수 있다. 사실 이클립스는 수많은 플러그인과 피처features(플러그인을 통합하는 방법)로 구성된다. 본래의 업데이트 메커니즘인 고전적인 업데이트 관리자는 피처와 플러그인(번들)을 설치하고 업데이트하는 단순한 방법을 제공했다. 이후 이클립스 3.4를 릴리스하면서 좀 더 강력한 업데이트 메커니즘을 허용하고 네이티브 코드와 구성파일을 업데이트할 수 있는 P2라는 메커니즘을 추가했다. P2는 이클립스 기반 애플리케이션의 준비provision와 실행run, 업데이트update, 구성configuration 방법을 제공한다.

이클립스 P2

이클립스 P2의 'P2'는 'provisioning platform'에서 유래된 줄임말이다. P2는 피처와 번들 뿐만 아니라 네이티브 실행 파일과 구성 파일 같은 자바 이외의 콘텐츠를 위한 프로비저닝 스토리를 개선하기 위해 제작됐다.

 P2의 개요와 유래는 이클립스 온라인 도움말 http://help.eclipse.org/luna/topic/org.eclipse.platform.doc.isv/guide/p2_overview.htm에서 확인할 수 있다.

P2를 이해하기 위해서는 다음의 핵심 개념을 알아야 한다.

- **아티팩트**^{Artifact}: 플러그인과 피처^{feature} 혹은 제품^{product} 같은 바이트의 집합이다.
- **메타데이터**^{Metadata}: 아티팩트에 대한 정보로, 버전 정보와 종속성 정보를 포함하며 설치 가능한 단위(IUs^{Installable Units})로 참조된다.
- **저장소**^{Repository}: 아티팩트(아티팩트 저장소) 혹은 메타데이터(메타데이터 저장소)의 집합으로, 원격 사이트에서 호스팅된다.
- **복합 저장소**^{Composite Repository}: 하나 이상의 저장소 참조의 조합이다.
- **에이전트**^{Agent}: UI가 없는 디렉터 애플리케이션이나 새로운 업데이트 메커니즘과 같이 P2 업데이트를 실행할 수 있는 프로비저닝 에이전트다.
- **접점**^{Touchpoint}: 이클립스 속성 파일(eclipse.ini)의 변경이나 다른 브랜드 처리, 네이티브 파일의 설치나 제거 같은 후 처리 작업이다.
- **프로파일**^{Profile}: IUs의 집합으로 현재 설치된 소프트웨어를 표현한다.

P2 디렉터를 이용한 프로비저닝

이클립스 애플리케이션은 기존의 P2 설치를 사용하거나 디렉터^{director}라는 이클립스 애플리케이션을 사용해서 모든 설치 가능한 단위를 프로비저닝할 수 있다.

UI가 없는 애플리케이션을 실행하기 위해 이클립스에 -application 커맨드 라인 인수를 사용한다. 더불어 콘솔에 오류 메시지를 출력하는 -consoleLog 인수와 시작 ^{splash} 화면을 비활성화시키는 -noSplash 인수를 애플리케이션에 제공하는 것이 일반적이다.

 이클립스 애플리케이션에 대한 자세한 설명은 팩트 출판사의 『이클립스 4 플러그인 개발』(에이콘출판, 2013년)의 7장을 참조하라.

디렉터는 org.eclipse.equinox.p2.director 애플리케이션을 이용해서 실행한다. 디렉터 애플리케이션에 특화된 인수는 다음과 같다.

- -repository: 콘텐츠를 설치할 저장소의 URL

- `-destination`: 설치한 콘텐츠를 기록할 위치

- `-installIU`: 설치하려는 설치 가능한 단위(IUs)

- `-uninstallIU`: 설치 해제하려는 설치 가능한 단위(IUs)

- `-profile`: P2 프로파일 이름

- `-profileProperties`: 프로파일의 속성. 일반적으로 피처 지원을 활성화하는 `org.`
  `eclipse.update.install.features=true`를 포함한다.

이클립스의 새로운 복사본을 프로비저닝하려면 다음 명령을 실행한다.

```
$ /path/to/eclipse -consoleLog -noSplash
  -application org.eclipse.equinox.p2.director
  -repository http://download.eclipse.org/eclipse/updates/4.4/
  -profileProperties org.eclipse.update.install.features=true
  -installIU org.eclipse.sdk.ide
  -destination /path/to/newfolder
...
Installing org.eclipse.sdk.ide 4.4.0.I20140606-1215.
Operation completed in 135634 ms.
```

이클립스의 새로운 버전이 /path/to/newfolder에 설치됐다.

 윈도우에서 실행한다면, 새로운 GUI 윈도우를 열지 않고 프로그램을 실행하기 위해 eclipsec.exe를 사용하면 된다(맨 마지막의 c는 console을 의미한다.).

기존 애플리케이션에 콘텐츠 설치

기존 애플리케이션에 콘텐츠를 설치하기 위해 디렉터를 사용하면, 앞서 설명한 IU 추가와 동일한 절차를 따른다. 예를 들어, 이클립스 애플리케이션에 EGit 지원을 프로비저닝하기 위해 다음 명령을 실행한다.

```
$ /path/to/eclipse -consoleLog -noSplash
  -application org.eclipse.equinox.p2.director
  -repository http://download.eclipse.org/egit/updates/
```

```
-installIU org.eclipse.egit.feature.group
-destination /path/to/newfolder
...
Installing org.eclipse.egit.feature.group 3.4.1.201406201815-r
Operation completed in 11295 ms.
```

이클립스에 피처를 설치하려면, 설치 가능한 단위의 이름을 알고 있어야 한다. 일반적으로 설치 가능한 단위의 이름은 `org.eclipse.<project>.feature.group`과 같은 형태다. 기존의 이클립스에 설치된 설치 가능한 단위의 이름은 Help ➤ About Eclipse(맥 OS X에서는 Eclipse ➤ Preferences) 메뉴를 찾아 Installation Details를 클릭하면 확인할 수 있다.

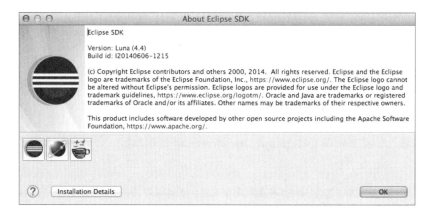

Features 목록으로 이동하면 Feature Id가 보인다. 설치 가능한 단위의 이름은 .feature.group을 접미사로 하는 피처 ID다.

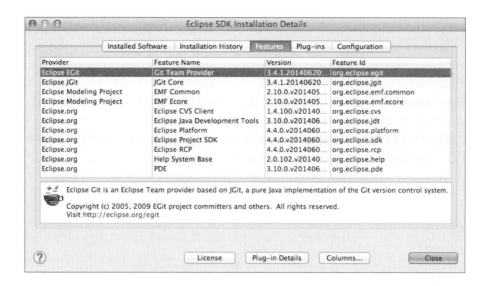

피처가 이클립스 애플리케이션에 설치돼 있지 않으면, 업데이트 관리자를 통해 피처 ID를 확인하면 된다. Help > Install New Software...로 이동해서 설치할 피처를 검색 한다.

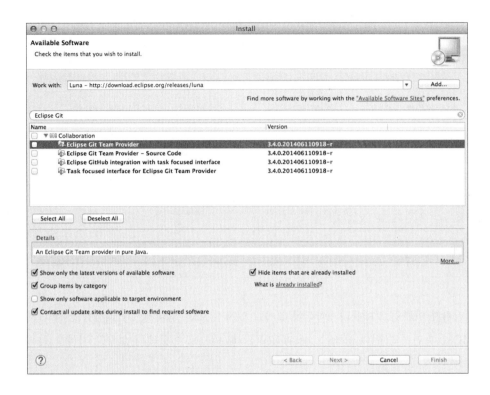

피처를 선택하고 Details 영역 오른쪽 하단의 More... 링크를 클릭하면, 상세한 정보를 제공하는 창이 보이고, General 페이지에서 설치 가능한 단위Installable Unit의 식별자 Identifier를 확인할 수 있다. EGit의 식별자는 org.eclipse.egit.feature.group이다.

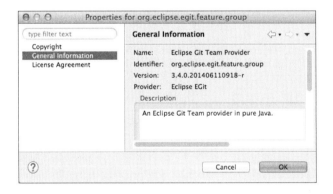

P2 애플리케이션 실행

P2로 관리하는 애플리케이션을 실행할 때, 활성화시킬 플러그인과 피처를 결정하기 위해 여러 구성 파일을 읽는다. features/와 plugins/에 파일이 존재하더라도, P2의 세부 구성에서 피처나 플러그인 파일을 참조하지 않으면 이클립스 애플리케이션에 플러그인과 피처를 설치하지 않는다. 동작 원리를 이해하기 위해 최근의 이클립스 애플리케이션을 구동하는 방법과 어떤 구성 파일을 사용하는지 확인하면 도움이 된다.

JVM 구동

런처^{launcher}는 eclipse 실행 파일(Max OS X에서는 Eclipse.app)이다. 이 실행 파일을 실행하면 그에 대응되는 eclipse.ini 구성 파일을 읽는다. 이클립스의 브랜드를 변경하거나 이름을 바꿨다면, 실행 파일은 다른 무언가^{notEclipse}가 되고, 그에 대응되는 구성 파일(notEclipse.ini)을 읽게 된다.

런처는 몇 가지 작업을 수행한다. 시작^{splash} 화면을 표시하고 구성 파일에 지정한 인수로 JVM을 생성하며, 이퀴녹스 런처에 실행을 넘긴다. 이클립스 애플리케이션이 기본 핸들러로 특정 파일 유형을 지정할 경우 파일을 더블 클릭했을 때 런처를 다시 호출해서 실행 중인 이클립스 인스턴스에 파일의 URL을 전달하기 위해, 열기 액션^{open action}을 정의하는 데도 런처를 사용한다.

시작 화면은 -showSplash 인수를 통해 표시하거나 -noSplash로 표시하지 않을 수 있으며, splash.bmp 파일을 제공하는 플러그인 ID를 참조해서 정의한다(시작 화면의 파일은 splash라는 이름을 사용해야 하며, bmp 파일이어야 한다.). 시작 화면은 처음에 이클립스 런처에서 처리하며, 이퀴녹스를 시작하고 나면 시작 화면은 SWT 런타임 라이브러리에 넘겨져서 텍스트와 진행 상태 바가 추가되어 표시된다.

런처는 설정한 인수에 따라 JVM 인스턴스를 생성한다. JVM이 정의되지 않았다면, 다양한 휴리스틱 기법을 사용해서 JVM을 찾는다(환경변수의 path에 java가 있는지와 JAVA_HOME이 설정돼 있는지 등을 검사한다.). 물론 -vm /path/to/bin/java 혹은 -vm /path/to/bin/과 같은 커맨드 라인 인수를 통해 JVM을 지정해도 된다.

-vmargs 옵션은 JVM 자체에 옵션으로 전달된다. 이 옵션은 최대 힙 메모리 사이즈

(-Xmx)나 PermGen 공간(-XX:MaxPermSize)을 설정하는 데 사용한다.

 OpenJDK 8에서는 PermGen 공간을 직접 설정할 필요가 없어졌으며, 모든 JVM이 PermGen 옵션을 가지지는 않는다.

런처는 --launcher.XXMaxPermSize라는 추가적인 옵션을 제공한다. 이 옵션은 몇 가지 휴리스틱 기법을 수행해서 사용할 JVM이 -XX:MaxPermSize를 이해하는지 확인하고, 만약 이해한다면 인수를 추가하는 옵션이다.

 일반적으로 -XX:MaxPermSize 옵션을 지원하지 않는 JVM에서의 문제를 피하기 위해 --launcher.XXMaxPermSize 인수 사용을 더 선호한다.

-vmargs 뒤에 설정한 모든 옵션은 이퀴녹스 런타임이 아닌 JVM에 전달되므로, eclipse a b c -vmargs d e f를 실행하면 a b c 옵션은 런처가 처리해서 이퀴녹스에 전달하고 d e f 옵션은 JVM에 전달된다. 구성 파일이나 커맨드 라인 끝에 옵션을 추가할 때, 올바른 위치에 추가했는지를 확인해야 한다.

 --launcher.appendVmargs 인수를 설정하지 않으면, 커맨드 라인에서 -vmargs로 설정한 옵션이 eclipse.ini 파일의 요소를 덮어쓴다. 그러므로 --launcher.appendVmargs 사용을 모든 이클립스 애플리케이션에서 권장하며, 표준 이클립스 패키지에 기본적으로 이 옵션이 추가된다.

커맨드 라인에서 -vmargs 뒤에 표준 -D 옵션을 사용해서 시스템 속성을 정의할 수도 있다. 이클립스 온라인 도움말의 Eclipse runtime options에서 설정 가능한 시스템 속성 목록을 확인할 수 있으며, 다음은 특히 주목할 만한 옵션이다.

- -Dosgi.requiredJavaVersion=1.6: 플랫폼 구동을 위해 필요한 최소한의 자바 버전이다.
- -Dorg.eclipse.swt.internal.carbon.smallFonts: 맥 OS X에서 실행할 때 좀

더 작은 폰트를 사용한다.

- -Xdock:icon=/path/to/Eclipse.icns: 맥 OS X에서 독^{dock} 아이콘으로 지정한 아이콘을 사용한다.

- -XstartOnFirstThread: SWT 애플리케이션이 맥 OS에서 실행되도록 허용한다.

-clean과 -data 같은 다른 많은 인수로도 osgi.clean과 osgi.instance.area 같은 시스템 속성을 정의할 수 있다.

이퀴녹스 시작

런처가 이퀴녹스에 제어권을 넘기고 나면(-startup과 --launcher.library 인수로 지정해서), 프로세스는 자바 코드로 이동한다. java -jar plugins/org.eclipse.equinox. launcher_*.jar로도 이퀴녹스 실행이 가능하다. 여전히 인수는 해당하는 애플리케이션에 전달된다.

이퀴녹스는 애플리케이션을 위한 시스템 속성을 정의한 configuration/config.ini 파일을 읽는다. 특히 기본 작업공간을 osgi.instance.area 속성에 정의하고, @user. home으로 사용자의 홈 디렉터리와 같은 속성 값을 대체하기도 한다.

config.ini 파일은 프레임워크를 불러오는 초기 번들 집합을 포함하며, 이 같은 번들에는 simpleconfigurator 번들이 포함된다. simpleconfigurator 번들은 프레임워크로 로드할 번들의 집합인 org.eclipse.equinox.simpleconfigurator/bundles.info 파일의 내용을 읽는다. 로드할 번들의 목록은 프레임워크의 마지막 상태를 나타내지만, 프레임워크의 이력은 P2 프로파일로 관리한다.

config.ini 파일은 다음과 같은 내용을 포함한다.

```
eclipse.p2.profile=epp.package.standard
eclipse.p2.data.area=@config.dir/../p2
eclipse.product=org.eclipse.platform.ide
osgi.bundles=reference\:file\:org.eclipse.equinox.simple...
```

P2 관점에서 두 가지 흥미로운 점이 있다. 한 가지는 P2 프로파일 이름(epp.package. standard)이고, 다른 하나는 P2 데이터 공간(일반적으로 이클립스 설치 위치의 최상위에 있는 p2)이다. p2 데이터 공간은 다음과 같은 P2 데이터를 모두 저장하는 데 사용한다.

- `org.eclipse.equinox.p2.core/cache/`: 루트 피처 설치 파일의 복사본을 캐시에 저장하는 데 사용한다.
- `org.eclipse.equinox.p2.engine/profileRegistry/`: P2 프로파일의 위치
- `org.eclipse.equinox.p2.repository/cache/`: 원격 사이트에서 다운로드한 artifacts.xml과 content.xml의 복사본을 저장하는 데 사용한다.

P2 프로파일은 실행 중인 이클립스 프레임워크에서 사용 가능한 피처와 플러그인의 목록이다. P2는 하나의 이클립스에 여러 프로파일을 동시에 설치하도록 허용하며 런타임 시에 커맨드 라인 명령어를 통해 프로파일을 교체하게 해준다. 예를 들어, C 개발을 위해 구성된 이클립스 애플리케이션과 자바 개발을 위해 구성된 이클립스 애플리케이션을 동일한 이클립스 환경에서 설치할 수 있고, 시작 시점에 `-Declipse.p2.profile=epp.package.cpp`나 `-Declipse.p2.profile=epp.package.standard`를 사용해서 두 프로파일을 교체할 수 있다.

모든 프로파일은 profileRegistry 밑의 분리된 디렉터리에 저장된다. 예를 들어, …/profileRegistry/epp.package.standard.profile/은 EPP 표준 프로파일을 위해 사용한다. 프로파일 디렉터리에는 밀리초 단위로 시간을 사용하는 압축된 타임스탬프 파일들이 있다. 이 파일은 그 시점에 이클립스 플랫폼에 설치된 피처와 플러그인의 상태를 표시한다. 새로운 피처 추가와 같이 새로운 설치가 발생하면, 새로운 타임스탬프 파일이 생성된다. 이클립스를 시작할 때 .profile.gz나 .profile로 끝나는 파일 중 가장 큰 수의 파일을 찾아서 부트 프로파일로 사용한다.

프로파일 자체는 `properties`와 `units`, `iuProperties`를 포함한 XML 파일이며, 다음과 같은 모습이다.

```
<profile id="epp.package.standard" timestamp="1395612330274">
  <properties size="7">
    <property name="org.eclipse.update.install.features"
    value="true"/>
    …
  </properties>
  <units size="1564">
    <unit id="org.eclipse.jdt.feature.group"
    version="3.9.2.v20140221-1700" singleton="false">
```

```
    <properties size="12">
      <property name="org.eclipse.equinox.p2.name"
       value="%featureName"/>
      ...
    </properties>
    <provides size="3">
      <provided namespace="org.eclipse.equinox.p2.iu"
       name="org.eclipse.jdt.feature.jar"
       version="3.9.2.v20140221-1700"/>
    </provides>
    <filter>(org.eclipse.update.install.features=true)</filter>
    <artifacts size="1">
      <artifact classifier="org.eclipse.update.feature"
       id="org.eclipse.jdt"
       version="3.9.2.v20140221-1700"/>
    </artifacts>
  </unit>
  ...
 </units>
 <iuProperties size="1564">
 ...
 </iuProperties>
</profile>
```

전체적으로 프로파일(피처의 사용 가능 여부와 캐시 위치 등)과 설치 가능한 단위의 집합, 그와 관련된 최상위 수준의 속성이 있다. 설치 가능한 단위는 플러그인과 피처, 구성 설정, 플랫폼에서 필요한 종속성 집합을 포함한다.

모든 설치 가능한 단위는 이름과 버전을 가지며, 디스크상의 바이너리 파일에 거의 항상 대응된다. 설치 가능한 단위를 다른 그룹으로 분할하는 데 사용하는 네임스페이스도 있다.

- java.package: 자바 패키지 이름으로, Import-Package 분석을 가능하게 한다.
- osgi.bundle: 특정 번들 이름에 대한 종속성으로, Require-Bundle 분석을 가능하게 한다.
- osgi.ee: JavaSE-1.8과 같은 실행 환경이다.

- `osgi.fragment`: 호스트 번들의 프래그먼트 번들에 대한 부가적인 요구 조건을 정의한다.
- `org.eclipse.update.feature`: 피처 종속성을 가능하게 하는 피처에 대한 정보를 제공한다.
- `tooling*`: `toolingorg.eclipse.platform.sdk`와 `toolingepp.package.standard` 같이 특정 항목을 패키지로 추가해 사용하기 위해 사용자가 직접 생성한 속성이다.

애플리케이션에 항목을 설치할 때 프로파일은 어떤 항목을 추가 혹은 삭제했는지를 기록하고 bundles.info 파일을 다시 생성한다. 그렇기 때문에 프레임워크를 다시 시작할 때 올바른 상태의 프로파일을 가져오게 된다. 마찬가지로, 피처를 설치 해제하면 bundles.info에서 항목을 삭제하고 새로운 프로파일 상태를 기록한다.

P2는 bundles.info보다 더 많은 것을 관리한다. P2는 eclipse.ini 파일에 항목을 추가하고 애플리케이션 런처 자체를 교체하며, 런타임의 특정 파일의 압축을 해제하고 디렉터리를 생성할 수 있다. 새로운 콘텐츠를 설치할 때 어떤 피처가 더 필요한지를 계산하는 데도 P2를 사용한다. 충돌 발생 여부나 누락된 종속성은 없는지를 결정하기 위해 불리언 충족 가능성$^{boolean\ satisfiability}$ 라이브러리 SAT4J를 사용한다.

P2 프로파일을 활성화시키면 필요한 번들을 설치하고 시작하며 `org.eclipse.platform.ide`나 `org.eclipse.ui.ide.workbench`와 같은 이클립스 제품이나 애플리케이션에 제어권을 넘긴다.

P2 저장소

저장소는 피처와 플러그인의 집합으로 구성되며, 선택적으로 카테고리화된 설치 가능한 단위의 집합으로 구성된다. 이클립스에서는 개발 환경에서 피처의 집합을 표현하기 위해 업데이트 사이트$^{Update\ Site}$ 프로젝트를 사용하며, 업데이트 사이트 프로젝트는 티코^{Tycho} eclipse-repository 빌드를 위한 소스로 사용된다. 업데이트 사이트 프로젝트는 File > New > Other > Plug-in Development > Update Site Project를 통해 생성할 수 있다.

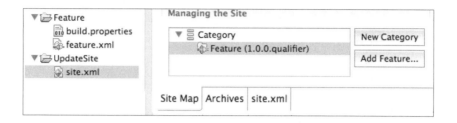

Build All을 클릭하거나 **피처**^{Feature}를 선택하고 Build를 클릭해서 피처를 빌드한다.

artifacts.jar와 content.jar 파일과 함께 features/name_version.timestamp.jar이라는
이름으로 피처가 생성된다. artifacts.jar과 content.jar 두 파일은 내보내기 메커니즘
을 통해 생성되며, P2 인스톨러에 콘텐츠를 표시할 때 필요한 P2 데이터를 포함한다.
Generate P2 repository 옵션을 통해 피처 자체를 내보내는 옵션도 있다. 옵션을 확인
하려면 File > Export > Plug-in Development > Deployable features를 실행해보라.

두 파일은 개별적으로 다운로드 가능한 파일(artifacts.jar)과 모든 파일의 메타데이터 (content.jar)를 의미한다. 각각의 파일은 artifacts.xml과 content.xml이라는 하나의 XML 파일만 포함한다.

P2 아티팩트와 콘텐츠 파일

P2 아티팩트 파일은 설치 가능한 단위를 다운로드 가능한 파일과 연결하는 방법을 제공한다. classifier와 id, version 세 가지가 주어지면, 아티팩트 파일은 설치 가능한 단위의 URL을 계산할 수 있다. 아티팩트 파일은 파일의 다운로드 타입과 다운로드 사이즈, 그리고 선택적으로 MD5 체크섬 같은 부가적인 정보도 제공한다.

저장소는 사람이 읽을 수 있는 이름과 유형, 버전을 가지며, 저장소에는 속성 목록과 맵핑 목록, 아티팩트 목록 세 가지의 영역이 있다. 다음 XML은 Update Site라는 저장소의 예다.

```
<?xml version='1.0' encoding='UTF-8'?>
<?artifactRepository version='1.1.0'?>
<repository name='Update Site' type='org.eclipse.equinox.p2.artifact.
repository.simpleRepository' version='1'>
  <properties size='2'>
```

```
      <property name='p2.timestamp' value='1396184010474'/>
      <property name='p2.compressed' value='true'/>
  </properties>
  <mappings size='3'>
    <rule filter='(&amp; (classifier=osgi.bundle))'
     output='${repoUrl}/plugins/${id}_${version}.jar'/>
    <rule filter='(&amp; (classifier=binary))'
     output='${repoUrl}/binary/${id}_${version}'/>
    <rule filter='(&amp; (classifier=org.eclipse.update.feature))'
     output='${repoUrl}/features/${id}_${version}.jar'/>
  </mappings>
  <artifacts size='1'>
    <artifact classifier='org.eclipse.update.feature'
     id='Feature' version='1.0.0.201403301353'>
      <properties size='2'>
        <property name='download.contentType'
         value='application/zip'/>
        <property name='download.size' value='338'/>
      </properties>
    </artifact>
  </artifacts>
</repository>
```

속성은 아티팩트에 대한 추가 정보를 제공하기 위해 사용한다. 앞의 예제에서는 콘텐츠를 마지막으로 생성한 시간의 타임스탬프와 저장소의 콘텐츠를 artifacts.jar 파일 안에 압축해야 하는지 여부를 속성을 통해 제공한다.

속성은 p2.mirrorsURL을 통해 미러 사이트도 제공한다. p2.mirrorsURL은 원래의 서버를 대신해서 아티팩트를 찾을 수 있는 미러 사이트다. 이클립스 기반 구조는 이 기능을 사용해서 이클립스의 새로운 버전이 릴리스됐을 때 미러 사이트 간에 부하를 분산시킨다. 아티팩트를 다운로드해야 할 경우 미러 URL을 선택하면 XML 파일을 반환한다.

이클립스 루나^{Luna}의 미러 URL은 http://www.eclipse.org/downloads/download. php?format=xml&file=/eclipse/updates/4.4/R-4.4-201406061215다.

미러 URL은 artifacts.xml 파일에 다음과 같이 기록된다.

```
<property name='p2.mirrorsURL'
 value='http://www.eclipse.org/downloads/download.
php?format=xml&amp;file=/eclipse/updates/4.4/R-4.4-201406061215'/>
```

XML 파일은 이스케이프 문자 없이 앰퍼샌드(&)를 포함할 수 없기 때문에, 매개변수를 구별하기 위해 &를 사용한다. 미러 URL을 선택해서 반환된 XML 파일은 다음과 같은 형태를 가진다.

```
<mirrors>
  <mirror
   url="http://www.mirrorservice.org/sites/download.eclipse.org/"
   label="[United Kingdom] UK Mirror Service (http)"/>
    <mirror url="http://ftp.snt.utwente.nl/pub/software/eclipse/"
   label="[Netherlands] SNT, University of Twente (http)"/>
    <mirror url="http://eclipse.mirror.triple-it.nl/"
   label="[Netherlands] Triple IT (http)"/>
  ...
</mirrors>
```

이클립스 서버는 PHP 스크립트를 통해 동적으로 요청을 생성하지만, 정적 XML 파일이나 다른 자동 생성 메커니즘을 통해 제공할 수 있다.

이클립스 서버는 HTTP와 FTP 미러를 통해 파일을 전송한다. FTP를 지원하지 않는 방화벽을 가진 사이트에서는 &protocol=http 매개변수를 추가해서 HTTP 미러 URL 목록만 얻어올 수 있다.

 p2.mirrorsURL이 원격 서버에 존재하지 않거나 빈 목록을 반환할 경우, P2 메커니즘은 처음 요청한 URL로 요청을 되돌린다.

콘텐츠 파일은 라이선스와 저작권, 벤더 등 번들로부터 추출한 더 많은 정보와 속성을 포함한다. OSGi 번들의 경우는 다른 일반적인 require-capability 요소와 함께 어떤 패키지를 내보내고 가져왔는지도 포함한다. 아티팩트 파일의 항목과 콘텐츠 파일의 항목 사이에는 일대일 관계를 갖는다.

바이너리와 압축 파일

업데이트 사이트에서 호스팅하는 JAR과 함께 다른 바이너리 콘텐츠를 저장해서 제공할 수 있다. JAR이 아닌 콘텐츠는 다음 두 개의 그룹으로 나뉜다.

- 이클립스 실행 파일이나 구성 파일과 같은 바이너리^{Binary} 자산
- pack200 압축 메커니즘을 이용해서 압축한 JAR

두 그룹 모두 binary 디렉터리나 특별한 .blobstore 폴더의 최상위 파일로 저장된다.

블랍저장소^{blobstore}는 자산 간의 구별을 위해 랜덤하게 파일 이름을 생성해서 업데이트 사이트 서버에 문제를 발생시킬 수 있는 파일 확장자 없이 임의의 콘텐츠를 저장하는 방법이다. 블랍저장소에서 md5나 sha1과 같이 잘 알려진 알고리즘으로 파일 이름을 생성하지 않으므로, 파일 이름은 콘텐츠에 대한 어떠한 정보도 제공하지 않는다. 블랍저장소는 바이너리 실행 파일과 압축된 JAR 파일을 저장하는 데 사용할 수 있다.

블랍저장소는 특정 유형의 데이터를 알지 못하거나 예상하지 못한 웹 서버에서는 문제를 일으킨다. 그러므로 블랍저장소 대신 P2 저장소가 JAR 다음에 pack200 파일을 저장하는 게 더 이상적이다. 이와 관련된 설정은 목적 저장소의 artifacts.xml 파일에서 `packFilesAsSiblings` 속성을 `true` 값으로 하면 된다.

```
<property name='publishPackFilesAsSiblings'
 value='true'/>
```

이렇게 설정하면 압축 파일의 콘텐츠를 기록하는 데 블랍저장소를 사용하지 않으며, JAR 파일 다음에 저장된다.

 업데이트를 활용하기 위해 속성을 가진 빈 artifacts.xml 파일을 먼저 생성한 후에 미러 동작을 실행해야 한다.

P2 미러 사이트 생성

직접 편성 파일^{direct file}이나 rsync 복사를 통해 아티팩트 집합을 미러링할 수 있지만, 이클립스에 내장된 기능을 사용해서 P2 저장소를 미러링하는 방법도 있다. 이클립스는 원격 업데이트 사이트에서 나열한 콘텐츠를 예상대로 전달하고 메타데이터 파일을 올바르게 업데이트하도록 보장한다.

미러링은 아티팩트와 메타데이터에 대해 개별적으로 이뤄지지만, 두 가지 모두 동일한 구조를 따른다. 하나의 사이트에서 artifacts.jar 파일을 미러링하고 다른 사이트에서 content.jar 파일을 미러링한다.

루나^{luna}의 아티팩트를 미러링하기 위해, 다음 명령어를 사용한다.

```
$ /path/to/eclipse -consoleLog -noSplash -application
    org.eclipse.equinox.p2.artifact.repository.mirrorApplication
 -source http://download.eclipse.org/releases/luna/
 -destination file:///path/to/luna-mirror
 -verbose
 -raw
 -ignoreErrors
```

-verbose 옵션은 미러링 프로세스가 각 지점에서 무엇을 복사하는지 출력하도록 하는 선택적인 인수다.

-raw 옵션은 미러링 프로세스가 본래의 번들로부터 메타데이터를 해석하거나 재작성하지 않고 그대로 복사해서 사용하도록 한다. 이 옵션을 사용하면 빠르게 동작하지만, 오래된 스타일의 업데이트 사이트에서 미러링할 경우 문제가 발생하기도 한다. -raw 옵션은 아티팩트 미러링에만 효과가 있으며, 선택적인 옵션이다.

-ignoreErrors 플래그를 설정하면 미러링 연산 과정에서 발생하는 오류를 무시하고 미러링을 계속 진행한다. 이 옵션을 설정하지 않으면 오류로 인해 미러링 절차가 중단된다. 아티팩트 미러링에만 효과가 있는 선택적인 인수다.

루나의 메타데이터를 미러링하려면 다음 명령어를 사용하라.

```
$ /path/to/eclipse -consoleLog -noSplash -application
    org.eclipse.equinox.p2.metadata.repository.mirrorApplication
```

```
-source http://download.eclipse.org/releases/luna/
-destination file:///path/to/luna-mirror
-verbose
```

앞의 두 가지 명령어는 애플리케이션 이름만 다르고 아티팩트 미러링과 거의 동일하다.

 destination 인수의 값은 file:/로 시작해야 하며 절대 경로다. file:/URL만 destination 인수로 사용할 수 있다.

미러링하는 동안 P2는 발견한 특정 미러를 이용한다. 원격 사이트가 미러 사이트 집합을 나열하면, P2는 부하를 분산시키기 위해 미러를 참조해서 미러 사이트로부터 자산을 다운로드한다.

 무작위로 HTTP와 FTP 미러 사이트를 전환하기 때문에 문제가 발생하기도 한다. FTP를 지원하지 않거나 잘못 설정된 NAT 라우터 뒤에 있는 프록시를 사용한다면, 미러 사이트 접속이 실패한다. 이런 문제를 막기 위해, 명령어 라인의 마지막 항목으로 -vmargs -Declipse.p2.mirrors=false를 전달하라.

MD5로 서명된 파일을 미러링할 경우 미러링 절차에서 파일의 MD5 서명을 확인할 수도 있다. MD5 서명 확인을 비활성화하려면 `-vmargs -Declipse.p2.MD5Check=false` 인수를 명령어 라인에 전달하면 된다.

P2 메타데이터 생성

몇몇 오래된 업데이트 사이트에는 P2 메타데이터가 없고, 예전의 업데이트 사이트에서 사용한 site.xml 파일만 존재한다. 오래된 버전의 이클립스에서는 site.xml만으로도 동작하지만, 새로운 이클립스(또는 티코Tycho 빌드)에서는 'Update site contains Partial IUs and cannot be used'라는 암호 같은 오류 메시지를 가진 오류가 발생할 수 있다.

features/와 plugins/ 디렉터리를 포함한 폴더에서 P2 메타데이터를 생성하려면, 다음의 이클립스 명령어를 실행한다. 다음 명령은 주어진 디렉터리 DIR에 content.jar 과 artifacts.jar 파일을 생성한다.

```
$ /path/to/eclipse -consoleLog -noSplash -application
  org.eclipse.equinox.p2.publisher.FeaturesAndBundlesPublisher
 -source DIR
 -metadataRepository file:/DIR
 -artifactRepository file:/DIR
 -compress
```

DIR은 파일시스템이어야 하고 -metadataRepository와 -artifactRepository 인수 는 file:/을 접두어로 하는 URL이어야 한다.

-compress는 P2 제공자에게 artifacts.xml 파일을 포함한 artifacts.jar 파일을 생성하 게 하고, content.xml을 포함한 content.jar을 생성하게 한다. 단독적인 XML 파일이 사람이 읽기에는 더 좋지만, 압축하면 2배에서 10배까지 크기가 작아진다.

 학습을 위해 P2 애플리케이션을 사용하는 게 아니라면, -compress 인수를 항상 사용 해야 한다.

앞의 명령어는 features/와 bundles/ 디렉터리와 같은 위치에 artifacts.jar과 content. jar 파일을 생성한다. 하지만 출력 디렉터리가 다른 위치에 있다면, artifacts.jar과 content.jar 파일만 생성한다. 이전 위치에서 새로운 위치로 피처와 플러그인을 복사 하려면 -publishArtifacts 인수도 사용하라.

```
$ /path/to/eclipse -consoleLog -noSplash -application
  org.eclipse.equinox.p2.publisher.FeaturesAndBundlesPublisher
 -source INDIR
 -metadataRepository file:/OUTDIR
 -artifactRepository file:/OUTDIR
 -compress
 -publishArtifacts
```

-publishArtifacts 인수를 사용하면 INDIR에서 OUTDIR로 피처와 번들을 복사하고 P2 메타데이터도 생성한다.

 앞의 명령어는 기존의 메타데이터를 덮어쓰고, -publishArtifacts 옵션을 사용하면 기존의 피처와 플러그인도 덮어쓴다.
덮어쓰는 대신, 기존 저장소에 데이터를 추가하려면 -append 인수를 사용하라. 이 옵션은 여러 업데이트가 하나의 위치에서 미러링 가능하게 한다.

업데이트 사이트 카테고리

이클립스에 업데이트하고 설치하는 일은 보통 피처를 기반으로 이뤄진다. 피처는 플러그인과 다른 피처의 논리적인 묶음이다. 예를 들어, 자바 개발 도구의 핵심 피처는 24개의 플러그인으로 구성되지만, 업데이트 사이트에 24개 플러그인을 개별적으로 보여주기보다 JDT 피처 하나만 표시한다.

사용자에게 보여줄 필요가 없는 다른 피처 그룹도 있다. 예를 들어, JDT는 플랫폼에 의존하고 플랫폼은 P2와 Help, RCP에 의존하며 RCP는 E4에 의존한다.

이런 피처는 Help > Install New Software...를 실행한 화면에서 찾을 수 있는 Group items by category 체크박스의 체크를 해제하면 모두 볼 수 있다.

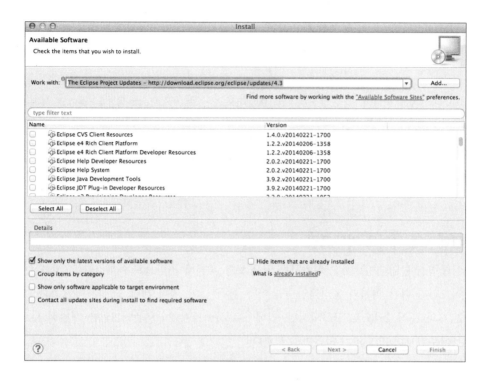

사용자에게 피처의 구성을 모두 보여주면 혼란스러울 수 있으므로, Group items by
category 체크박스를 체크해서 한 수준의 그룹만 제공하도록 플러그인을 카테고리로
묶을 수 있다.

카테고리는 P2 메타데이터로 공개되어 사용자에게 표시된다. 일반적으로 카테고리는 아티팩트와 함께 게시되지만, 이클립스 업데이트 메커니즘은 별도의 사이트에 카테고리 정보를 제공하는 기능을 포함한 복합 업데이트 사이트를 허용한다.

업데이트 사이트에 대한 카테고리 정보를 생성하려면, category.xml이나 site.xml 파일을 사용한다. 두 파일은 동일한 내용과 태그를 가지지만, category.xml 파일은 P2 데이터를 생성하는 입력물로만 사용되고 설치 시점에는 사용되지 않는다. 반면에 site.xml은 이클립스 3.4 이전에 업데이트를 제공하고 소비하는 데 사용했다.

PDE는 site.xml 업데이트 사이트 맵^{Update Site Map} 편집기와 category.xml 카테고리 정의^{Category Definition} 편집기를 모두 제공한다. 두 편집기 모두 카테고리와 참조하는 피처를 정의할 수 있지만, 카테고리 편집기는 플러그인을 직접 참조할 수도 있다. 다음은 카테고리 파일의 예다.

```
<site>
  <category-def name="cat.id" label="Text name">
```

```
  <description>Description of the category</description>
 </category-def>
 <feature id="example.feature" version="1.2.3"
  url="features/example.feature_1.2.3.jar">
   <category name="cat.id"/>
 </feature>
</site>
```

category.xml(혹은 site.xml) 파일과 `CategoryPublisher` 애플리케이션을 사용해서
Install New Software 대화상자에 그룹을 표시할 P2 메타데이터를 생성한다. 주요 목록
에 추가적인 피처나 헬퍼 피처(혹은 소스만 포함한 피처)를 숨길 수 있지만, 사용자가 직
접 피처를 설치하고자 하면 이런 피처도 목록에 표시할 수 있다. 다음은 저장소에 카
테고리 데이터를 추가하는 명령어다.

```
$ /path/to/eclipse -consoleLog -noSplash -application
   org.eclipse.equinox.p2.publisher.CategoryPublisher
 -metadataRepository file:/DIR
 -categoryDefinition file:/path/to/category.xml
 -compress
```

카테고리 게시자를 실행하면 URL을 통해 피처를 찾아서 피처 분석을 시도한다. 이때
참조하는 피처나 플러그인을 찾지 못하면, 해당 항목을 무시한다.

 카테고리에 정의한 ID로 업데이트하거나 설치할 항목을 저장소에 기록한다(앞의
예제에서 카테고리 ID는 cat.id였다.). 다른 카테고리와 명확히 구별하기 위해 카
테고리 ID의 접두어로 사용할 값을 지정하는 인수가 있다. 카테고리 게시 명령에
-categoryQualifier example.prefix를 추가하면 P2 메타데이터에 카테고리 ID가
example.prefix.cat.id로 기록된다.

복합 업데이트 사이트

지금까지의 예제에서는 데이터를 호스팅하기 위해 하나의 저장소만 사용했다. 작거
나 중간 크기의 사이트를 구성하기에는 적합하지만, 많은 경우에 여러 업데이트 사이

트를 통합하는 기능이 필요하다.

P2는 설치할 때 클라이언트에 의해 업데이트 사이트 집합이 통합될 수 있게 하는 복합 업데이트 사이트^{composite update sites}라는 메커니즘을 제공한다. 복합 업데이트 사이트 메커니즘은 업데이트 사이트 간에 바이너리 데이터의 중복 없이 콘텐츠를 통합하는 방법을 제공한다.

복합 업데이트 사이트는 여러 릴리스와 마일스톤, 매일 밤 또는 지속적인 통합 빌드의 결과를 통합해서 일관된 최상위 수준의 사이트를 제공하는 데도 사용된다. 이클립스 릴리스 프로세스가 이 기술을 사용해서 핵심 릴리스에 개별적인 자식 업데이트 사이트를 표시한다. 케플러^{Kepler} 업데이트 사이트(http://download.eclipse.org/eclipse/updates/4.3/)가 복합 사이트의 예다.

복합 사이트는 compositeArtifacts.jar과 compositeContent.jar 파일을 포함하며, 각각은 compositeArtifacts.xml과 compositeContent.xml 파일을 포함한다. 두 파일은 저장소의 유형만 다르고 거의 동일하다. 다음은 케플러 SR2의 compositeArtifacts.xml과 compositeContent.xml 파일이다.

```
<?xml version='1.0' encoding='UTF-8'?>
<?compositeArtifactRepository version='1.0.0'?>
<repository name='The Eclipse Project repository'
 type='org.eclipse.equinox.internal.
  p2.artifact.repository.CompositeArtifactRepository'
 version='1.0.0'>
  <properties size='3'>
    <property name='p2.timestamp' value='1393595881853'/>
    <property name='p2.compressed' value='true'/>
    <property name='p2.atomic.composite.loading' value='true'/>
  </properties>
  <children size='3'>
    <child location='R-4.3-201306052000'/>
    <child location='R-4.3.1-201309111000'/>
    <child location='R-4.3.2-201402211700'/>
  </children>
</repository>
```

```xml
<?xml version='1.0' encoding='UTF-8'?>
<?compositeMetadataRepository version='1.0.0'?>
<repository name='The Eclipse Project repository'
 type='org.eclipse.equinox.internal.
  p2.metadata.repository.CompositeMetadataRepository'
 version='1.0.0'>
  <properties size='3'>
    <property name='p2.timestamp' value='1393595881941'/>
    <property name='p2.compressed' value='true'/>
    <property name='p2.atomic.composite.loading' value='true'/>
  </properties>
  <children size='4'>
    <child location='categoriesKepler'/>
    <child location='R-4.3-201306052000'/>
    <child location='R-4.3.1-201309111000'/>
    <child location='R-4.3.2-201402211700'/>
  </children>
</repository>
```

location은 상대적인 URL(현재 위치에서 상대 경로다.)이나 절대적 URL(다른 사이트에서 절대 경로다.)일 수 있다.

 표준 자바 jar: 프로토콜을 사용해서 자식 사이트로 ZIP 파일을 참조할 수 있다. 예를 들어 메이븐 센트럴(Maven Central)에서 Drools를 설치할 때, 절대 경로 jar:https://repo1.maven.org/maven2/org/drools/org.drools.updatesite/6.0.0.Final/org.drools.updatesite-6.0.0.Final.zip!/를 자식 사이트로 사용한다. URL 맨 앞의 jar:과 맨 뒤의 !를 주의하라. 이 방식은 다소 느려 일반적으로 권장하지 않지만, 작은 사이트나 확장되는 파일을 호스팅할 수 없는 곳에서는 유용하다.

케플러의 경우, 복합 저장소는 다음 네 가지의 자식 저장소로 구성된다.

- R-4.3-201306052000
- R-4.3.1-201309111000
- R-4.3.2-201402211700
- categoriesKepler (메타데이터만 포함한다.)

업데이트 URL로 http://download.eclipse.org/eclipse/updates/4.3/을 입력하면,
이클립스는 자식 저장소를 찾아서 보여준다.

- http://download.eclipse.org/eclipse/updates/4.3/R-4.3-201306052000/
- http://download.eclipse.org/eclipse/updates/4.3/R-4.3.1-201309111000/
- http://download.eclipse.org/eclipse/updates/4.3/R-4.3.2-201402211700/
- http://download.eclipse.org/eclipse/updates/4.3/categoriesKepler/

복합 사이트가 복합 사이트를 참조할 수 있어서 많은 업데이트 사이트가 서로 연결되
게 된다.

대비책인 site.xml뿐만 아니라 사용 가능한 P2 저장소에는 여러 가지 다른 유형이 있
다는 점을 고려하면, 네트워크 요청의 순서는 어떻게 될까? 처음 사이트를 다운로드
할 때 P2는 다음의 절차를 따른다.

- 〈url〉/p2.index(사용 가능하다면)를 다운로드한다.
- p2.index가 사용 가능하다면, compositeArtifacts.jar 혹은 artifacts.jar과 같은 직
  접 파일을 찾는다.
- p2.index를 사용할 수 없으면 artifacts.jar을 찾은 다음 artifacts.xml을 찾고,
  compositeArtifacts.jar을 찾은 후 compositeArtifacts.xml을 찾으며 마지막으로
  site.xml을 찾는다.

content 파일을 참조할 때도 유사한 일이 발생한다. p2.index 파일을 변경하지 않았
어도 반복해서 p2.index 파일을 요청하므로, 이 파일은 가능한 작아야 한다.

복합 업데이트 사이트에 대한 p2.index 파일의 내용은 다음과 같다.

```
version=1
metadata.repository.factory.order=compositeContent.xml,\!
artifact.repository.factory.order=compositeArtifacts.xml,\!
```

독립적인 업데이트 사이트에 대한 p2.index 파일 내용은 다음과 같다.

```
version=1
metadata.repository.factory.order=content.xml,\!
artifact.repository.factory.order=artifacts.xml,\!
```

파일에서 content.xml을 지정하지만, 실제로는 항상 content.jar을 먼저 찾은 다음 content.xml을 찾는다. 항상 P2 저장소를 압축하고, 웹 서버 로그에 많은 가짜 HTTP 404 오류를 방지하기 위해 언급한 두 p2.index 파일 중 하나를 포함한다.

고전적인 업데이트 관리자

이클립스를 처음 생성했을 때 업데이트 관리자는 상대적으로 단순했다. 업데이트 사이트는 사용 가능한 피처를 나열한 간단한 site.xml 파일을 가지며, 이 파일을 사용해서 업데이트 관리자는 새로운 피처가 있는지를 확인했다.

 릴리스 노트(http://www.eclipse.org/eclipse/development/porting/4.2/incompatibilities.html#update-manager)에서 설명한 대로 고전적인 업데이트 관리자(org.eclipse.update.*)는 이클립스 3.4부터 사라지기 시작해서 이클립스 4.2에서는 완전히 제거됐다.

다음은 이클립스 3.0에서 사용한 업데이트 사이트 site.xml 파일의 예다.

```
<site>
  <description url="index.html">
    The Eclipse Update Site contains feature and
    plug-in versions for Eclipse project releases.
  </description>
  <feature url="features/org.eclipse.jdt_3.0.0.jar"
   patch="false" id="org.eclipse.jdt" version="3.0.0">
    <category name="3.0"/>
  </feature>
  …
</site>
```

피처의 새로운 버전이 사용 가능해지면, 업데이트 관리자는 feature.jar 파일을 다운로드해서 저작권을 포함한 정보를 화면에 표시하고, 어떤 종속성이 필요한지를 결정한다. feature.jar 파일은 피처에 포함된 플러그인의 목록과 같은 다른 정보를 갖고 있는 feature.xml 파일을 포함한다.

```
<feature id="org.eclipse.jdt" version="3.0.0"
 label="%featureName" provider-name="%providerName">
  <description>%description</description>
  <license url="%licenseURL">%license</license>
  <url>
    <update label="%updateSiteName"
     url="http://update.eclipse.org/updates/3.0"/>
    <discovery label="%updateSiteName"
     url="http://update.eclipse.org/updates/3.0"/>
  </url>
  <requires>
    <import plugin="org.eclipse.platform" version="3.0.0"
     match="compatible"/>
  </requires>
  <plugin id="org.eclipse.jdt" version="3.0.0"/>
  ...
</feature>
```

feature.xml 파일 안의 %description과 같이 퍼센트 값을 대체하기 위해 feature.
properties를 사용한다.

```
featureName=Eclipse Java Development Tools
providerName=Eclipse.org
description=Eclipse Java development tools.
updateSiteName=Eclipse.org update site
```

feature.xml은 피처 요구 조건과 플러그인 요구 조건 집합에 대한 방향 그래프를 형성한다. 앞의 예제에서, JDT 피처는 org.eclipse.platform 플러그인에 의존하지만, import 문장은 이 플러그인을 다른 피처에서 가져온다고 제안한다. 반면에 plugin id=org.eclipse.jdt는 플러그인이 이 피처의 일부분이어서, JDT 피처와 같은 사이트에서 플러그인을 찾음을 의미한다.

site.xml은 URL로 피처를 참조하지만, 플러그인은 URL이 아닌 방법으로 참조한다. ../plugins/id_version.jar과 같이 플러그인의 위치를 피처에서 상대적인 경로로 계산해 참조한다.

예전의 업데이트 관리자를 실행하면 등록된 모든 업데이트 사이트의 site.xml 파일을
확인해서, 변경이 발견되면 모든 피처를 다운로드한 다음 필요한 모든 플러그인을 다
운로드한다.

고전적인 업데이트 관리자는 업데이트나 호환되지 않는 사항이 있는지를 결정하기
위해 너무 많은 추가적인 콘텐츠를 다운로드해야 하는 등 몇 가지 문제가 있었다. 오
류가 런타임 때까지 발생하지 않으므로, 사용자 경험을 저하시켰다. 게다가 업데이트
메커니즘은 플러그인 업데이트 기능만 있고 내장 JRE나 eclipse.exe 런처와 같은 다
른 콘텐츠의 업데이트 기능은 없었다.

 호환을 위해 P2는 여전히 예전의 업데이트 관리자를 처리하지만, 미래에는 완전히 기
능이 제거될지 모른다.

접점

접점^{Touchpoint}은 피처를 설치/구성하거나 구성 해제/설치 해제할 때 수행할 액션을 정
의하는 P2 구성 옵션이다. 이클립스 구성 파일에 플래그를 추가하고 디렉터리를 생성
하며 파일에 대한 접근 권한을 변경하고 번들과 피처를 설치할 때 접점을 사용한다.

접점 액션에는 두 가지 종류가 있다.

- org.eclipse.equinox.p2.touchpoint.natives, 접근 권한, 디렉터리와 ZIP 파
  일의 생성이나 복사 같은 주로 파일에 대한 연산
- org.eclipse.equinox.p2.touchpoint.eclipse, 번들과 피처, 소스 참조, 저장
  소 설치와 JVM 구동이나 시스템 속성의 변경

접점은 다음 세 위치 중 하나에 저장되는 p2.inf라는 접점 조언^{touchpoint advice} 파일에
저장된다.

- 번들의 META-INF 디렉터리 안

- 피처의 feature.xml 파일 다음

- 제품의 .product 파일 다음

접점 조언 파일은 번들이나 피처, 제품을 설치할 때 추가되며, 점으로 구분된 속성 값을 가진 속성 파일과 유사한 형식을 따른다.

P2로 피처 분류

category.xml(혹은 site.xml) 파일을 사용해서 피처에 대한 카테고리를 생성할 수 있지만, p2.inf 파일로 피처에 카테고리를 추가할 수 있다. 이 작업은 카테고리 생성기가 처리하고 피처 자체에서 카테고리를 표현한다.

P2를 사용해서 피처에 카테고리를 연결하기 위해, feature.xml 옆에 p2.inf 파일을 추가한다. p2.inf 파일은 unit.1, unit.2, unit.3와 같이 시작하는 일련의 속성 키로 표현되는 설치 가능한 단위의 집합을 포함한다.

 속성 파일은 배열을 표현하는 방법을 제공하지 않으므로, p2.inf 파일에서는 일반적으로 증가하는 숫자를 접미사로 사용한다.

모든 설치 가능한 단위는 id와 version을 갖는다. version은 $version$을 사용해서 피처의 버전을 차용한다.

```
units.1.id=com.packtpub.e4.advanced.p2.touchpoints.category
units.1.version=$version$
```

모든 설치 가능한 단위는 수많은 속성과 요구 조건, 규칙을 갖는다. 속성은 임의의 키/값 쌍으로 표현하며, 예제에서는 이름이 Touchpoints Examples인 카테고리를 속성으로 정의한다.

```
units.1.properties.1.name=org.eclipse.equinox.p2.type.category
units.1.properties.1.value=true
units.1.properties.2.name=org.eclipse.equinox.p2.name
units.1.properties.2.value=Touchpoints Examples
```

설치 가능한 단위와 마찬가지로, 속성은 별도로 분리된 이름과 값의 쌍을 연관시키기 위해 증분 번호를 통해 그룹 짓는다.

설치 가능한 단위는 다른 곳에서 단위를 참조할 때 사용하도록 식별자도 제공한다.

```
units.1.provides.1.namespace=org.eclipse.equinox.p2.iu
units.1.provides.1.name=\
 com.packtpub.e4.advanced.p2.touchpoints.category
units.1.provides.1.version=$version$
```

마지막으로, 카테고리 콘텐츠는 하나 이상의 피처 조건을 정의한다. 여기서는 requires 종속성을 선언한다.

```
units.1.requires.1.namespace=org.eclipse.equinox.p2.iu
units.1.requires.1.name=\
 com.packtpub.e4.advanced.p2.touchpoints.feature.feature.group
units.1.requires.1.range=[$version$,$version$]
units.1.requires.1.greedy=true
```

 P2에서 피처는 항상 .feature.group으로 끝나므로, 피처가 .feature로 끝난다면 P2에서 설치 가능한 단위의 식별자는 .feature.feature.group이 된다.

배포 가능한 피처로 내보낼 때 카테고리가 표시된다. 다수의 피처를 원한다면 units.1.requires.2, units.1.requires.3와 같이 카테고리를 사용해서 피처를 추가하면 된다. 두 번째 카테고리가 필요하면, units.2.requires.1과 같이 정의할 수 있다.

p2.inf 파일의 형식은 논리적인 JSON 파일처럼 생각되지만, 속성 목록 형식으로 표현된다. p2.inf와 동일한 JSON 파일은 다음과 같다.

```
{units:[
  { id:com.packtpub...,
    version:1.2.3,
    properties:[
      {name:category,value:true},
      {name:p2.name,Examples}
    ],
    requires:[
      {namespace:iu,name:feature,range:
        [1.2.3,4.5.6],greedy:true}
    ],
    provides:[
      {namespace:iu,name:category,version:1.2.3}
    ],
}]}
```

JSON은 p2.inf에서 지원하는 형식은 아니지만, JSON 구조는 속성 파일에 기록된 데이터를 시각적으로 설명하는 데 도움이 된다.

자동으로 업데이트 사이트 추가

번들을 설치할 때 업데이트 사이트를 추가하려면 다음을 내용으로 하는 p2.inf 파일을 생성하라.

```
instructions.install=\
 addRepository(\
  type:0, name:EGit Update Site,\
  location:http${#58}//download.eclipse.org/egit/updates/);\
 addRepository(\
  type:1, name:EGit Update Site,\
  location:http${#58}//download.eclipse.org/egit/updates/);
instructions.uninstall=\
 removeRepository(\
```

```
type:0, name:EGit Update Site,\
location:http${#58}//download.eclipse.org/egit/updates/);\
removeRepository(\
type:1, name:EGit Update Site,\
location:http${#58}//download.eclipse.org/egit/updates/);
```

 $,:;{} 문자를 포함한 몇몇 특정 문자는 p2.inf 파일에서 허용하지 않는다. 이런 문자는
${#nnn} 형태의 십진수 문자 값으로 대체하는 데 필요하기 때문으로, ${#58}은 http
URL에서 :에 대한 확장 문자(escape character)다. 원하면 instructions.configure
는 한 줄에 있을 수 있지만, \를 사용해서 여러 줄에 걸쳐 속성 값을 표시할 수 있다.

type 값은 0(메타데이터)과 1(아티팩트)이다. 저장소를 성공적으로 추가하려면, 메타데
이터와 아티팩트 저장소 둘 다로 등록해야 한다. 특수문자는 인코딩해야 하지만 이름
은 선택사항이다.

번들을 구성할 때 호스트 이클립스 런타임의 업데이트 사이트 목록에 저장소를 등록
하고, 이후에 번들의 구성을 해제하면 저장소를 제거한다.

접점 액션 등록

addRepository 접점^{touchpoint} 액션은 org.eclipse.equinox.p2.touchpoint.
eclipse 플러그인의 plugin.xml에 정의한 항목과 관련이 있다. 이 접점 액션은 org.
eclipse.equinox.p2.touchpoint.eclipse.addRepository라는 ID를 가지며, 확장
점의 클래스와 관련된다.

가져오기를 하거나 정규화된 이름을 사용해서 접점 액션을 추가할 수 있다. 예를 들
어 저장소를 추가하려면 다음과 같이 정의한다.

```
instructions.install=\
addRepository(\
type:0, name:EGit Update Site,\
location:http${#58}//download.eclipse.org/egit/updates/);
instructions.install.import=\
```

```
org.eclipse.equinox.p2.touchpoint.eclipse.addRepository
```

혹은 정규화된 이름 사용
```
instructions.install=\
 org.eclipse.equinox.p2.touchpoint.eclipse.addRepository(\
  type:0, name:EGit Update Site,\
  location:http${#58}//download.eclipse.org/egit/updates/);
```

 org.eclipse.equinox.p2.touchpoint.eclipse와 org.eclipse.equinox.
p2.touchpoint.native 안의 액션은 기본으로 가져오므로, 명시적으로 가져올 필요가
없다. 하지만 사용자 정의 액션은 명시적으로 가져오거나 정규화된 이름을 사용해야
한다.

JVM 또는 프로그램 인수 추가

설치 시에 eclipse.ini 파일에 JVM이나 프로그램 인수를 추가하려면 addJVMArg나
addProgramArg를 사용하면 된다. 일반적으로 번들보다는 피처나 제품에 이 옵션을
추가한다. 변경사항은 eclipse.ini 파일에 영향을 주므로, 다음 부팅 시에 적용된다.

메모리를 추가하거나 PermGen을 늘리려면 다음을 사용한다.

```
instructions.install=\
 addJVMArg(jvmArg:-Xmx2048m);\
 addJVMArg(jvmArg:-XX:MaxPermSize=512m);
instructions.uninstall=\
 removeJVMArg(jvmArg:-Xmx2048m);\
 removeJVMArg(jvmArg:-XX:MaxPermSize=512m);
```

 OpenJDK 8에서는 더 이상 PermGen을 관리할 필요가 없으며, OpenJDK 8에는 아
무런 영향을 주지 않는다. 향후 -XX:MaxPermSize 인수를 전달하면 오류가 발생할
지도 모른다.

JVM 인수를 처리하는 더 좋은 방법이 있다. 런처가 주어진 JVM에 XX가 필요한지 여부를 알고 있기 때문이다(표준이 아닌 특정 JVM은 XX를 지원하지 않는다.).

--launcher.XXMaxPermSize 512m 인수를 프로그램 인수로 추가해서 런처가 속성 설정이 필요한지 여부를 결정하게 한다. JVM 인수로 추가하는 대신 프로그램 인수로 추가하라.

```
instructions.install=\
 addJVMArg(jvmArg:-Xmx2048m);\
 addProgramArg(\
  programArg:--launcher.XXMaxPermSize,programArgValue:512m);
instructions.uninstall=\
 removeJVMArg(jvmArg:-Xmx2048m);\
 removeProgramArg(\
  programArg:--launcher.XXMaxPermSize,programArgValue:512m);
```

이제 좀 더 안정적이 됐다. JVM이 XX 플래그를 인식하면 자동으로 인수가 추가되지만, JVM이 XX 플래그를 인식하지 못하면 변경이 반영되지 않고 동일하게 동작한다. 그래서 프로그램 인수로 추가하면 -XX 플래그를 더 이상 인식하지 못하는 현재 혹은 미래의 JVM에 대한 교정이 가능하다.

사용자 정의 접점

플러그인을 설치할 때 부가적인 데이터를 처리하는 사용자 정의 접점을 추가할 수 있다. 예를 들어, 피처가 추가될 때 라이선스 검사 액션을 실행할 수 있다.

사용자 정의 접점을 생성하려면 플러그인을 생성하고 다음 번들에 대한 종속성을 추가한다.

- org.eclipse.equinox.p2.engine
- org.eclipse.core.runtime

이제 org.eclipse.equinox.p2.engine.actions 확장점을 추가한다.

```
<plugin>
  <extension point="org.eclipse.equinox.p2.engine.actions">
```

```
      <action name="licenseCheck" version="1.0.0"
      class="com.packtpub.e4.advanced.p2.touchpoints.LicenseCheck"/>
    </extension>
</plugin>
```

클래스는 org.eclipse.equinox.p2.engine.spi.ProvisioningAction을 상속하며,
성공과 실패를 나타내는 IStatus 객체를 반환하는 execute와 undo 메소드를 구현
한다.

```
public class LicenseCheck extends ProvisioningAction {
  public IStatus execute(Map<String, Object> parameters) {
    if (isLicensed((String) parameters.get("licenseFile"))) {
      return Status.OK_STATUS;
    }
    return new Status(Status.ERROR,
      "com.packtpub.e4.advanced.p2.touchpoints",
      "The plug-in is not licensed");
  }
  private boolean isLicensed(String file) {
    return file != null && new File(file).exists();
  }
  public IStatus undo(Map<String, Object> parameters) {
    // NOP
    return Status.OK_STATUS;
  }
}
```

LicenseCheck 클래스는 인수로 전달받은 파일을 찾는다. 파일을 발견하지 못하면 오
류가 발생한다. 실제 시스템에서는 파일 대신 URL을 사용하며, 파일의 존재 여부 외
에도 더 많은 항목을 검사할 것이다.

플러그인에서 LicenseCheck 클래스를 사용하려면, p2.inf 파일을 생성하고,
licenseFile 인수와 함께 licenseCheck를 참조하는 instructions.install을 생
성한다. 정규화된 이름을 사용하거나 확장점을 가져오면 된다.

```
instructions.install=\
 licenseCheck(licenseFile:/tmp/license);
instructions.install.import=\
 com.packtpub.e4.advanced.p2.touchpoints.licenseCheck
```

licenseCheck 플러그인이 확실히 활성화되게 하려면 metaRequirement를 추가한
다. metaRequirement는 P2에 p2.inf 파일의 번들을 설치하기 위해 com.packtpub.
e4.advanced.p2.touchpoints를 설치 가능한 단위(번들)로 설치해야 한다고 지
시한다. 추가적인 metaRequirements를 추가해야 한다면 metaRequirements.1과
metaRequirements.2로 속성을 생성하면 된다.

```
metaRequirements.0.name=com.packtpub.e4.advanced.p2.touchpoints
metaRequirements.0.namespace=org.eclipse.equinox.p2.iu
metaRequirements.0.range=[1,2)
```

 metaRequirements로는 번들 자체에 필요한 런타임 요구사항을 추가하지 않는다.
metaRequirements는 P2 처리 단계에서만 사용한다.

마지막으로 런타임에 라이선스 번들을 설치한다. 라이선스 파일이 존재하면(예제 번들
에서는 /tmp/license로 지정했다.), 예상대로 플러그인을 설치한다. 번들이 존재하지 않으
면 오류가 출력된다.

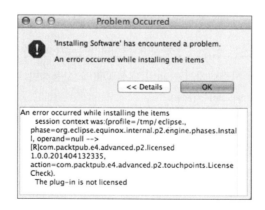

라이선스 피처를 화면에 출력하는 방식은 최상의 UX는 아니다. 피처를 설치한 다음에
정보(라이선스를 획득하는 방법을 포함해서)를 제공하거나 라이선스가 없는 경우 라이
브 데모 기능을 제공하는 방식이 더 좋다. 앞의 예제는 코드를 설치할 때 사용자 정의
코드를 실행하는 P2의 기능을 설명하기 위해 사용했다.

정리

이클립스의 프로비저닝과 업데이트 엔진으로 P2를 사용하며, 피처와 플러그인(번들),
런처와 관련된 라이브러리 같은 네이티브 컴포넌트를 설치하는 데 P2를 사용한다.

플러그인과 피처, 제품에 참조를 내장하고 추가적인 메타데이터와 콘텐츠를 설치할
핸들러를 정의함으로써 구성을 확장할 수 있다. 업데이트 사이트를 생성하고 미러링
하며 애플리케이션 인스턴스를 제공하고 UI가 없는 콘텐츠를 관리하기 위해 명령어
라인 유틸리티를 사용한다.

마지막 장에서는 이해하기 쉬운 제품을 만들기 위해 이클립스에 대한 도움말 문서를
작성하는 방법을 소개한다.

10
이클립스의
사용자 지원 기능

도움말 페이지를 작성하는 방법과 외부의 도움말 서버^{help server}를 실행하는 방법, RCP 애플리케이션에 도움말을 내장하거나 독립적으로 실행하는 방법, 사용자가 표준 작업을 단계별로 따라 하도록 지원하는 치트 시트^{cheat sheet} 작성 방법을 포함해서, 이클립스에서 사용자 지원 기능을 제공하기 위한 옵션을 설명한다. 이 장을 마치고 나면 이클립스의 다양한 사용자 지원 옵션을 알게 되고, 독립형 이클립스 환경이나 RCP 애플리케이션 혹은 웹사이트를 통해 대화식의 문서를 제공하는 플러그인을 제공할 수 있게 된다.

이클립스의 도움말 페이지

이클립스 도움말 페이지는 아파치 루씬^{Apache Lucene}으로 색인되는 XHTML 문서이며, 외부의 웹 서버 혹은 이클립스 기반 런타임 내의 웹 서버를 통해 제공된다. 도움말 페이지는 XHTML로 작성하고, 목차^{toc, table of contents}라고 알려진 도움말을 하나의 뷰로 모아 놓은 표를 갖는다. 목차는 기본^{primary}이며, 도움말 페이지의 닫힌 책 모양의 아이콘으로 보여진다. 아니면 열린 책 모양의 아이콘으로 보여지고 다른 곳에 연결할 수 있다.

이 장에서는 문서에 대한 위치지정자로 com.packtpub.e4.advanced.doc 플러그인을 사용한다. plugin.xml 파일의 **확장**Extensions 탭에서 **Add**...를 클릭하고, 샘플 도움말을 포함한 org.eclipse.help.toc 확장점을 선택해서 확장점 마법사로부터 도움말을 생성한다.

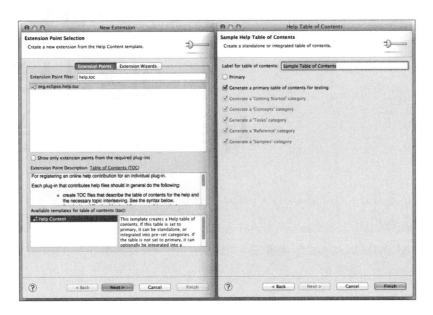

도움말 페이지 추가

확장점을 통해 도움말 페이지를 제공(기여)하고, 개별적인 도움말 페이지를 참조하는 목차를 등록한다. 도움말이 필요 없는 환경에서는 애플리케이션의 크기를 작게 하고 도움말 페이지가 다른 언어로 번역될 수 있도록 하기 위해, 보통 문서화하려는 플러그인과 별개의 플러그인에서 도움말 페이지를 제공한다.

도움말 페이지는 (X)HTML로 작성하며, 일반적으로 플러그인의 html/ 디렉터리 밑에 저장한다. 하지만 꼭 그래야 하는 것은 아니다. 어떤 폴더 이름을 사용해도 되며, 도움말 문서가 생성된 문서 JAR 파일의 일부라는 점만 확실히 업데이트하면 된다. 보통, 도움말이나 문서 플러그인은 모든 콘텐츠를 포함하기 위해 bin.includes 속성으로 점(.)을 값으로 갖는다.

다음을 내용으로 하는 html/index.html 파일을 생성한다.

```html
<!DOCTYPE html>
<html>
<head>
<title>Help Contents</title>
</head>
<body>
  <h1>This is the help contents file</h1>
</body>
</html>
```

HTML 파일을 참조하는 목차(toc.xml) 파일을 생성해야 한다.

```xml
<?xml version="1.0" encoding="UTF-8"?>
<toc label="Book">
  <topic href="html/index.html" label="Topic"/>
</toc>
```

마지막으로, 도움말을 포함할 플러그인의 plugin.xml 파일에 확장점으로 목차를 등록해야 한다.

```xml
<?xml version="1.0" encoding="UTF-8"?>
<?eclipse version="3.4"?>
<plugin>
  <extension point="org.eclipse.help.toc">
    <toc file="toc.xml" primary="true"/>
  </extension>
</plugin>
```

 primary=true 속성을 주목하라. 이 속성이 없으면, 이클립스 도움말 페이지의 최상위에 책이 나타나지 않는다.

이제 이클립스 애플리케이션을 실행하고, **Help ➤ Help Contents**로 이동한다. 도움말 문서가 브라우저에 열리고, 앞의 XML 내용이 Book이라는 독립적인 책으로 보여진다.

toc.xml 파일을 기본(primary)으로 표시해야 하며, toc.xml 파일은 페이지에서 적어도 하나의 주제를 참조해야 한다. toc.xml 파일이 기본이 아니면, 도움말의 최상위 목록에 나타나지 않는다. 만약 toc.xml 파일이 참조하는 주제가 없으면 목차가 숨겨진다. build.properties가 적용 가능한 모든 도움말과 toc.xml 파일을 포함하도록 업데이트 됐는지 확인하라.

중첩된 목차

일련의 중첩된 책의 모양으로 도움말 브라우저에 나타나는 중첩된 목차를 구성할 수 있다. 목차를 기본^{primary}으로 설정하면 최상위의 책 모양으로 표시되지만, 기본으로 설정하지 않으면 다른 파일에서 목차를 참조해야 한다. 대부분의 목차 파일은 기본이 아니다.

이클립스 JDT 문서는 두 개의 플러그인으로 나뉜다. 하나(org.eclipse.jdt.doc.user)는 최종 사용자에게 자바 도구 사용법을 안내하는 문서를 제공하고, 다른 하나(org.eclipse.jdt.doc.isv)는 JDT를 확장하거나 통합하고자 하는 개발자를 위해 프로그래밍 API를 제공한다.

 ISV는 Independent Software Vendor(독립 소프트웨어 개발 판매 회사)를 의미하며, 이클립스는 IBM의 웹스피어(WebSphere) 같은 상용 IDE의 기반 구조로 사용될 수 있도록 설계됐다.

각각의 이클립스 책 안에는 시작하기$^{Getting\ started}$와 개념^{Concepts}, 태스크^{Tasks}, 참조^{Reference}, 팁과 트릭$^{Tips\ and\ Tricks}$, 새로운 기능$^{What's\ New}$ 같은 목차의 표준 시리즈가 있다. 또한 개요^{Overview}와 법적 문제^{Legal}라는 독립적인 도움말 페이지도 있다.

 이와 같은 페이지나 그룹이 필수는 아니지만, 통상적으로 모든 전통적인 이클립스 기능에서 이런 목차를 제공한다. 이클립스에 언어에 특화된 확장을 생성하는 개발자라면 이런 형식의 도움말을 제공할 것을 권고한다.

앞의 도움말 구조는 다음과 같이 여러 개의 다른 목차 파일을 통해 구성한다. 각각의 파일은 앞의 책 아이콘에 해당한다.

- topics_GettingStarted.xml
- topics_Concepts.xml
- topics_Tasks.xml
- topics_Reference.xml
- topics_Tips.xml

모든 토픽 XML 파일은 앞서 살펴본 toc.xml 파일과 유사한 내용을 담고 있다. primary="true" 속성이 없다(기본값이 false다.)는 점을 제외하면 앞에서와 같이 plugin.xml 파일에서 토픽 XML 파일을 참조한다.

최상위(기본) toc는 이런 모든 토픽의 집합이다. 예를 들어, JDT 플러그인 개발 가이드 도움말 문서는 다음과 같은 toc.xml을 포함한다.

```
<toc label="JDT Plug-in Developer Guide">
  <topic label="Programmer&apos;s Guide" href="guide/jdt_int.htm">
    <link toc="topics_Guide.xml" />
  </topic>
  <topic label="Reference">
```

```
    <link toc="topics_Reference.xml" />
  </topic>
  …
</toc>
```

 토픽 파일은 XML 파일이므로, 토픽 레이블의 아포스트로피(apostrophe)는 ´ 대신 '로 표현한다.

앞의 토픽 파일은 최상위 책을 제공하고, 토픽 항목의 집계 목록을 생성한다.

 토픽(책 아이콘)은 선택적으로 HTML을 갖는다. 이 HTML 파일은 토픽에 대한 전반적인 도움말 문서를 포함한다. 앞의 예제의 경우 JDT Plug-in Developer Guide에서 Programmer's Guide 링크를 클릭하면, 배경 지식과 함께 사용자 정의 개요를 보여준다. Reference 페이지와 같은 HTML 페이지가 없으면, 자동으로 생성된 목차 목록을 화면에 표시한다.

앵커와 링크

앞에서 설명한 도움말 콘텐츠를 사용해서 정적인 목차를 생성할 수 있다. 사전에 목차의 목록을 알고 하나의 플러그인에 패키지할 수 있을 때 이와 같은 방식이 가능하다. 하지만 문서가 좀 더 복잡하면, 여러 플러그인으로 나눠야 할 필요도 있다.

href 속성은 동일한 플러그인의 로컬 파일을 목차 파일로 참조해야 한다. 다른 플러그인이 기능을 제공(기여)할 수 있는 확장점을 포함한 플러그인에 대해서는 이런 방식은 제약사항이 된다.

href 대신 도움말 페이지에 대해 확장 위치인 앵커anchor를 목차 파일에 정의할 수 있다. 예를 들어 도움말 페이지는 기여된 문서가 위치할 Contributions 앵커를 갖거나, 다른 플러그인에 의해 추가되는 Examples 페이지를 가질 수 있다.

toc.xml 파일에서 앵커는 다음과 같이 표현한다.

```
<toc label="Anchor Examples">
```

```
  <topic label="Overview" href="html/overview.html">
    <link toc="topics_Overview.xml" />
  </topic>
  <anchor id="contributions" />
</toc>
```

앵커는 다른 플러그인이 항목을 제공(기여)할 수 있는 위치지정자를 제공하며, 다른
toc 파일에서는 link_to에 앵커를 지정해서 항목을 제공한다.

```
<toc label="Contribution1" link_to="toc.xml#contributions">
  <topic label="Contribution 1" href="html/contribution1.html"/>
</toc>
```

이제 도움말 페이지를 화면에 표시할 때 앵커의 자리에 기여한 도움말이 표시된다.
이처럼 앵커는 다른 toc 파일에서 다른 콘텐츠를 추가하기 위해 사용된다.

```
<toc label="Contribution2" link_to="toc.xml#contributions">
  <topic label="Contribution 2" href="html/contribution2.html"/>
</toc>
```

다른 toc 파일에서 기여한 토픽은 목록의 최상위 수준에 렌더링되어 보인다.

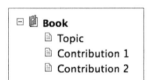

어떤 종류의 콘텐츠로도 동작하지만, 목록에 콘텐츠를 표현할 때 명확하게 구별하기
위해 토픽에는 하나의 주제 항목만 래핑하는 것이 좋다. 그러면 자식 토픽에 근거해
서 자동으로 목차를 생성할 수도 있다. 다음은 몇 가지 예제를 제공(기여)할 수 있는
토픽의 예다.

```
<toc label="Grouped Examples">
  …
  <anchor id="contributions" />
  <topic label="Examples">
```

```
    <anchor id="examples" />
  </topic>
</toc>
```

이제 다음을 통해 예제를 제공(기여)할 수 있다.

```
<toc label="Examples" link_to="toc.xml#examples">
  <topic href="html/example1.html" label="Example 1"/>
</toc>

<toc label="Examples" link_to="toc.xml#examples">
  <topic href="html/example2.html" label="Example 2"/>
</toc>
```

목차를 렌더링할 때, 콘텐츠 그룹과 자동으로 생성된 목차가 표시된다.

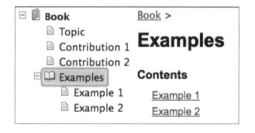

다른 플러그인에서 앵커에 연결

동일한 플러그인 뿐만 아니라 다른 플러그인에서 정의한 앵커에도 콘텐츠를 제공(기여)할 수 있다. 다른 플러그인의 앵커에 콘텐츠를 제공할 때 link_to는 ../와 플러그인 이름을 접두어로 하는 파일을 참조한다.

자바 개발 툴킷^{Java Development Toolkit} 문서에 예제 페이지를 제공하려면, JDT에서 제공하는 목차를 참조한다. 그래서 org.eclipse.jdt.doc.user 플러그인의 toc.xml 토픽은 jdt_getstart 앵커를 포함한다.

```
<toc label="Java development user guide">
  <topic label="Java development overview"
    href="gettingStarted/intro/overview.htm"
```

```
    <topic label="Getting Started">
      <link toc="topics_GettingStarted.xml" />
    </topic>
    <anchor id="jdt_getstart" />
    …
  </topic>
</toc>
```

앞의 toc.xml은 ../org.eclipse.jdt.doc.user/toc.xml#jdt_getstart 형태의
link_to를 이용해서 다른 플러그인이 앵커에 콘텐츠를 제공(기여)하도록 허용한다.
어떻게 동작하는지 확인하기 위해, 다음과 같이 토픽에 새로운 콘텐츠를 제공해보자.

```
<toc label="JDT extension"
 link_to="../org.eclipse.jdt.doc.user/toc.xml#jdt_getstart">
  <topic href="html/jdt.html" label="JDT Help Extension"/>
</toc>
```

이클립스 인스턴스를 실행하고 도움말 문서를 열면, 추가한 페이지가 JDT 문서에 통
합되어 보인다.

조건부 활성화

도움말 문서는 문서가 설명하는 플러그인과 직접적으로 연관된다. 그러므로 연관된
플러그인이 설치되지 않았으면 도움말 문서도 보이지 않는 게 당연하다.

도움말 번들이 설명하려는 번들에 종속성을 가지게 하면 되지만, 좋은 방법은 아니

다. 그래서 도움말 확장점은 선택적으로 도움말의 부분을 보여주거나 도움말 전체를 숨기는 데 사용할 수 있는 활성화 조건^{enablement condition}을 제공한다. 활성화 조건은 이 클립스의 핵심 표현식^{core expression} 문법을 사용한다.

JDT가 설치됐는지를 검사하기 위한 활성화 조건을 추가하려면 toc의 노드에 다른 코드를 추가한다.

```
<toc label="Book">
  …
  <topic label="Examples">
    <anchor id="examples"/>
    <enablement>
      <with variable="platform">
        <test args="org.eclipse.jdt.ui"
          property="org.eclipse.core.runtime.isBundleInstalled" />
      </with>
    </enablement>
  </topic>
</toc>
```

조건을 검사해서 조건이 참일 때, 책 모양의 아이콘을 보여준다(검색 기능도 포함한다.). 예제의 경우, org.eclispe.jdt.ui를 설치했으면 조건은 참이 된다.

다수의 조건이 필요하면, 형제 노드로 조건을 나열한다. <or>나 <and> 요소를 사용해서 명시적으로 그룹 조건을 정의할 수 있다.

운영체제에 따라 도움말 문서를 선택적으로 포함시킬 수도 있다.

```
<toc label="Book">
  …
  <topic label="OSX specific help" href="html/osx.html">
    <enablement>
      <systemTest property="osgi.os" value="macosx"/>
    </enablement>
  </topic>
  <topic label="Linux specific help" href="html/linux.html">
    <enablement>
      <systemTest property="osgi.os" value="linux"/>
```

```
  </enablement>
 </topic>
 <topic label="Windows specific help" href="html/win.html">
   <enablement>
     <systemTest property="osgi.os" value="win32"/>
   </enablement>
 </topic>
</toc>
```

 시스템 속성 osgi.os의 유효한 값이 이클립스 도움말 페이지에 표시된다.

HTML 도움말 페이지도 활성화 조건에 따라 선택적으로 필터링해서 보여줄 수 있다.
단, 프로세서는 소스 문서가 유효한 XML인 경우에만 활성화되므로, 도움말 문서를
XHTML로 작성해야 한다. 예를 들어, 사용자가 애플리케이션을 실행하게 할 때 운영
체제에 따라 프롬프트가 달라지므로 다음과 같이 작성한다.

```
<?xml version="1.0" encoding="UTF-8"?>
<!DOCTYPE html PUBLIC "-//W3C//DTD XHTML 1.0 Transitional//EN"
 "http://www.w3.org/TR/xhtml1/DTD/xhtml1-transitional.dtd">
<html xmlns="http://www.w3.org/1999/xhtml">
  <head>
   <title>Example 1</title>
  </head>
  <body>
    <h1>Example 1</h1>
    <p>To run the program, execute:</p>
    <p>
      <code>c:\&gt;java -cp lib\a.jar;lib\b.jar example</code>
      <enablement>
        <systemTest property="osgi.os" value="win32" />
      </enablement>
    </p>
    <p>
      <code>$ java -cp lib/a.jar:lib/b.jar example</code>
      <enablement>
```

```
    <not>
      <systemTest property="osgi.os" value="win32" />
    </not>
  </enablement>
    </p>
  </body>
</html>
```

도움말 페이지가 사용자에게 표시될 때 플랫폼에 따라 올바른 형태의 콘텐츠가 보여
진다.

키 입력의 명칭을 환경에 따라 변경할 때도 활성화 조건을 사용한다. 윈도우와 리눅
스에서 기본 한정자^{modifier}는 Control이지만, 맥 OS X에서는 Command인 경우다.

```
<p>
  To copy the information, press
  <span>Command + C
    <enablement>
      <systemTest property="osgi.os" value="macosx" />
    </enablement>
  </span>
  <span>Control + C
    <enablement>
      <not>
        <systemTest property="osgi.os" value="macosx" />
      </not>
    </enablement>
  </span>
</p>
```

윈도우나 리눅스에서 앞의 예제는 'To copy the information, press Control + C'를 출력하지만, 맥 OS X에서는 'To copy the information, press Command + C'를 표시한다.

문맥 인지 도움말

이클립스 플랫폼을 위한 문맥 인지 도움말^{Context-sensitive help}을 제공하기 위해 도움말 문맥^{help context}을 뷰나 파트, 커맨드, 기타 다른 위젯에 연결할 수 있다. IWorkbenchHelpSystem은 위젯에 도움말 문맥 ID를 연결하는 방법을 제공한다. 문맥 ID는 관련된 플러그인 ID와 텍스트 식별자를 연결한 값이다.

동적 도움말^{Dynamic Help}은 현재 선택된 위젯이나 뷰의 도움말 문맥에 기반해서 콘텐츠를 업데이트한다. Help ➤ Dynamic Help 혹은 Window ➤ Show View ➤ Other ➤ Help ➤ Help 메뉴를 통해 도움말 뷰에 접근한다.

예를 들어 프로젝트 탐색기^{Project Explorer} 뷰에 포커스가 이동하면, 도움말^{Help} 뷰가 다음 그림과 같이 보여진다.

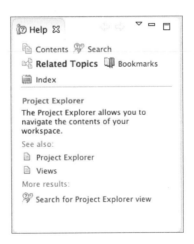

프로젝트 탐색기 도움말의 title과 description을 도움말 문맥에 지정하기 위해 프로젝트 탐색기 도움말은 정규화된 문맥 ID org.eclipse.ui.project_explorer_context를 사용한다. contexts_Platform.xml 파일은 다음 내용을 포함한다.

```
<contexts>
  <context id="project_explorer_context"
   title="Project Explorer Additional">
     <description>The project explorer allows projects to be
      explored.</description>
  </context>
</contexts>
```

plugin.xml 파일에서 contexts_Platform.xml 파일을 참조해서, 문맥을 특정 플러그인
과 연결한다(플러그인을 지정하지 않으면, 현재 플러그인에 연결된다.).

```
<extension point="org.eclipse.help.contexts">
  <contexts
   file="contexts_Platform.xml"
   plugin="org.eclipse.ui"/>
</extension>
```

이제 프로젝트 탐색기를 선택할 때, 도움말 뷰가 다른 설명으로 변경되어 보인다.

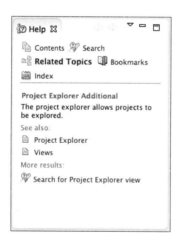

도움말 문맥이 다른 도움말 토픽을 참조할 수도 있다. 앞의 그림에서 **See also** 영역은
프로젝트 탐색기^Project Explorer 와 **뷰**^Views 도움말 페이지를 포함한다. 이와 같이 문맥에 토
픽 참조를 추가해서 다른 페이지를 제공(기여)하기도 한다.

```
<contexts>
  <context id="project_explorer_context"
   title="Project Explorer Additional">
    <description>The project explorer allows projects to be
     explored.</description>
    <topic href="html/contribution1.html" label="Contribution 1"/>
    <topic href="html/contribution2.html" label="Contribution 2"/>
  </context>
</contexts>
```

이제 도움말 페이지가 다음 그림과 같이 보여진다.

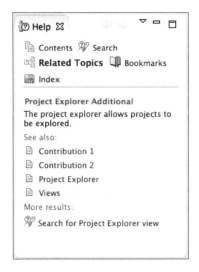

 다른 플러그인에서 기존의 도움말 문맥에 페이지를 제공(기여)할 경우 title과 description은 선택사항이다. label도 선택사항으로, label을 지정하지 않으면 토픽의 title을 상속받는다.

액티브 도움말

자바스크립트^{JavaScript} 라이브러리(org.eclipse.help/livehelp.js)는 사용자 대신 커맨드를 실행하기 위해 호스트 이클립스 워크벤치와의 통신을 이용한다. 이러한 기능은 이클립스 워크벤치에서 제공하는 모든 이클립스 도움말 페이지에 기본으로 추가돼 있으며, 액티브 도움말^{active help}이라고 불린다.

커맨드를 실행하기 위해, 동일한 직렬화 프레임워크가 치트 시트로 사용된다. 이 부분은 이 장의 커맨드 추가 부분에서 설명한다. 실행할 커맨드는 `commandId(key=value,key1=value)` 형식으로 지정하며, 한 예로 `org.eclipse.ui.newWizard(newWizardId=org.eclipse.jdt.ui.wizards.JavaProjectWizard)`는 새 자바 프로젝트^{New Java Project} 마법사를 실행하는 커맨드다.

자바스크립트 함수 `executeCommand`는 직렬화된 커맨드를 포함한 문자열을 받는다. 이 함수는 `javascript:` URL을 통해 호출하거나 # 값을 가진 `href` 속성과 코드를 호출하는 `onClick` 핸들러를 사용해서 호출할 수 있다.

```
<p>You can run the
<code>org.eclipse.ui.newWizard(
 newWizardId=org.eclipse.jdt.ui.wizards.JavaProjectWizard)</code>
command by clicking on <a class="command-link" href='#'
 onClick='executeCommand("
  org.eclipse.ui.newWizard(
   newWizardId=org.eclipse.jdt.ui.wizards.JavaProjectWizard)
  ")'>show the new Java Wizard</a>
</p>
```

커맨드 참조뿐만 아니라, 도움말 서버는 다른 플러그인 내의 콘텐츠에도 접근한다. 플러그인 ID로 플러그인을 참조하고, 이어서 플러그인 내의 자원에 대한 경로를 참조한다. 예제 파일에 대한 하이퍼링크나 다른 토픽 파일에 대한 참조, 아이콘 이미지를 사용해서 문서의 품질을 향상시킬 수 있다.

새로운 자바 마법사를 위한 도움말 문서에 아이콘을 추가하려면 다음을 추가해야 한다.

```
<img width="16" height="16" alt="New Java wizard"
  src="../org.eclipse.jdt.ui/icons/full/etool16/newjprj_wiz.gif"/>
```

 상대 경로는 HTML 파일에 대한 상대적인 위치다. 모든 HTML 파일이 html 디렉터리에 있다면 추가적으로 ../를 경로 맨 앞에 붙여야 한다.

DocBook과 이클립스 도움말

DocBook은 기술 문서를 작성하는 방법으로, http://www.docbook.org에서 설명하고 있다. DocBook 문서는 XML로 작성되며, 이클립스 도움말을 비롯해서 수많은 형태의 파일로 변환할 수 있다. 일반적으로 XML 파일은 XSL 파일로 변환하며, 동일한 소스 문서에 많은 XSL 스타일시트를 적용해서 PDF나 HTML, EPUB와 같은 다른 형태의 출력물을 생성한다.

DocBook 프로젝트 홈페이지(http://docbook.sourceforge.net/release/xsl/current/eclipse/)에서 사용 가능한 표준 DocBook 스타일시트 릴리스에는 이클립스 도움말 문서를 생성할 수 있는 스타일시트를 포함한다.

웹툴^{WebTools} 프로젝트에서 이런 접근법을 사용하여 org.eclipse.wst.xsl.doc 번들에 DocBook으로 도움말 문서를 저장한다.

 웹툴 도움말 문서의 소스는 프로젝트의 깃(Git) 저장소: https://git.eclipse.org/c/sourceediting/webtools.sourceediting.xsl.git/tree/docs/org.eclipse.wst.xsl.doc에서 확인할 수 있다.

이 책의 깃허브 저장소(https://github.com/alblue/com.packtpub.e4.advanced/tree/master/com.packtpub.e4.advanced.docbook/)에서도 예제를 확인할 수 있다.

다음은 간단한 DocBook book.xml 문서의 예다.

```
<!DOCTYPE article PUBLIC "-//OASIS//DTD DocBook XML V4.5//EN"
  "docbook-xml-4/docbookx.dtd">
```

```
<book>
  <title>Sample DocBook</title>
  <bookinfo>
    <title>DocBook Intro</title>
  </bookinfo>
  <chapter>
    <title>Generating Help plug-ins</title>
    <section>
      <title>Generating Eclipse Help from DocBook</title>
      <para>
        The first step in generating Eclipse Help is to download
        DocBook templates from http://docbook.org, and styles from
        http://sourceforge.net/projects/docbook/files/docbook-xsl/
      </para>
    </section>
  </chapter>
</book>
```

book.xml 파일은 docbook-xsl/eclipse/eclipse3.xsl을 통해 변환하면 된다. 문서 변환에는 xsltproc라는 독립형 프로그램을 사용할 수 있다.

```
$ xsltproc docbook-xsl/eclipse/eclipse3.xsl book.xml
```

앞의 프로그램을 실행하면 각 장마다 별도의 파일을 생성하고 목차 파일도 생성하며, MANIFEST.MF와 plugin.xml 파일도 생성한다.

다른 방법으로는 ant 빌드 파일을 생성해서 xslt로 변환을 수행하게 할 수 있다.

```
<project name="DocBook to Eclipse Help" default="docbook-help">
  <target name="docbook-help">
    <xslt style="docbook-xsl/eclipse/eclipse3.xsl" destdir=".">
      <include name="book.xml" />
    </xslt>
  </target>
</project>
```

ant와 xslt 태스크를 이용하면, referenceToNodeSet 메소드에서 NullPointer Exception이 발생할지 모른다. ant 빌드를 실행한 자바에 버그가 있어서 발생한 문제로, ant 클래스경로에 Xalan을 추가하면 문제가 해결된다. 다음 그림과 같이 **외부 도구 구성**External Tools Configuration 대화상자에 모든 plugins/org.apache.x* JAR을 추가하면 쉽게 라이브러리를 추가할 수 있다.

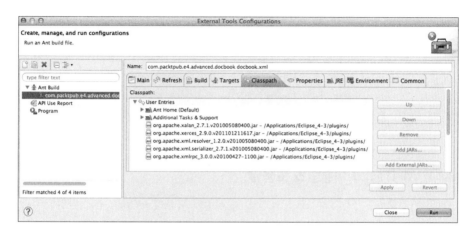

도움말 페이지를 생성할 때 구성할 수 있는 많은 선택적인 매개변수가 있다. 이 매개변수는 xsltproc에 --param으로 전달하거나 xslt 태스크에 <param> 요소로 전달한다. 다음은 선택적 매개변수에 대한 설명이다.

- eclipse.plugin.provider: Bundle-Vendor의 이름을 설정한다.
- eclipse.plugin.id: Bundle-SymbolicName을 설정한다.
- eclipse.plugin.name: Bundle-Name을 설정한다.
- suppress.navigation: 이전^{Prev}/위로^{Up}/다음^{Next} 링크를 끄거나(0) 켠다(1).
- html.stylesheet: 사용하려는 CSS 파일의 위치다.
- create.plugin.xml: plugin.xml 파일을 생성할지(1) 말지(0)를 설정한다.
- eclipse.manifest: MANIFEST.MF 파일을 생성할지(1) 말지(0)를 의미한다.
- generate.index: 인덱스를 생성할지(1) 말지(0)를 설정한다.

표준 이클립스 도움말 스타일은 ../PRODUCT_PLUGIN/book.css와 함께 html.stylesheet를 사용해서 활성화된다. 이클립스 도움말 시스템은 탐색기를 제공하므로, 개별적인 HTML 파일에 탐색기를 추가할 필요가 없다.

```
<xslt style="docbook-xsl/eclipse/eclipse3.xsl" destdir=".">
```

```
<include name="book.xml" />
<param name="html.stylesheet"
 expression="../PRODUCT_PLUGIN/book.css"/>
<param name="suppress.navigation"
 expression="1"/>
</xslt>
```

 DocBook을 사용해서 이클립스 도움말을 작성하는 방법은 http://wiki.eclipse.org/ Authoring_Eclipse_Help_Using_DocBook에 자세히 설명되어 있다.

Mylyn WikiText와 이클립스 도움말

마일린 위키텍스트^{Mylyn WikiText}도 도움말 문서 작성에 사용할 수 있다. 텍스타일^{Textile}과 미디어위키^{mediawiki}, 컨플루언스^{confluence}, 트랙^{trac} 등 이클립스는 다양한 유형의 위키 텍스트^{WikiText}를 지원한다.

잘 알려진 확장자의 파일을 생성하면, 마일린 위키텍스트는 Generate Docbook, Generate HTML, Generate Eclipse Help 같은 옵션을 가진 WikiText 컨텍스트 메뉴 를 제공한다. 이런 기능을 통해 표준 백엔드를 생성하면서 관리가 용이한 표현식으로 문서를 작성할 수 있다. 향후 Markdown이나 AsciiDoc과 같은 다른 위키 언어를 지 원하도록 마일린 위키텍스트를 확장할 수도 있다.

마일린으로 이클립스 도움말을 생성하려면, 파일을 HTML로 변환하고 toc.xml 파일 도 생성해야 한다.

마일린은 사용자 인터페이스뿐만 아니라 올바른 형태의 문서로 변환하는 데 사용할 수 있는 ant 태스크(org/eclipse/mylyn/wikitext/core/util/anttask/tasks.properties 파일에 정 의한다.)도 제공한다. 태스크는 다음과 같다.

- `wikitext-to-eclipse-help`: 이클립스 도움말 문서를 생성하는 데 사용한다.
- `wikitext-to-html`: 독립적인 HTML 문서를 생성하기 위해 사용한다.
- `wikitext-to-docbook`: DocBook 문서를 생성하는 데 사용한다.
- `wikitext-to-dita`: DITA 문서를 생성하는 데 사용한다.

- `wikitext-to-xslfo`: PDF를 생성하는 `xsl:fo` 객체를 사용하기 위해 사용한다.
- `html-to-wikitext`: HTML을 WikiText로 변환하기 위해 사용한다.

미디어위키 서버의 콘텐츠를 인식해서 자동으로 도움말 페이지를 생성하는 데 사용 가능한 두 가지 추가적인 태스크(org/eclipse/mylyn/internal/wikitext/mediawiki/core/ tasks/tasks.properties 파일에 정의돼 있다.)도 있다.

- `mediawiki-to-eclipse-help`: 미디어위키 페이지를 다운로드하고 이클립스 도움말 페이지를 생성하기 위해 사용한다.
- `mediawiki-fetch-images`: 미디어위키 이미지를 다운로드하기 위해 사용한다.

EGit 프로젝트가 EGit 위키 페이지(http://wiki.eclipse.org/EGit)에서 자동으로 문서를 생성하는 데 이 미디어위키 태스크를 사용하며, 사용하는 ant 빌드 파일은 다음과 같다.

```xml
<project name="org.eclipse.egit.doc" default="all">
  <path id="wikitext.tasks.classpath">
  <pathelement path="${compile_classpath}"/>
  </path>
  <taskdef classpathref="wikitext.tasks.classpath"
   resource="org/eclipse/mylyn/internal/wikitext/
    mediawiki/core/tasks/tasks.properties"/>
  <taskdef classpathref="wikitext.tasks.classpath"
   resource="org/eclipse/mylyn/wikitext/core/util/
    anttask/tasks.properties"/>
  <target name="all">
    <mediawiki-to-eclipse-help
      validate="true"
      wikiBaseUrl="http://wiki.eclipse.org"
      failonvalidationerror="true"
      prependImagePrefix="images"
      formatoutput="true"
      defaultAbsoluteLinkTarget="egit_external"
      dest="help"
      navigationimages="true"
      title="EGit Documentation"
      helpPrefix="help"
```

```
        generateUnifiedToc="true">
          <path name="EGit/User_Guide" title="EGit User Guide" />
          <path name="JGit/User_Guide" title="JGit User Guide" />
          <path name="EGit/Git_For_Eclipse_Users"
           title="Git for Eclipse Users" />
          <stylesheet url="book.css" />
          <pageAppendum>
= Updating This Document =
This document is maintained in a collaborative wiki.
If you wish to update or modify this document please visit
{url} </pageAppendum>
    </mediawiki-to-eclipse-help>
    </target>
</project>
```

ant 파일을 실행하려면 클래스경로에 `org.eclipse.mylyn.wikitext` 플러그인이 있어야 하고, EGit 배포본에서 메이븐^Maven/티코^Tycho 빌드로 ant 파일을 실행한다. 메이븐 티코는 pom.xml 파일에 정의한 빌드 종속성으로부터 클래스경로를 통합해준다. 마일린^Mylyn 종속성을 처리하기 위해 클래스경로를 정확하게 설정한다면 직접 ant 빌드를 실행해서 클래스경로를 통합하는 방법도 있다.

도움말 서버와 RCP

도움말 서버와 시스템을 RCP에 포함하거나 독립형 애플리케이션으로 도움말 서버를 호스팅할 수 있다. 도움말 시스템은 많은 플러그인으로 구성된다.

- `org.eclipse.help.webapp`: HTML 페이지를 제공하고 검색과 탐색을 위한 웹 API를 제공한다(실행하려면 `org.eclipse.equinox.http.jetty`가 필요하다.).
- `org.eclipse.help.ui`: 도움말 페이지와 도움말 브라우저에 대한 액션과 커맨드를 제공하고 환경설정 페이지도 함께 제공한다.
- `org.eclipse.help`: 색인과 목차를 위한 확장점을 제공한다.
- `org.eclipse.help.base`: 정보센터^InfoCenter 애플리케이션과 인덱스 검색 기능을 제공한다.

물론 콘텐츠 필터를 위한 핵심 표현식과 웹 애플리케이션을 제공하기 위해 사용하는 제티^{Jetty} 서버 같은 많은 번들 종속성이 필요하고, RCP에 도움말을 추가할 때 예상대로 동작하게 하려면 앞서 언급한 플러그인에 대한 선택적인 종속성을 포함해야 한다.

도움말과 이클립스 3.x

이클립스 3 워크벤치로 통합하려면 org.eclipse.help.ui 번들이 필요하다. 이클립스 3.x RCP 애플리케이션에서는 이 번들을 반드시 추가해야 한다.

이클립스 3.x RCP 도움말이 위치할 가장 좋은 곳은 작업공간 전반에 적용되는 메뉴로, ApplicationActionBarAdvisor를 사용해야 작업공간 전반에 메뉴를 추가할 수 있다. 호스트 IDE 모드로 실행할 경우 프로그램적으로 액션을 추가하는 기능은 워크벤치에서 수행한다.

 액션은 이제 폐기되어서 새로운 애플리케이션은 커맨드(command)와 핸들러(handler)를 사용해야 한다. 하지만 도움말 시스템은 커맨드와 핸들러보다 이전에 개발되어 아직 새로운 시스템으로 전환되지 않았다. 커맨드와 핸들러에 대한 좀 더 자세한 설명은 팩트 출판사의 『이클립스 4 플러그인 개발』(에이콘출판, 2013년)의 4장을 참조하라.

복사^{copy}/붙여넣기^{paste}, 실행 취소^{undo}와 같은 표준 플랫폼 액션의 인스턴스를 생성하려면 org.eclipse.ui.actions.ActionFactory를 사용한다. 도움말 메뉴 액션을 생성할 때도 ActionFactory를 사용할 수 있다. 다음은 다른 목적으로 사용되는 도움말 메뉴 액션 중 세 가지다.

- HELP_CONTENTS: 도움말 내용$^{Help\ Contents}$ 메뉴를 생성하는 데 사용한다.
- HELP_SEARCH: 검색^{Search} 메뉴를 생성하는 데 사용한다.
- DYNAMIC_HELP: 동적 도움말$^{Dynamic\ Help}$ 메뉴를 생성하는 데 사용한다.

이런 액션은 makeActions 메소드에서 생성한 다음에 fillMenuBar 메소드에서 메뉴 항목에 추가한다. 이클립스 3.x RCP 애플리케이션에 도움말^{Help} 메뉴를 추가하는 코드는 다음과 같다.

```
public class ApplicationActionBarAdvisor extends ActionBarAdvisor{
  private IWorkbenchAction helpContents;
  private IWorkbenchAction helpSearch;
  private IWorkbenchAction helpDynamic;
  public ApplicationActionBarAdvisor(IActionBarConfigurer abc) {
    super(abc);
  }
  protected void makeActions(IWorkbenchWindow window) {
    helpContents = ActionFactory.HELP_CONTENTS.create(window);
    helpSearch = ActionFactory.HELP_SEARCH.create(window);
    helpDynamic = ActionFactory.DYNAMIC_HELP.create(window);
  }
  protected void fillMenuBar(IMenuManager menuBar) {
    MenuManager help = new MenuManager("Help", "help");
    help.add(helpContents);
    help.add(helpSearch);
    help.add(helpDynamic);
    menuBar.add(help);
  }
}
```

일반적으로 ApplicationBarAdvisor 클래스는 애플리케이션 시작 시에 애플리케이션에 연결된다.

```
public class Application implements IApplication {
  public Object start(IApplicationContext ctx) throws Exception {
    Display display = PlatformUI.createDisplay();
    PlatformUI.createAndRunWorkbench(display,
      new ApplicationWorkbenchAdvisor());
    display.dispose();
  }
}
```

애플리케이션을 시작할 때, 도움말Help 메뉴를 추가하고 도움말 표시Display Help와 검색Search, 동적 도움말Dynamic Help 메뉴를 추가한다.

도움말과 이클립스 4.x

이클립스 4.x RCP 애플리케이션에 도움말을 추가할 때는 org.eclipse.help.base 와 org.eclipse.help.webapp에 대한 종속성만 있으면 된다(base 플러그인에서 제약사항과 경고가 있을 수 있다.). 번들 종속성이 다른 이유는 이클립스 3.x 도움말 시스템, 특히 동적 도움말이 이클립스 3.x UI 컴포넌트에 강하게 결합돼 있기 때문이다.

동적 도움말과 통합 검색 뷰에 대해 이클립스 4.x의 지원이 제한적이기 때문에, 다음과 같이 도움말^{Help} 메뉴에 대해 명시적으로 E4 메뉴와 핸들러를 생성해야 한다.

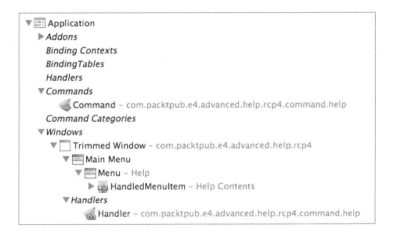

핸들러 클래스는 BaseHelpSystem을 사용해서 외부 브라우저에 도움말 페이지를 출력할 수 있다. 도움말 페이지를 구동하는 세 가지 모드가 있다.

- MODE_WORKBENCH: 이클립스 3.x 워크벤치에 통합되어 동작한다.
- MODE_STANDALONE: 독립된 SWT 윈도우로 동작한다.
- MODE_INFOCENTER: 정보센터^{InfoCenter} 웹 애플리케이션으로 동작한다.

이클립스 4.x RCP는 MODE_INFOCENTER만 지원하므로, help 옵션을 구동하기 전에 기본 모드를 설정해야 한다.

E4 커맨드를 구현하면 다음과 같다.

```
@SuppressWarnings("restriction")
public class HelpCommand {
```

```
  @Execute
  public void execute() {
    BaseHelpSystem.setMode(BaseHelpSystem.MODE_INFOCENTER);
    BaseHelpSystem.getHelpDisplay().displayHelp(true);
  }
}
```

이클립스 4.x RCP는 앞서 나열한 번들뿐만 아니라 org.eclipse.equinox.http.
jetty 번들들에도 종속성을 가져야 하며, 선택적인 종속성도 가져야 한다. 이제 도움말
Help 메뉴를 선택하면, 도움말 페이지가 외부 브라우저에 표시된다.

검색 기능을 추가하려면 displaySearch 메소드를 사용한다. 이 메소드는 사용자 선
택 혹은 대화형의 대화상자를 통해 호출된다. 다음은 도움말 검색 기능을 구현한 예다.

```
@SuppressWarnings("restriction")
public class SearchCommand {
  @Execute
  public void execute() throws UnsupportedEncodingException {
    BaseHelpSystem.setMode(BaseHelpSystem.MODE_INFOCENTER);
    InputDialog dialog = new InputDialog(null, "Search",
      "What do you want to search for?", null, null);
    if (Window.OK == dialog.open()) {
      String searchString = URLEncoder.encode(
        dialog.getValue(), "UTF-8");
      BaseHelpSystem.getHelpDisplay().displaySearch(
        "searchWord=" + searchString, "", true);
    }
  }
}
```

displaySearch 메소드는 인수를 검색 URL에 추가한다. 검색 URL은 searchWord와
maxHits를 포함한다. 검색 URL은 브라우저를 통해 직접 전달되므로, searchWord
는 유효한 값이어야 하며 URI 인코딩되어야 한다. 다시 말하면 ASCII가 아닌 문자를
% 값으로 교체하고, 제어문자와 &, + 같이 특별한 처리가 필요한 문자에 대해 변환 처
리를 해야 한다.

E4 애플리케이션에서 문맥 인지 도움말을 구현하기는 좀 더 어렵다. 먼저 뷰와 연결된 특정 페이지를 갖는 이클립스의 뷰와 연관된 contextId 이름(예: org.eclipse.jdt.ui.members_view_context)을 정의한다. 3.x 애플리케이션에서는 이런 컨텍스트를 뷰 구현 자체에 연결하고 도움말 시스템은 자동으로 콘텐츠를 연결했지만, E4에서는 프로그램적으로 연결해야 한다.

주어진 키의 컨텍스트와 연결된 도움말을 프로그램적으로 표시하려면 다음과 같은 구현이 필요하다.

```java
@SuppressWarnings("restriction")
public class ShowContextHelpCommand {
  @Execute
  public void execute() {
    BaseHelpSystem.setMode(BaseHelpSystem.MODE_INFOCENTER);
    // 적당한 방법으로 UI로부터 도움말 컨텍스트를 얻어온다.
    String helpContext="org.eclipse.jdt.ui.members_view_context";
    IContext context = HelpSystem.getContext(helpContext);
    if (context == null) {
      String message = "Cannot find help for context " + context;
      ErrorDialog.openError(null, "Cannot find help", message,
       new Status(Status.ERROR, "", message));
    } else {
      IHelpResource[] topics = context.getRelatedTopics();
      if (topics.length == 0) {
        String message = "No help topics for context " + context;
        ErrorDialog.openError(null, "Cannot find help", message,
         new Status(Status.ERROR, "", message));
      } else {
        // 첫 번째 토픽을 표시한다. 여러 개를 반환한다면 UI를 추가한다.
        BaseHelpSystem.getHelpDisplay().displayHelp(context,
         context.getRelatedTopics()[0], true);
      }
    }
  }
}
```

주어진 UI로부터 도움말 컨텍스트를 얻어오는 방법은 이클립스 4.x RCP를 어떻게 구현했는지에 따라 다르다. 예제에서는 컨텍스트 변수로 저장했다.

독립된 InfoCenter 실행

독립된 이클립스 설치로부터 정보센터^{InfoCenter}를 실행할 수 있다. org.eclipse.help.base 플러그인은 eclipse 실행 파일을 통해 실행 가능한 애플리케이션을 제공한다.

UI가 없는 이클립스 인스턴스로 정보센터를 실행하려면 커맨드 라인에서 다음을 실행한다.

```
$ eclipse -nosplash
  -application org.eclipse.help.base.infocenterApplication
  -vmargs -Dserver_port=5555
```

도움말 센터는 -vmargs -Dserver_port 커맨드 라인 옵션으로 지정한 포트로 시작되고 실행된다. 포트를 지정하지 않으면 임의의 포트로 시작되어 서버가 실행됐는지를 판단하기 어렵다.

루트 페이지로 이동하면 "페이지를 찾을 수 없습니다^{file not found}."라는 오류 메시지가 출력된다.

http://localhost:5555/라는 URL 대신 /help/index.jsp로 이동한다.

http://localhost:5555/help/index.jsp

치트 시트

치트 시트^{cheat sheet}는 사용자가 수행할 수 있는 단계를 가이드한다. 문서 형태 외에도 대화식으로 이클립스 환경에서 특정 연산을 시작하는 방법을 가이드하므로, 사용자는 작업을 수행하고 향후 그 작업이 어떻게 동작하는지 배우게 된다. 치트 시트는 UI에 강하게 결합되어 있기 때문에, 이클립스 3.x 애플리케이션과 3.x 워크벤치를 포함한 이클립스 4.x에서만 사용 가능하다(다시 말하면, 이클립스 4.4 기반의 이클립스 4.x RCP 애플리케이션에서는 사용할 수 없다.).

치트 시트 생성

치트 시트는 최상위에 description과 수많은 item을 갖는 XML 파일로, item은 title과 description 요소를 갖는다. 치트 시트는 특정 목적을 달성하기 위해 수행할 일련의 단계를 글머리 기호 목록과 같은 형태로 제공한다.

예를 들어, 자바 프로젝트를 생성하는 치트 시트는 초기 단계에 어떤 내용을 제공하는지 소개하면서 시작할 것이다. 다음을 cheatsheets/javaApplication.xml에 저장한다.

```xml
<?xml version="1.0" encoding="UTF-8"?>
<cheatsheet title="Creating a Java application">
  <intro>
    <description>This cheat sheet shows how to create
    and run a simple Java application</description>
  </intro>
  <item title="Creating a new Java project">
    <description>Firstly, create a new Java project
    called &#x201C;HelloWorld&#x201D;</description>
  </item>
</cheatsheet>
```

 XML 파일은 텍스트만 포함하므로, &, ⟨, ⟩ 같은 특수문자는 & < >로 인코딩해야 한다. “ 같은 HTML 개체는 이해할 수 없지만, 10진수와 8진수 값에 대해 &#nnnn;이나 &#xnnn;으로 유니코드(Unicode) 문자를 삽입할 수 있다. 치트 시트는 새로운 행을 생성하는 ⟨br/⟩과 굵은 글꼴을 위한 ⟨b⟩...⟨/b⟩ 두 가지 특수 요소도 이해한다.

그런 다음 plugin.xml 파일에서 치트 시트를 참조한다.

```xml
<extension point="org.eclipse.ui.cheatsheets.cheatSheetContent">
  <cheatsheet composite="false"
   contentFile="cheatsheets/javaApplication.xml"
   id="com.packtpub.e4.advanced.doc.cheatsheet.javaApplication"
   name="Creating a Java application">
```

```
    </cheatsheet>
</extension>
```

build.properties를 통해 플러그인에 cheatsheets 폴더를 포함시키고, 이클립스 인스턴스를 열어서 **Help > Cheat Sheets...**를 선택하면 다음과 같은 대화상자가 표시된다.

 plugin.xml 확장점에 ⟨category id="..." name="..."/⟩를 지정하지 않으면, 기본적으로 치트 시트는 기타(Other) 카테고리에 위치한다.

치트 시트를 선택하면, 다음과 같이 이클립스 애플리케이션 오른쪽에 콘텐츠를 표시한 창이 열린다.

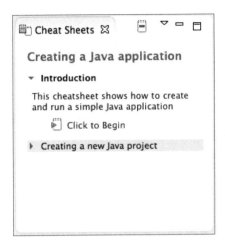

Click to Begin 링크를 클릭하면 이어서 다음 항목이 열린다. 각각의 항목은 다음 단계로 이동할 수 있는 Click when complete 링크를 갖는다.

커맨드 추가

각각의 요소에 직접 단계를 나열하는 것뿐만 아니라, 이클립스 워크벤치에 커맨드를 실행하는 하이퍼링크를 제공할 수도 있다.

커맨드는 `org.eclipse.core.commands` 패키지의 `ParameterizedCommand` 클래스에 정의한 커맨드 직렬화^{command serialization} 형식으로 표시한다.

커맨드 직렬화 형식은 하드 코딩된 인수를 가진 가짜 함수로 커맨드를 표현한다. 함수 이름은 커맨드의 ID이고 매개변수는 콤마로 구분된 key=value 쌍으로 정의한다.

예를 들어, 새 자바 프로젝트^{New Java Project} 마법사를 열기 위한 커맨드는 `org.eclipse.ui.newWizard`이고, 이 함수는 사용하려는 마법사의 식별자를 제공하는 `newWizardId` 매개변수를 받는다. 지금은 마법사 식별자로 `org.eclipse.jdt.ui.wizards.JavaProjectWizard`를 사용한다. 치트 시트에 다음을 추가한다.

```
<item title="Creating a new Java project">
  <description>Firstly, create a new Java project called
    &#x201C;<b>HelloWorld</b>&#x201D;, followed by pressing
    <b>Finish</b>
```

```
    </description>
    <command serialization="org.eclipse.ui.newWizard(
       newWizardId=org.eclipse.jdt.ui.wizards.JavaProjectWizard)"/>
</item>
```

 치트 시트를 가릴 수 있는 모달 대화상자를 열 경우, 사용자가 치트 시트로 다시 돌아갈
수 있도록 대화상자를 닫는 방법을 안내해야 한다.

선택적인 단계

모든 커맨드와 단계를 수행할 필요는 없다. 그러므로 커맨드나 단계를 건너뛸 수 있
게 만들어서 사용자가 그 단계를 수행할지 건너뛸지를 결정하게 해야 한다. 이런 기
능이 없다면, 순서대로 모든 단계를 따라 해야만 작업을 진행할 수 있다.

자바 찾아보기^{Java Browsing} 퍼스펙티브를 열도록 권고하기 위한 커맨드는 `org.`
`eclipse.ui.perspectives.showPerspective`이고, `org.eclipse.ui.`
`perspectives.showPerspective.perspectiveId` 인수의 값으로 `org.eclipse.`
`jdt.ui.JavaBrowsingPerspective`를 전달한다. 모든 사용자가 자바 찾아보기 퍼스
펙티브를 좋아하지는 않으므로 퍼스펙티브 전환 단계를 선택적인 단계로 만들려면,
다음을 치트 시트에 추가한다.

```
<item title="Switch to the Java Browsing perspective" skip="true">
  <description>The Java Browsing perspective can be more efficient
    for navigating large projects, as it presents a logical view
    rather than a file-oriented view of the contents</description>
  <command
    serialization="org.eclipse.ui.perspectives.showPerspective(
      org.eclipse.ui.perspectives.showPerspective.perspectiveId
      =org.eclipse.jdt.ui.JavaBrowsingPerspective)"/>
</item>
```

 XML 속성에는 행 바꿈을 허용하지 않음을 유의하자. 예제에서는 지면 편집을 위해 값
을 여러 줄로 나눠서 표현했지만, 직렬화 속성 내에는 공백을 추가하면 안 된다.

386

커맨드의 인수가 무엇인지 확인하려면, 플러그인 저장소^{Plug-in Registry} 뷰(Window ➤ Show View ➤ Other … ➤ Plug-in Development ➤ Plug-in Registry를 찾아서 뷰를 연다.)로 이동해서 커맨드 ID를 검색한다. commandParameter 요소가 화면에 표시되고, 커맨드에 추가할 때 필요한 식별자가 있다.

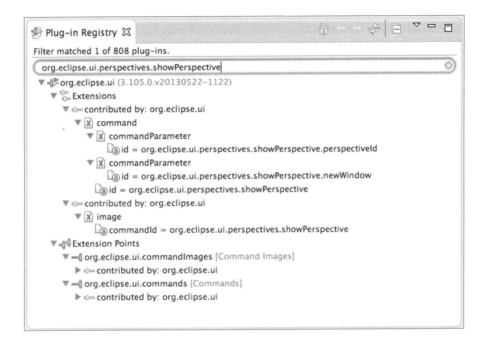

선택에 응답

연산하는 동안 선택 항목을 제시해서 사용자 입력에 치트 시트가 응답하게 할 수 있다. 선택의 결과는 치트 시트 변수에 저장되어, 선택 결과에 따라 선택적으로 다음 단계를 표시할 수 있다.

치트 시트 변수는 조건부 커맨드를 실행하는 동안 사용 가능해서, 사용자의 선택에 따라 실행되는 커맨드를 다르게 할 수 있다. 예를 들어 사용자가 자바 퍼스펙티브^{Java Perspective}와 자바 찾아보기 퍼스펙티브^{Java Browsing Perspective} 둘 중 하나를 선택해야 한다면, 대화상자에 두 가지 선택 항목을 표시하면 된다.

org.eclipse.ui.dialogs.openMessageDialog 커맨드는 사용자가 대화식으로 선택할 수 있도록 세 가지 버튼을 화면에 표시한다. 선택한 버튼의 텍스트는 변수에 저장되어, 다음 단계에서 사용할 수 있다. when 조건을 커맨드에 추가하고 perform-when 블록으로 감싸면, 선택한 값을 잘 알려진 값의 집합과 비교해서 적절한 액션을 수행하게 한다.

```
<item title="Choose a perspective">
  <description>Choose your favourite perspective</description>
  <command returns="perspective"
   serialization="org.eclipse.ui.dialogs.openMessageDialog(
    title=Choose Perspective,
    message=Choose your favourite perspective,
    buttonLabel0=Java Perspective,
    buttonLabel1=Java Browsing Perspective)"/>
  <onCompletion>Your favourite perspective is the
   ${perspective}.
  </onCompletion>
</item>
<item title="Switch to the perspective" skip="true">
  <description>Switching to the appropriate perspective will
   facilitate working with Java projects.</description>
  <perform-when condition="${perspective}">
    <command when="Java Browsing Perspective"
     serialization="org.eclipse.ui.perspectives.showPerspective(
      org.eclipse.ui.perspectives.showPerspective.perspectiveId
      =org.eclipse.jdt.ui.JavaBrowsingPerspective)"/>
    <command when="Java Perspective"
     serialization="org.eclipse.ui.perspectives.showPerspective(
      org.eclipse.ui.perspectives.showPerspective.perspectiveId
      =org.eclipse.jdt.ui.JavaPerspective)"/>
  </perform-when>
</item>
```

이제 치트 시트를 실행하면, 사용자에게 열고 싶은 퍼스펙티브를 선택하도록 요구한다. 필요하면 치트 시트의 이후 단계에서 사용자가 선택한 퍼스펙티브를 재사용할 수 있다.

변수는 onCompletion의 결과와 perform-when 계산에서만 사용했다. 선택이 이뤄지기 전에 title과 description을 볼 수 있기 때문에, 다음 단계의 title이나 description에서는 사용할 수 없다.

보여진 값은 퍼센트(%)와 콤마(,), 등호(=) 같은 특정 문자를 포함하면 안 된다. 이런 문자는 %%나 %,, %=와 같이 퍼센트 문자를 앞에 두어 이스케이프 문자로 처리해야 한다.

도움말 컨텍스트 파일을 위한 편집기가 있다. XML 파일이 <cheatsheet>로 시작할 때 파일을 더블 클릭하거나 Open With > Simple Cheat Sheet Editor 컨텍스트 메뉴를 선택해서 치트 시트 편집기를 연다. 편집기는 쉽게 선택 가능한 드롭다운 목록으로 커맨드를 표시하고 커맨드 매개변수도 보여주기 때문에 특히 커맨드를 작업할 때 더욱 유용하다.

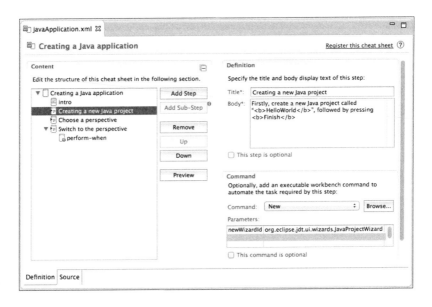

복합 치트 시트

복합 치트 시트는 여러 개의 치트 시트를 하나로 모아서 하나의 치트 시트로 표현한다. 이전에 생성한 여러 개의 작은 치트 시트를 통합된 집합으로 표현할 때 복합 치트 시트가 유용하다.

복합 치트 시트는 <compositeCheatsheet>를 루트 요소로 하는 XML 파일에 정의한다. 루트 요소는 <taskGroup>을 가지고, <taskGroup>은 선택적으로 <intro> 설명을 가지며 하나 이상의 <task>나 <taskGroup> 요소를 갖는다.

모든 태스크는 이름이 있고, 현재 플러그인 내의 참조에 대한 path나 id로 치트 시트를 참조한다. 치트 시트는 자신만의 intro와 치트 시트를 완료했을 때 표시할 onCompletion 메시지를 갖는다.

다음은 간단한 치트 시트 모음이다.

```xml
<compositeCheatsheet name="A collection of cheat sheets">
  <taskGroup kind="choice" skip="false"
   name="Example Cheat Sheets Collection">
    <intro><b>Overview of cheat sheets</b></intro>
    <onCompletion>
      <b>Congratulations of completing the cheat sheets</b>
    </onCompletion>
    <task kind="cheatsheet" skip="false"
     name="Example Cheat Sheet">
      <intro>The cheat sheet provided in this plug-in</intro>
      <onCompletion>
        Congratulations, you have completed the tasks
      </onCompletion>
      <param name="path" value="javaApplication.xml"/>
    </task>
  </taskGroup>
</compositeCheatsheet>
```

plugin.xml 파일에 복합 치트 시트에 대한 참조를 추가한다. 이때, composite="true" 속성과 함께 적당한 카테고리를 정의한다.

```xml
<extension point="org.eclipse.ui.cheatsheets.cheatSheetContent">
  <category name="Example cheat sheets"
   id="com.packtpub.e4.advanced.doc.category"/>
  <cheatsheet name="Composite cheatsheets"
```

```
    contentFile="cheatsheets/composite.xml"
    id="com.packtpub.e4.advanced.doc.cheatsheet.composite"
    composite="true"/>
</extension>
```

다음은 런타임 애플리케이션에서 복합 치트 시트를 로드한 화면이다.

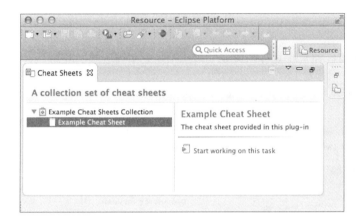

다른 치트 시트를 참조하려면, 확장점에 정의한 id를 사용한다. 예를 들어, 표준 JDT
치트 시트는 `org.eclipse.jdt.helloworld`와 `org.eclipse.jdt.helloworld.`
`swt`를 사용한다(id는 확장점 브라우저와 JDT plugin.xml 파일에서 확인할 수 있다.). id를
composite.xml 내의 태스크 그룹으로 추가하면 된다.

```
<taskGroup kind="choice" name="JDT Cheat Sheets" skip="false">
  <intro>
    <b>Introduction</b>
    These are the cheat sheets provided by the JDT
  </intro>
  <onCompletion>
    Congratulations, you have completed the tasks
  </onCompletion>
  <task kind="cheatsheet" name="JDT Hello World" skip="false">
    <intro>Provides a simple Hello World project</intro>
    <onCompletion>Congratulations,
     you have completed the task</onCompletion>
    <param name="id" value="org.eclipse.jdt.helloworld"/>
```

```
  </task>
  <task kind="cheatsheet" name="SWT Hello World" skip="false">
    <intro>Provides a SWT hello world project</intro>
    <onCompletion>Congratulations,
     you have completed the task</onCompletion>
    <param name="id" value="org.eclipse.jdt.helloworld.swt"/>
  </task>
</taskGroup>
```

이제 복합 치트 시트가 표시될 때 JDT 치트 시트도 함께 보여진다.

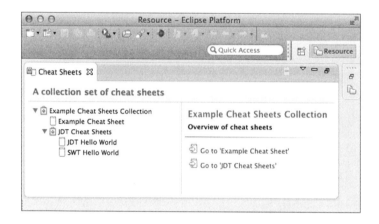

정리

이클립스의 사용자 지원 기능은 사용자에게 사용자 인터페이스에 대한 정보를 제공
하고 그들을 가르치는 방법을 제공한다. 독립적인 도움말 문서나 사용자의 컨텍스트
에 따라 동적 도움말을 제공하고, 도움말 문서 자체가 대화식이어서 이클립스 사용자
인터페이스를 유도하는 등 사용자가 제품의 기능에 대해 배우고 맞춤식으로 기능을
확장하게 해준다. 치트 시트는 스스로 경험할 수 있도록 사용자와 상호작용할 수 있
는 방법과 가장 잘 문서화된 오픈소스 프로젝트 중에 하나를 제공하는 도움말 페이지
를 제공한다.

찾아보기

에이콘출판의 기틀을 마련하신 故 정완재 선생님 (1935-2004)

acorn+PACKT Technical Book 시리즈

고급 이클립스 플러그인 개발
플러그인 확장에서 동적 서비스 연결까지

인　쇄 | 2015년 4월 13일
발　행 | 2015년 4월 20일

지은이 | 알렉스 블루윗
옮긴이 | 신 은 정

펴낸이 | 권 성 준
엮은이 | 김 희 정
　　　　전 도 영
　　　　오 원 영
본문 디자인 | 선우숙영

인　쇄 | 한일미디어
용　지 | 신승지류유통(주)

에이콘출판주식회사
경기도 의왕시 계원대학로 38 (내손동 757-3) (437-836)
전화 02-2653-7600, 팩스 02-2653-0433
www.acornpub.co.kr / editor@acornpub.co.kr

이 도서의 국립중앙도서관 출판시도서목록(CIP)은 서지정보유통지원시스템 홈페이지(http://seoji.nl.go.kr)와
국가자료공동목록시스템(http://www.nl.go.kr/kolisnet)에서 이용하실 수 있습니다.(CIP제어번호: CIP2015010778)

책값은 뒤표지에 있습니다.